水間政憲
Masanori Mizuma

完結「南京事件」

日米中歴史戦に終止符を打つ

ビジネス社

ラダ・ビノート・パール極東国際軍事裁判インド代表判事の顕彰碑は、1997年10月20日、京都霊山護国神社『昭和の森』の正面の丘に建立された。パール判事は、生前、日本の息子よ、と可愛がっていた田中正明氏に「老後は仏教が息づいている京都で暮らしたい」と語っていたことが、徐々に知れわたり政財界の中からも賛同者が現れ、田中正明氏と林田悠紀夫氏（京都府知事・参議院議員）によって安住の地が決められた。

はじめに

ラダ・ビノート・パール極東国際軍事裁判インド代表判事は、１９４８年11月12日に結審した同裁判の判決書に「時が熱狂と偏見をやわらげたあかつきには、また理性が虚偽からその仮面を剝《は》ぎとったあかつきには、そのときこそ、正義の女神は、その秤《はかり》を平衡に保ちながら、過去の賞罰の多くに、そのところを変えることを要求するだろう」と記し、いわゆる「A級戦犯」全員無罪の判決を出しました。

それから69年、いまだ「南京問題」に関する報道は、パール判事が訴えていた「法と証拠」に基づいた一次資料による検証を蔑《ないがし》ろにして、イデオロギーに汚染された報道が氾濫《はんらん》しております。

いわゆる「南京事件」（１９３７年12月）から本年（２０１７年）は80年目になり、今こそ「熱狂と偏見」を捨て、理性によって〝20世紀最大の歴史改竄《かいざん》〟の仮面を剝ぎ取るときがきたのです。

本書は、パール判決文に敬意を表し、「南京問題」を「法と証拠」に基づき完結することを目的に、南京攻略戦当時の国際連盟議事録を「第一級資料」（１３５頁）と評価し、公的資料を「一次資料」、新聞雑誌報道を「二次

『アサヒグラフ』（昭和13〈1938〉年1月5日号）「北京：12月15日天安門前の慶祝市民大会に殺到した群衆」

資料」、そして報道写真の原理原則を充たしている写真を「一次資料」として検証しました。

極東国際軍事裁判（以下：東京裁判）以降、「南京攻略戦」の報道は政治色が強くなり、日中国交正常化を前にして、朝日新聞紙上に本多勝一記者が1971年8月から12月に連載した「中国の旅」を分岐点に、「南京問題」は中国を利する「政治プロパガンダ」として、現在に至っていることは周知の事実です。

ちなみに、1971年以降の朝日新聞が行った「南京大虐殺キャンペーン」によって、南京攻略戦に従軍したと称する「虐殺目撃」証言は、特定のイデオロギーに汚染されている可能性があり、同じ部隊兵の裏付けのない証言は信憑性《しんぴょうせい》に疑問符がつきます。また、当時の「日記」も「南京郵便袋虐殺事件裁判」（159頁）で明らかになったように、戦後加筆した可能性もあり参考資料程度の価値しかありません。

実際、本多勝一記者の『中国の旅』や清水潔氏の『「南京事件」を調査せよ』には、報道写真の原理原則「だれが・いつ・どこで」を無視した写真が使われており、特定の「イデオロギー」に誘導する印象操作が行われています。

また、そのようなイデオロギーに基づいた図書を無批判に手にする読者も、多かれ少なかれ洗脳されているのです。しかし、特定のイデオロギーによる論争は、もう終わりです。

外交問題になっている「歴史問題」は、今後すべて「法と証拠」に基づいて検証する必要があるのです。

そこで、本書を読み進める前に、まず読者諸賢の「南京問題」に対する先入観をリセットするために一次資料として、2頁から4頁に南京陥落2日後の報道写真を掲載しました。

実際、1937年12月13日の「南京陥落」を中国人が、どのように捉《とら》えていたのかが一目瞭然《いちもくりょうぜん》になることでしょう。

『アサヒグラフ』（昭和13〈1938〉年1月5日号）「北京：国都を恢復した北京は15日祝賀デーを催し、爆竹の音は終日全市に谺（こだま）して、天安門前の慶祝市民大会から５万人の旗行列、懐仁堂における市政府主催の大祝賀宴と豪華プロは夜まで続いた。写真は天安門前の市民大会に集った群衆」

2頁の写真は、南京陥落を予知していた中国人が、陥落から2日後の1937年12月15日、天安門に「中華民国臨時政府成立」の巨大な看板を掲げて、五色旗（中華民国旗）と日の丸で祝っています。この1枚の写真から分かることは、北京市民が蔣介石《しょうかいせき》南京政府を支持してなかったことです。

3頁の写真は、天安門広場で行われていた「南京陥落と新政府樹立」を祝う慶祝式典に5万人の北京市民が押し寄せていますが、同『アサヒグラフ』には「高脚」（竹馬）に乗った市民が、群衆の中を練り込んでいる写真も掲載されています。

ちなみに、中国での祝いごとには、「高脚」が練り込むのが風習のようで、「反蔣運動大会」の横断幕と日の丸の間を「高脚」の中国人が練り込んでいる写真もあります（46頁）。

一連の「南京陥落と新政府樹立」の慶祝行事は、北京だけでなく天津でも5万人の市民が祝賀パレードを実施していました。

中国政府の「南京問題」の公式見解は、南京城陥落後6週間で「30万人」が虐殺されたと発表しています。

ところが村上春樹氏は、『騎士団長殺し』第2部81頁に、

《その年（1937年）の十二月に何があったか？「南京入城」と私は言った。
「そうです。いわゆる南京虐殺事件です。日本軍が激しい戦闘の末に南京市内を占領し、そこで大量の殺人がおこなわれました。戦闘に関連した殺人があり、戦闘が終わったあとの殺人がありました。日本軍には捕虜を管理する余裕がなかったので、降伏した兵隊や市民の大方を殺害してしまいました。正確に何人が殺害されたか、細部については歴史学者のあいだにも異論がありますが、とにかくおびただしい数の市民が戦闘の巻き添えになって殺されたことは、打ち消しがたい事実です。中国人死者の数を四十万人というものもいれば、十万人というものもいます。」》と、中国政府の公式見解の虐殺数より「10万人」プラスした数を記述しています。

『支那事変画報第11集』（昭和13〈1938〉年1月27日発行）「南京陥落と新政府樹立を記念する天津支那側の慶祝式典は12月15日、特別区の満鉄事務所において行われたが、当日5万に上る民衆は手に手に五色旗をもって市内を行進し新政権の前途を祝福したのであった」（12月15日　小川特派員撮影）

村上春樹氏は、米国などでベストセラー作家と認知されている小説家だけなく、翻訳家、ノンフィクション作家と多岐にわたって活動しており、たんなる小説だからと見過ごすことのできない影響力をもっています。

2015年4月17日、村上氏は共同通信のインタビューに「歴史認識はとても重要だから、しっかりと謝罪することが大切だ……相手国が『すっきりしたわけじゃないけれど、それだけ謝ってくれたから、分かりました、もういいでしょう』というまで謝るしかない……細かい事実はともかく、他国に侵略したという大筋は事実だから」と述べており、このような歴史認識に基づいて上梓《じょうし》された『騎士団長殺し』の「南京虐殺40万人」には村上春樹氏の屈折した歴史認識が投影されているのです。

村上春樹氏が、深淵《しんえん》な歴史の真実を探究し、真に偉大な小説家になるための一助に本書がなれば幸いです。

平成二十九年七月七日

神明宮境内にて
水間政憲

第二章◆中国の「内戦」から南京陥落へ至る道

第三章◆「南京大虐殺」は米国(GHQ)が創作した日本人洗脳ラジオ放送からスタートしていた

第四章◈「南京虐殺事件」問題に終止符を打つ〝決定的〟な証拠

写真のキャプション等は、原文を尊重しておりますが、旧仮名遣いは新仮名遣いに、旧字は新字に改め、また用語等、若干の修正を行いました。なお、掲載された写真は、サイズ等調整を行いましたので、無断転載を禁じます。

序章

「南京歴史戦」は米国の“歴史改竄”からスタートした

撮影：佐藤振壽氏、1937年12月13日 佐藤氏の手記より「十二月十三日 中山門が落ちたとの一報が入った。これは『南京陥落』だ。それを端的に表現するのは紫金山の中山陵を撮ることと思っていた。宿舎から坂道をかけ登ると、なんと建物は竹でかこまれていて、内心がっかりした。最上階の建物の中で孫文の坐像を撮って外へ出た。そこで衛兵を立たせて、南京の遠景を撮った、早朝の低い日ざしが立体的で、南京陥落をとらえていると思った」

広島:「遠方中央が『原爆ドーム』。手前中央が『現・広島銀行協会』（爆心より南東250メートル）、右側が三和銀行」1946年2月下旬〜3月、米軍撮影（米国返還資料）
【解説】 この写真によって、1945年8月6日午前8時15分、1発の原爆（リトルボーイ）で広島市街地が壊滅状態になり、14万人（同年末時点）が殺戮されたことがよくわかります。また米国の原爆開発に対し、カナダはウラン供給を担っていましたが、マッケンジー首相は「この原爆がヨーロッパの白人ではなく、日本人に対して使われたのは幸いである」と述べていました。

「冷戦」と原爆実験成功の相関関係

国際政治において、使用即戦時国際法違反になる新兵器（原爆）を、完成とほぼ同時に使用する政治家は悪魔の化身であろうが、米国が広島・長崎と続けざまに原爆を使った根底には、人種差別だけでは説明できない謎があります。

１９４５年２月４日～11日、ソ連邦クリミアで開催されたヤルタ会談（米・英・ソ）を境に「冷戦」がスタートしたことは様々な研究で明らかになっていますが、「冷戦」と日本での原爆実証実験には「アメリカ・ファースト」の現実が透けて見えると言っても過言ではないでしょう。

朝日新聞

敵の非人道、斷乎報復

新型爆彈に對策を確立

『朝日新聞』昭和20（1945）年8月9日付
【解説】 当時の新聞には「原爆投下」との文言はありません。この記事では新型爆弾による「爆殺」が使われています。

撮影：佐藤振壽氏、1937年12月15日佐藤氏の手記より「十二月十五日 南京中心部。中山路と中山北路の西側の一区画で場内に残留した南京市民。安全区の中に難民区もあって、ここを訪れた時に両者の識別はむづかしかった。ともかくバラックの様な家に居留していた。背景の高級住宅と対比すると、難民といえるだろう」
【解説】 日本軍は「安全区」に1発の砲弾も打ち込まなかった。

それは、米国がソ連の対日参戦を条件に「樺太《からふと》南半分のソ連への返還」と「千島列島のソ連への譲渡」を、日本が敗北したあとに実行する約束でヤルタ協定を結んだときすでに、「冷戦」は始まっていたのです。同4月12日、ルーズベルト大統領の突然死は、対ソ宥和《ゆうわ》政策の見直しを迫ることになりました。その間、「冷戦」は加速化し同6月中旬ごろには、ソ連の対日参戦が不可欠な条件ではなくなりつつあったのです。

実際、原爆実験成功直後の同7月16日に開催された統合参謀本部の会議で、キング海軍作戦部長は「海上封鎖だけで日本は飢えて降参し、戦争にトドメをさせる」と力説し、アイゼンハワー連合軍欧州最高司令官は「原爆投下はまったく不必要だ。もはやアメリカ兵の生命を救う手段としては必須ではなくなった。この恐怖の兵器を使えば、世界に反米世論を巻き起こすだけだ」と、原爆使用に反対していたのです。

実際、「冷戦」を決定付けたのは、同7月12日から8月2日までドイツのポツダムで開催されていた同7月16日の会議中に「原爆実験成功」の知らせがトルーマン大統領に報告され、同26日、ソ連抜きの米・英・中3カ国による「ポツダム宣言」が唐突に発表されたときなのです。

長崎：「中町天主堂前の惨状（爆心より南南東2・7キロメートル）」昭和21〈1946〉年1月、米軍撮影（米国返還資料）

【解説】天候不順で米国は原子爆弾（ファットマン）投下目標を小倉から長崎に変更し、1945年8月9日午後11時2分に投下しました。その1発で7万4000人（同年末時点）が殺戮されたのです。同年5月、米国「原子爆弾投下目標都市選定委員会」は「AA級目標：京都・広島」「A級目標：横浜・小倉」と決定していました。第一目標の京都は占領政策との兼ね合いで遅れていましたが、3都市目は京都だったのです。その準備は模擬爆弾で入念に行っていました。

同7月末には米ソは一戦交えるくらい険悪な状況になっていました。

広島への原爆（ウラン型）は、そのような国際政治の現実の中で、ソ連にたいする抑止力として実行されたのです。しかも、長崎のプルトニウム型原爆と違い事前の実験なしに設計図どおりにつくられた原爆をそのまま広島で使ったのであり、まさに実験そのものだったのです。

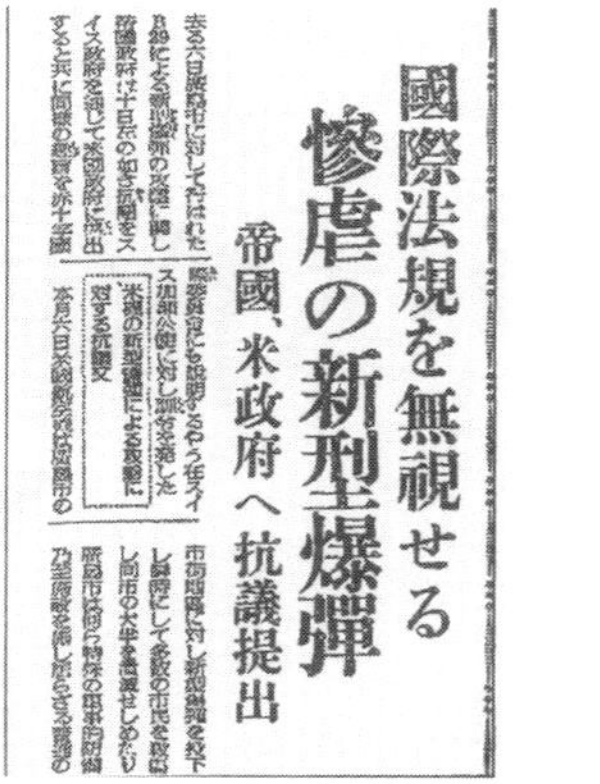

國際法規を無視せる
慘虐の新型爆彈
帝國、米政府へ抗議提出

『朝日新聞』昭和20（1945）年8月11日付

【解説】日本政府は、スイス政府を通じて米国の"戦時国際法違反"を「帝国政府は……全人類および文明の名において米国政府を糾弾すると共に、即事かかる非人道的兵器の使用を放棄すべきことを厳重に要求す」と、毅然とした抗議をしていたのです。

終戦後、広島の被災データから詳細な性能等の計算が行われており、国際政治の現実をもってしても決して赦《ゆる》されない暴挙なのです。

広島での死亡者数約14万人（1945年12月末時点）にもかかわらず、11頁の写真の状況下で30万人が殺害されたと現在、中国政府は公式見解を発表しています。

11頁の写真は、南京陥落の2日後ですが、すでに街並みは整然としていて、どこに血の海があるのか分かりません。「南京大虐殺」を信じて疑うこともできない人間に、歴史を語る資格はないのです。

偽証罪のない東京裁判は「原爆死亡者数」と「南京虐殺死亡者数」をリンクさせていた

現在も多くのアメリカ国民は、広島・長崎で原爆を使用したのは「戦争を早く終結し、アメリカ兵の命を救う手段だった」と信じています。しかし、前述したように、原爆を使用したトルーマン大統領の後任の大統領になった、当時のアイゼンハワー欧州連合軍最高司令官の「もはやアメリカ兵の生命を救う手段としては必須ではなくなった」との証言が事実であり、いまだアメリカ政府は、「日米開戦に至る情報」や「原爆使用に至る情報」を非公開にして、米国民に真相を封印しているのです。

10頁と12頁の広島・長崎の写真をたんなる過去の映像として見るか、現実に迫っている状況を映し出していると見るかによって、歴史を「法と証拠」に基づいて見られるか否かの試金石になります。

長崎に使用したプルトニウム型原爆は、世界初の原爆実験を行ったものと同型であり、広島の１・５倍の威力だったのですが死亡者数は、１９４５年12月末時点で約7万４０００人と広島の約14万人より少ないのは、長崎の丘や坂などの地形が影響しているのです。

『アサヒグラフ』（昭和13〈1938〉年3月23日号）「南京：露店は移動するあちらの町、こちらの辻へと彼等の露店は終始移動しているが、それも一家総動員の転々だから微笑ましい風景だ（南京にて　大木特派員撮影）」

広島と長崎の死亡者数は、終戦直後の合計十数万人から徐々に増え続け、年末には約21万４０００人になっていました。

東京裁判での「南京陥落後の死亡者数」は、増え続ける広島・長崎の死亡者数に混乱し支離滅裂《しりめつれつ》な数が判決文に記載されています。

それは、「南京問題」で絞首刑にされた松井石根《いわね》南京攻略戦総司令官の判決文では、「この六、七週の期間において、何千人という婦人が強姦され、十万人以上の人が殺害された……」となっているが、総括判決では「後日の見積りによれば、日本軍が占領してから最初の六週間

『東京大空襲秘録写真集』（昭和28〈1953〉年8月15日発行、石川光陽撮影、雄鶏社）「国会議事堂の見える焼け野原（1945年5月24日〜25日）」
【解説】 赤坂側からの光景ですが、国会周辺が廃墟になっていたことは現在ほとんど知られていません。

に……殺害された一般人と捕虜の総数は、二十万以上であったことが示されている。」と、原爆の死亡者数とリンクするように増えているのです。

長崎の被災状況は、3カ月後も12頁の写真と変わらない写真がたくさんありますが、南京城陥落から3カ月後には、13頁の写真を見てのとおり、街はすっかり日常を取り戻し道行く市民に笑顔が溢《あふ》れています。

現在、中国を批判していたトランプ大統領が、米中首脳会談後から友好関係をアピールしており、戦前も現在も「アメリカ・ファースト」は、なんら変わっていないのです。最近、わが国のテレビは、北朝鮮の弾道ミサイルへの対処方をさかんに喚起しているが、原爆が装塡《そうてん》された弾道ミサイルには無力であり、国会議員の度《ど》しがたい怠慢に国民の憤りも限界を越えていると思われます。「南京問題」がいつまでも完結しない大きな原因は、米国が戦時国際法違反の「原爆によるホロコースト」批判を、相殺する目的で「南京大虐殺」を捏造《ねつぞう》して、GHQ占領下に徹底的な「言論検閲と洗脳政策」が実施されたからなのです。

東京裁判後、広島を訪れたパール博士は、原爆死没者慰霊碑の碑文「安らかに眠ってください。過ちは繰り返しませぬから」の意味を説明され、「アメリカは謝罪をしていない……」と、激怒したことは同伴していた田中正明氏から聞いていますが、今また繰り返される可能性があり、原爆死没者が「70年以上なにをやっていたのか」と、国民に問いかけているように思えてなりません。

米国は原爆以上に「東京大焼殺」批判を怖れていた

戦後米国は、原爆の使用を隠すことはできなかったが、日本列島都市無差別絨毯《じゅうたん》爆撃を国際的批判から逸らすことに全力を注いでいました。

1945年8月6日、スイスの新聞ガゼット・ド・ローザンヌ紙の社説に同無差別絨毯爆撃の批判が掲載されていました。「スイスは米国のこの暴挙の停止を勧告すべきだ。米国の報道に依れば、B29は最近、日本にポツダム宣言の伝単（チラシ）数百万枚を撒《ま》き、これと同時に日本の都市爆撃を予告した伝単をも投下したと言われるが、両者の間には矛盾がある、……しかも爆撃を予告している都市は必ずしも軍需生産の中心地ではない、……木造建築の多い日本の都市で、特に多数の婦女子が爆撃によって生命を奪われていることを我々は忘却する権利はないはずだ、……赤十字の創設国としてこの問題を十分に考えて見る義務があるはずである」（1945年8月9日付朝日新聞）と、スイス紙が同無差別爆撃の批判記事を掲載した日に広島が原爆で廃墟《はいきょ》になっていました。

アメリカが原爆を使用した後は、広島・長崎の被害が甚大だったこともあり世界中が驚き、国際世論は同無差別爆撃より原爆の悲惨さに釘《くぎ》付けになり、広島・長崎より被害が甚大だった「東京大焼殺」は、国際世論も国民も広島・長崎に目を奪われてしまったのです。

戦時中は、戦意高揚の妨げになるとして同無差別爆撃の被害状況は最小限の報道しかされず、終戦後はGHQの言論検閲によって、広島・長崎より被害が甚大だった「東京大焼殺」は、いまだにマスメディアは封印してい

朝日新聞

B29約百三十機、昨暁
帝都市街を盲爆
約五十機に損害
十五機を撃墜す

大本營發表（昭和二十年三月十日十二時）本三月十日零時過より二時四十分の間B29約百三十機主力を以て帝都に來襲市街地を盲爆せり
右盲爆により都内各所に火災を生じたるも宮内省主馬寮は二時三十五分其の他は八時頃迄に鎮火せり
現在迄に判明せる戦果次の如し
撃墜　十五機　損害を與へたるもの　約五十機

單機各所から低空侵入

『朝日新聞』昭和20（1945）年3月11日付
【解説】当時は「空襲」ではなく「盲爆」でした。

ます。

国民は、今でも東京の無差別爆撃は下町地区に限定されたものだったと信じきっていて、渋谷や原宿、赤坂、四谷（30頁）、新宿（18頁写真）、池袋なども廃墟になっていたことをほとんど知りません。

実際、東京は死亡者数以外は広島・長崎を合わせた以上の人類史上最大の戦争被害を受けていたのです。

現在に至る戦後の報道や教科書の教典の役割を果たしたのは、連合国最高司令部民間情報教育局が編集した日本人洗脳ＮＨＫラジオ放送『眞相箱』の台本です。

その台本は、放送終了後、日本人の歴史認識を統制す

昭和二十年五月二十七日

共同新聞

朝日新聞　東京新聞　日本産業経済　毎日新聞　読売報知

昨暁Ｂ29約二百五十機
帝都を無差別爆撃
四十七機撃墜　宮城、大宮御所に被害

大本営発表（昭和二十年五月二十六日十六時三十分）南方基地の敵Ｂ29約二百五十機は昨五月二十五日二十二時三十分頃より約二時間半に亘り主として帝都市街地に対し焼夷弾による無差別爆撃を実施せり
右により宮城内表宮殿其の他並に大宮御所炎上せり
都内各所にも相当の被害を生じたるも火災は本朝迄に概ね鎮火せり
我制空部隊の邀撃戦果中判明せるもの撃墜四十七機の外相当機数に損害を与へたり

三陛下、賢所は御安泰

『朝日新聞』昭和20（1945）年5月27日付
【解説】この記事の戦略爆撃は、日本列島無差別爆撃での「焼夷弾数、爆弾数、爆撃機数、被災地域」は最大でした。現在も、皇居宮殿が全焼したことがほとんど報道されていません。戦後、米軍は文化財になっている建物は爆撃対象から外していたと宣伝していましたが、それはプロパガンダです。終戦までのあいだで、この日だけ「朝日新聞」表記がありませんので、他紙に刷ってもらったようです。

る役割を担って、『眞相箱 太平洋戦争の政治・外交・陸海空戦の眞相』として、コズモ出版社から定価15円で１９４６年８月25日に発行されました。

同書の中で無差別爆撃は、１９４２年４月18日のドゥリットル爆撃を『日本初空襲の効果』として、約1頁記載しています。そこには「……たいしたことではありませでした。東京では数ヶ所に火事が発生し、横須賀で船が一隻損害をこうむり……」と、矮小《わいしょう》化していますが、実際は、Ｂ25が６機で来襲し、大塚、王子、荒川、品川、淀橋、牛込などを爆撃していました。

被害は、爆弾11個、焼夷弾《しょういだん》約５８０個、全半焼１１８戸、全半壊48戸、死傷者３４６人であり、大変な被害だったのです（警視庁警備係空襲被害調査）。

それ以外の記述は、当時、新聞報道されていて隠しきれない皇居爆撃に少し触れています。『宮城の空襲被害』として約1頁に「天皇陛下と御家族は、日本国中で一番深く、また最も安全な防空壕《ごう》に待避されておりました。……明治六年の東京の大火に類焼し、このときにも今回のＢ29による空襲に劣らぬ被害を蒙《こうむ》り、宮殿の主要部分と付属建築物の大部分を焼失致しました。……」と、言い訳を放送していたのです。

ところが、原爆はあまりにも悲劇的な被害をもたらし

たため、米国内で批判が巻き起こり、眞相箱の台本は『原子爆弾投下とアメリカの世論』として7頁にも及んでいました。

しかし、そのほとんどは、「原子爆弾は戦争を可及的速やかに終結させる手段であり、この爆弾の一撃で都市を破壊しても、小型爆弾を連続投下して、都市を破壊してもそこには何ら道義的差異はない」とか、「その武器は、最も文明を擁護し得る人々によって使用されたのである」との言い訳に混じって、ニューヨーク・タイムズに寄せられた投書が紹介されていました。〈曰く「原子爆弾は我が国歴史の汚点となるものである」曰《いわ》く「これは集団的殺戮《さつりく》、全くのテロ行為だ」〉と、日本国内の批判をかわす目的にしろ、アメリカ国内は是非論が渦巻いていたことが分かります。

トルーマン大統領は「敵側が先にそれ（原爆）を発見したならば、我が国家、否あらゆる平和国家即ちあらゆる文明に災害が起こったであろうということを知った」と、弁解しています。しかし、製造できる可能性のあったドイツは降伏し、日本はスイスやソ連において水面下で終戦交渉を進めていたことを米国は承知していたのであり、見苦しい言い訳なのです。

わが国の原子物理学は、仁《に》科《しな》芳《よし》雄《お》博士が１９３８年に「世界一のサイクロトン」を完成させ、イギリスのオリファント博士より3年も早く「ウラニウム２３５の爆発する限界量」を明らかにしていましたが、使用即戦時国際法違反になる「悪魔の兵器」をつくる意思はなかったのです。

久留米を焼爆
沖縄より戰爆百五十機

西部軍管區司令部發表（昭和二十年八月十一日十三時）
一、沖繩を基地とする敵戰爆連合約百五十機は十一日十時二十分頃より逐次久留米市附近に來襲、爆彈及び燒夷彈を混用投下せり
二、これがため同市内各所に火災發生せるも軍官民の敢闘により十二時五十分ごろまでに概ね鎮火せり
三、戰果並びに被害は目下調査中なり

B29霞ケ浦を旋回
B29一機は十一日午前十一時四十分小名浜附近より本土に侵入、平附近より南下して茨城地區に侵入、霞ケ浦附近を旋回ののち西南進し、川越、八王子を経て十一時四十八分頃相模灣より南方に脱去した

濱田石見間に機雷投下
十日夜の敵機の來襲状況は東部軍管區にB29一機、B24一機、中國軍管區にB29三十二機、東海軍管區にB24一機であつた
中國軍管區に侵入したB29は十日二十三時より十一日三時に亘り十

『朝日新聞』昭和20（1945）年8月12日付
【解説】米軍の爆撃を「焼爆」と表記しており、被害状況にフィットしています。

ＧＨＱ（米国）は「言論検閲」を公にして日本を〝監視社会〟に突き落とした

最近まで言論界において、１９４５年9月、ＧＨＱ（以下：米国）がわが国のマスメディアに対して、秘密裏に「プ

『東京大空襲秘録写真集』昭和28（1953）年8月15日発行、石川光陽撮影、雄鶏社「二幸屋上より焼け野原となった新宿大通り（1945年5月24～25日）」
【解説】新宿伊勢丹デパートが正面に写っています。四谷方面は焦土と化しています。現在でも日本のメディアは、東京無差別爆撃の被災地報道をしても、渋谷や新宿などが廃墟になっていた事実を伝えていません。

レスコード」や「ラジオコード」30項目を発令したことで、歴史認識が歪《ゆが》められたと一般的に理解されてきました。

しかし、実際には19頁の記事で分かるように米国は、郵便・電報・電話を検閲することを１９４５年10月11日に新聞で公にしていたのです。

そのプレスコード、「ＧＨＱ・米国・英国・中国・ソ連への批判」の禁止は、言論検閲を肯定できないが納得したとしても、連合国でも国でもない「朝鮮人に対する批判」の禁止だけはいまだに理解できません。

その他「プレスコード」の主な禁止事項は、「米国が憲法を起草したことへの批判」「検閲制度への言及」「連合国の戦前の政策に対する批判」「神国日本の宣伝」「戦争犯罪人の正当化および擁護」「占領軍兵士と日本女性との交渉」（日本女性に対する強姦報道や批判を封印）などを指令していました。

これらの禁止事項は、江藤淳著『閉ざされた言語空間』（１９９０年）として出版され大きな話題になりました。

しかし、米国がどのような言語・言論（歴史認識）を禁止し検閲したのか謎のままだったのです。

その禁止事項の具体的な内容は、『眞相箱』の台本で明らかになりました。

実際、GHQが編集した台本（教典）があれば、それにそった言論を逸脱しなければ罰せられる心配はなくなったのです。

米国の「指令違反」は日本の裁判所で罰せられた

1945年9月から始まったGHQ（以下：米国）による監視社会は、30項目の「プレスコード」にそって統制されましたが、その影響だけで現在も歴史が歪められていることに、多くの国民は疑問を抱いておりました。

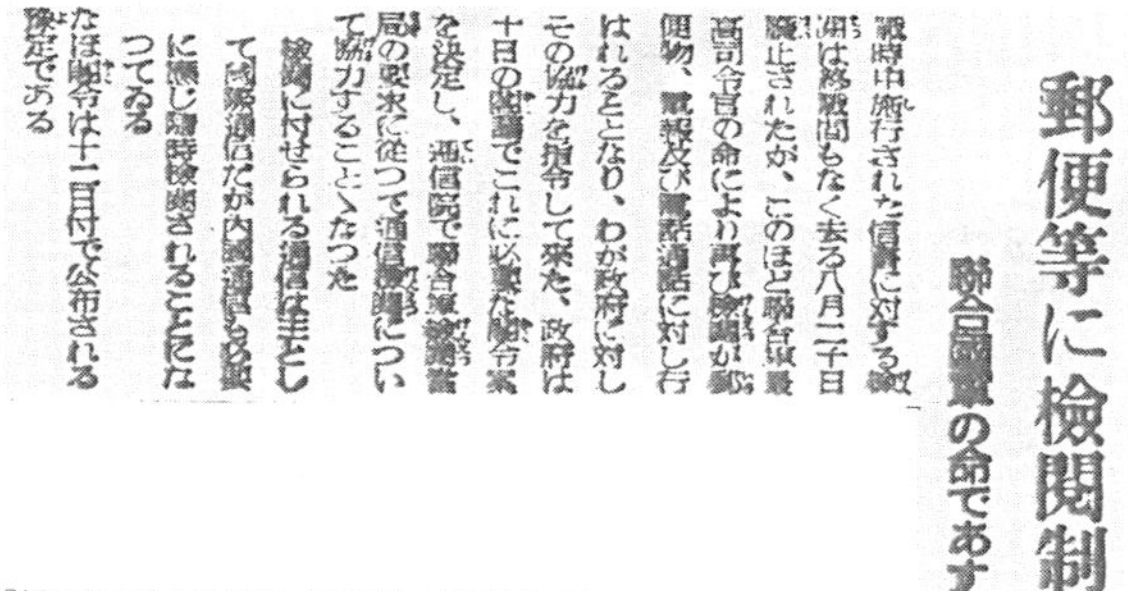

郵便等に検閲制

聯合國軍の命であす閣令公布

『朝日新聞』昭和20（1945）年10月11日
【解説】米国は新聞・ラジオ・雑誌をコントロール下に置いた直後から、国民の言語（言論）を検閲（盗聴）する監視体制を整えていました。

現在日本のマスメディアが報道している「歴史認識」の歪みは、『眞相箱』の台本を手にすれば理解できます。しかし、1952年4月28日に主権回復した以降も、米国によって「改竄」された歴史認識がいっこうに改まらないことが不思議だったのですが、上記の記事を手にして、すべての謎が解けたのです。

米国が「プレスコード」を発令するきっかけになったのは、朝日新聞が鳩山《はとやま》一郎氏の談話「〝正義は力なり〟を標榜《ひょうぼう》する米国である以上、原子爆弾の使用や無辜《むこ》の国民殺傷が病院船攻撃や毒ガス使用以上の国際法違反であることを否むことは出来ぬであろう」（1945年9月15日付）と「一部では、聯合軍上陸以来、若干の暴行事件があり……暴行事件の報道と、日本軍の非行の発表とは、何らかの関係があるのではないか……激烈な戦闘中における異常心理による暴虐と、今次の如き平和的進駐における場合の暴行とは、同日に論ずべきではない」（1945年9月17日付）と、2本の常識的な談話を掲載したところ、米国が激怒して同9月18日、日本政府に「新聞『朝日新聞』の発行停止に関する指令」が発令されたのです。

その内容は《日本帝国政府は、東京において、発行されている新聞『朝日新聞』の発行を停止させるため所要の命令を発出すべきこと。発行停止命令は本日（同9月18日）16時をもって発令し、同9月20日16時まで継続されるものとする。》と、2日間発行停止されたのです。

これは、朝日新聞創刊以来初めてのことで、朝日新聞にとっては驚愕《きょうがく》的な大事件でした。

朝日新聞は、つぎは廃刊させられる可能性もあり、それ以降、米国に飼い慣らされ従順になったのです。

その従順さは、『眞相箱』の台本作成に加担しただけでなく、米軍のスターズ・アンド・ストライプ（星条旗）紙を受付で配布するまで米国にすりよっていたのです。

勅令公布

聯合軍の指令違反
日本裁判で嚴罰
一般國民にも適用する

こんなのが違反
"知らなかつた"では通らぬ

『朝日新聞』（昭和21〈1946〉年6月20日付）

ちなみに、翌年の総選挙で勝利した鳩山一郎氏が、組閣案を練っていたそのとき、公職追放第1号に指名され、1946年5月7日、政界から追放されたのです。

マッカーサーの言論弾圧声明

米国は、朝日新聞を発行停止の厳罰を発令した時を同じくして、マッカーサー連合国軍最高司令官は、ポツダム宣言を完全に無視した声明を発しました。

《連合国はいかなる点においても、日本国と連合国を平等とみなさないことを、日本が明確に理解するよう希望する。日本は文明諸国間に地位を占める権利を認められていない敗北せる敵である。最高司令官は日本政府にたいして命令する。交渉はしない》

実際、米国が命令した「プレスコード」（1945年9月19日）や「ラジオコード」（同年9月22日）以降、新聞と雑誌の事前検閲が開始されたのが、同年10月9日からでした。米国が民間人の手紙・電報の検閲や電話の盗聴を開始したことを公にしたのが10月11日だったので、ほとんど同時にメディアと一般国民の「言論検閲」が開始されていたのです。

米国の「言論統制」に違反したら、メディアと一般国民にはどのような罰則が待っていたのか「謎」だったのです。

新聞に関しては、高桑幸吉氏が読売新聞時代に、直接GHQの検閲官との交渉過程でボツにされた記事をまと

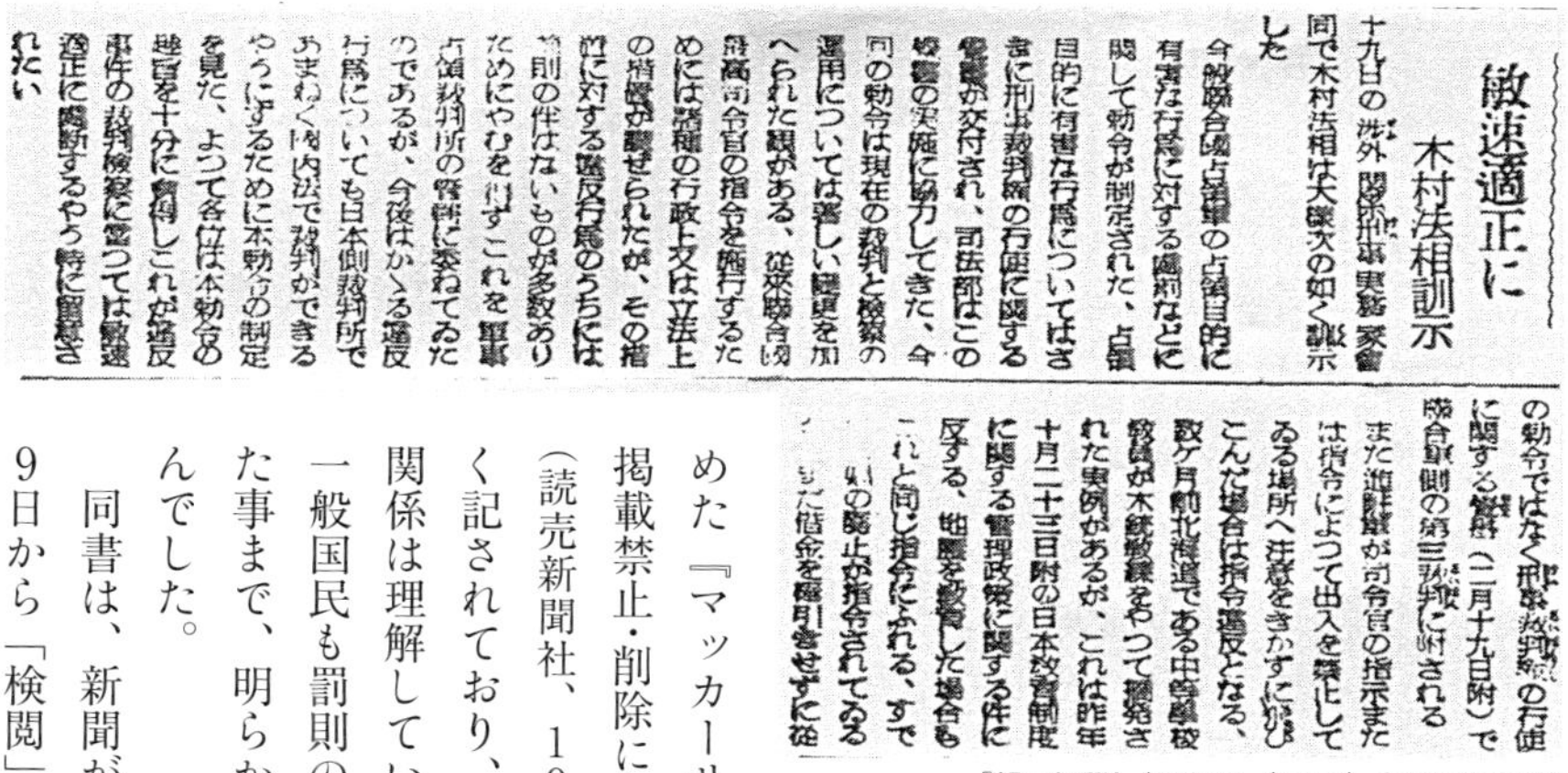
敏速適正に　木村法相訓示

十九日の渉外関係地方裁判所長並びに検事正会同で木村法相は大要次の如く訓示した

今般聯合國占領軍の占領目的に有害な行爲に対する處罰などに關して勅令が制定された、占領目的に有害な行爲についてはさきに刑事裁判権の行使に關する覺書が交付され、司法部はこの覺書の実施に協力してきた、今回の勅令は現在の裁判と檢察の運用については著しい變更を加へられた觀がある、從來聯合國最高司令官の指令を施行するためには諸種の行政上又は立法上の措置が講ぜられたが、その措置に対する違反行爲のうちには罰則の件はないものが多数ありためにやむを得ずこれを軍事占領裁判所の管轄に委ねてゐたのであるが、今後はかゝる違反行爲についても日本側裁判所であまねく國内法で裁判ができるやうにするために本勅令の制定を見た、よつて各位は本勅令の趣旨を十分に會得しこれが違反事件の裁判檢察に當つては敏速適正に處斷するやう特に留意されたい

の勅令ではなく刑事裁判権の行使に關する覺書（二月十九日附）で聯合軍側の第三裁判に附される

また進駐軍が司令官の指示または指令によつて出入を禁止してゐる場所へ注意をきかずに[illegible]こんな場合は指令違反となる、数ケ月前北海道である中等學校教員が木銃教練をやつて摘発された実例があるが、これは昨年十月二十二日附の日本教育制度に關する管理政策に關する件に反する、地圖を教育した場合もこれと同じ指令にふれる、すで[illegible]の廢止が指令されてゐる[illegible]借金を[illegible]せずに從[illegible]

『朝日新聞』（昭和21〈1946〉年6月20日付）

めた『マッカーサーの新聞検閲：掲載禁止・削除になった新聞記事』（読売新聞社、1984年）に詳しく記されており、新聞とGHQの関係は理解していましたが、直接一般国民も罰則の対象になっていた事まで、明らかにされていませんでした。

同書は、新聞が1945年10月9日から「検閲」されるようになってから、最初は引っ掛かってもボツにされるだけだったようで、けっこう思い切った記事を書いていたことが述べられています。

米国は、1945年10月31日、メディアの元締め「同盟通信社」に解散命令を出し、新聞等メディアを震撼《しんかん》させました。

そして、新しく組織化された共同通信社を使って全国の新聞に米国が制作した「太平洋戦争史」（1945年12月8日から連載）を配信させたのです。

日本を密告社会に貶めた米国の指令

米国は『聯合軍の指令違反 日本裁判で厳罰 一般国民にも適用する』（1946年6月20日付）を発令したことで、日本社会は「見ざる・言わざる・聞かざる」の恐怖社会に貶《おとし》められました。

実際、前年10月から手紙・電報の検閲、電話の盗聴は実施されており、米国が「改竄」した「歴史認識」に異をとなえたら、逮捕される可能性もあり、裁判所で罰せられたら家族が路頭に迷うこともあったのです。

友人知人や家庭内でも米国を批判すると、通報（密告）される危険性があり、うかつなことを子供の前でも言えなくなっていたのです。

詳細は上記記事を読んでいただくこととして、一般国

〝廣島〟をくり返さないで！

大人は忘れている

日本の子供達 世界の友達に訴う

胸打つ「平和の歌」

広島の原爆記念式典 数千の遺族参列

『朝日新聞』昭和27（1952）年8月6日夕刊

民の混乱状況は「これを知らなかったからといって違反した場合の理由は絶対になりたたず、最高十年以下の懲役または七万五千円以下の罰金を課せられるから国民は官報、ラジオ、新聞などの報道に深い注意を払はなければならぬ……」とあり、国民に「物理的な強制力」をもって〝洗脳政策〟が実行されていたのです。

１９４６年の国家公務員の大卒初任給は「５４０円」で、当時の「１００円」の貨幣価値が現在の「４万円くらい」でしたので、最高「３０００万円」（現在の貨幣価値）の罰金がいかに高額だったか理解できるでしょう。

この「懲役10年と3千万円の罰金」が、改竄された「南京大虐殺」の呪縛《じゅばく》が、今に至るも解けない最大の理由だったと解釈できるのです。

「原爆慰霊祭」も米国の言論弾圧で封印されていた

現在、興味があれば誰でも「米国の言論弾圧」の動かぬ証拠を確認できます。それは22頁の朝日新聞記事『〝廣島〟をくり返さないで！ 大人は忘れている』とありますが、実際どうだったのか、広島市役所に問い合わせると「原爆慰霊祭は被災した翌年からずっと行っています」との回答が返ってきました。

忘れていたのは朝日新聞だけでなく、主権回復した1952年4月28日まで、すべての新聞が米国の「言論弾圧」で、「原爆慰霊祭」の記事を掲載できなかったのです。慰霊祭の報道を禁止するとは、とても文明国とはいえません。

「原爆使用を正当化するアメリカ人」に黙って写真を見せてください

広島：「1945年8月6日午前11時すぎ。建物は広島市千田町3丁目巡査派出所。撮影者談『近寄って写したものの、カメラのファインダーは涙でくもって、これを撮るのがやっとだった』。手前白いセーラー服（三角エリ）の少女は、28年後、生存が確認されました」（撮影：松重美人）

【解説】 原爆投下から3時間ぐらいしかたっておらず、まだ火の粉が舞い上がっています。同8月6日の写真は、松重美人氏の5枚と松重三男氏の1枚しかない貴重な記録です。これら一連の被爆写真は、原爆投下「是非論」以前の問題を示しています。

地獄と化した広島の惨状

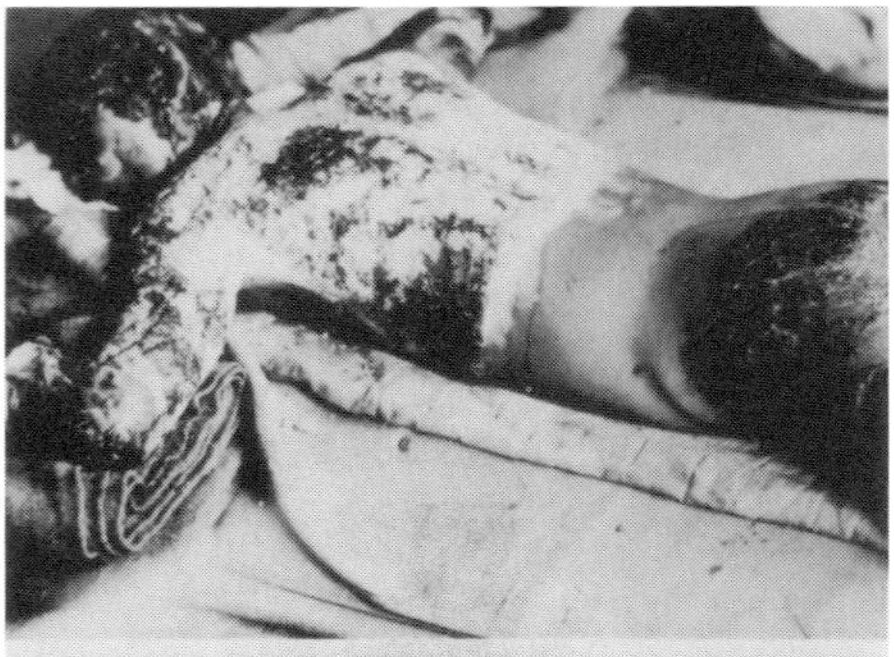

左上2枚→「広島：熱線で全身焼けただれた人々の多くは、市街地の沖合約4キロメートルにある似島（にのしま）の陸軍検疫所に設置された臨時救護所に収容されました。虫の息ながら痛みを最もこらえやすい姿勢のまま、身じろぐこともできず、次々に絶命したのです」（昭和20〈1945〉年8月7日、撮影：尾糠政美）

【解説】 最近、米国で「原爆の絵図展」が巡回開催されていると報道されていましたが、写真でなければ実態は伝わらないでしょう。これらの写真は「原爆投下是非論」を拒絶しているのです。

右下：広島：「広島日赤病院で治療を待つ被爆した乙女たち」

【解説】 極限の恐怖を体験した乙女の眼差しは、悲しみを通りこして虚空を見つめています。

左下：「広島：被爆から数日後、船舶練習部臨時救護所から戻る親子。広島市宇品町」（昭和20〈1945〉年8月12日、撮影：宮武甫）

【解説】 地獄から生還し、死線をさまよい歩いている親子を、真夏の太陽光が突き刺しているようで、よけいに痛々しく感じます。これら一連の写真は原爆投下「是非論」が虚構であることを物語っているのです。

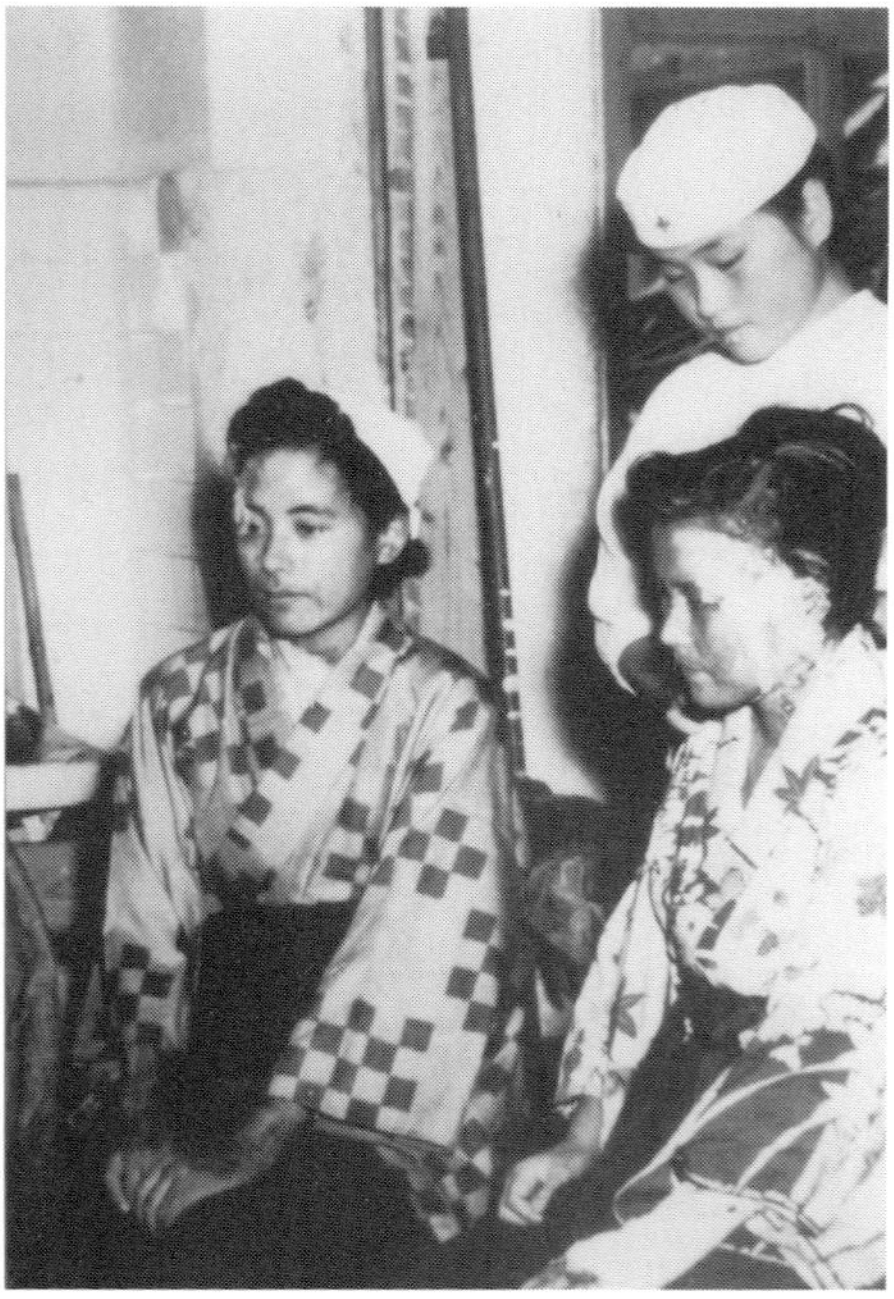

キリストも泣いている「神をも畏れぬ暴挙」

長崎：「浦上天主堂正面入口の石畳の歩道に哀しげに佇む聖人の首」（昭和20年〈1945年〉9月上旬、撮影：松本栄一）

これらの写真を「世界中の教科書」に掲載するべきなのです

「長崎：山王神社の二の鳥居の片柱が爆風で吹き飛ばされ、大楠の小枝も爆風で毟り取られています。長崎市坂本町（爆心から東南800メートル）」（昭和20〈1945〉年10月中旬、撮影：林重男）

【解説】原爆の破壊力の凄まじさを、まざまざと記録した1枚です。人間は空高く吹き飛ばされ瞬殺されたでしょう。翌年、熱線を受けなかった大楠の南側から若芽が吹き出し、現在も生育しているようです。

「長崎：浦上駅プラットフォーム（爆心から南南東900メートル）で絶命していた母子。子供の顔は熱線で腫れ上がっています。長崎市岩川町（川口町）」（昭和20〈1945〉年8月10日午前8時頃、撮影：山端庸介）

【解説】韓国は、慰安婦問題は「アジアにおけるホロコースト」などの虚言を世界中に撒き散らしていますが、一瞬で人々を殺戮した人類史上空前絶後の「ホロコースト」は広島・長崎の原爆被害なのです。

長崎の原爆はどのような言い訳をしても必要無かった

長崎では、連合国側の捕虜も犠牲になっていたことで、原爆の被害を隠しきれず、『眞相箱』には様々な弁解が掲載されていました。トルーマン大統領はニューズウィーク誌に「敵側も……（原爆を）発見する直前にあったことを知っている」と、弁解していました。

そうであるならば、敵も壊滅的な破壊力を承知していたことになり、2発目は、直接被害を及ぼすことのない、東京湾の沖合い海上で爆発させるだけで十分だったのです。

『眞相箱』には、米国の弁解と動揺が錯綜《さくそう》し、現在の米国より健全な「言論」が散見できます。『眞相箱』の「原子爆弾投下とアメリカの世論」の最後は、ニューズウィーク誌のつぎの記事を紹介して締めくくっています。

《先週トルーマン大統領が、原子爆弾完成の指導に当たったヴァヌヴァーブッシュ博士、レズリー・アール・グロウヴス少将、その他の科学者や軍部の人々を白亜館（ホワイトハウス）に招致して、爆弾の今後の使用と管理についての意見を求めた折のこと、暫《しば》くは一座黙して急には答えるものもなかった。が、やがて指導的な科学者の一人が突然『成功して遺憾《いかん》千万だ』といった。すると軍人の一人が『アーメン』と唱えたものである》と、トルーマン大統領に対して、善良なアメリカ人の心情を明示的な一言で締めています。

2016年5月27日、オバマ大統領が広島で原爆犠牲者に「祈る」まで、70年の歳月を要したのです。

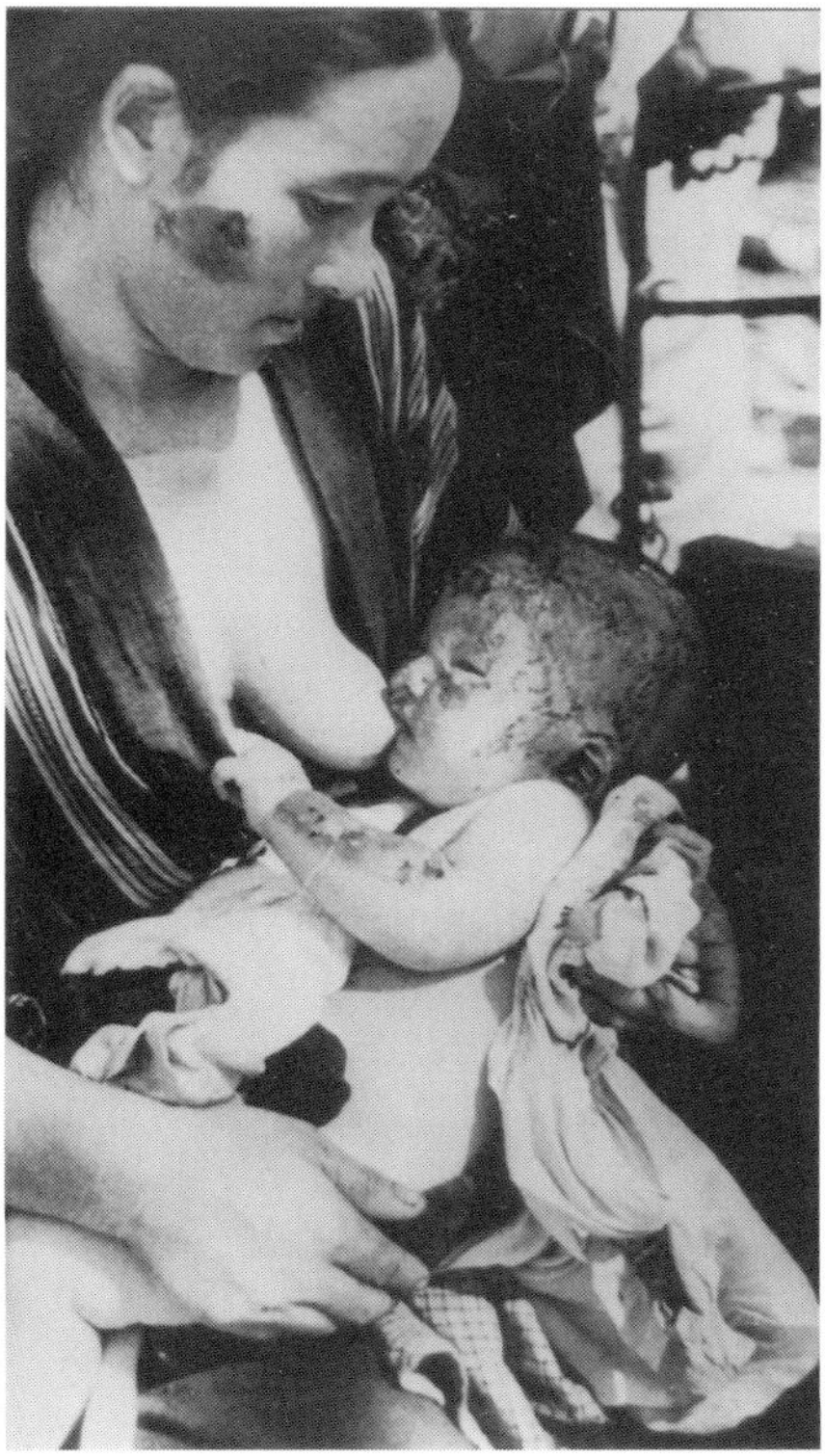

「長崎：爆心から北方3.6キロメートル、長崎本線道ノ尾駅付近。手当ての順番を待つ放心状態の母親が、傷ついた子供に乳を含ませている」昭和20〈1945〉年8月10日午後2時〜3時頃、撮影：山端康介

【解説】 子供たちの焼けただれた写真を見ると、怒りが込み上げてきます。このような無惨な写真がたくさんあるにもかかわらず、いまもって「原爆投下是非論」にとらわれているとは、なんと愚かなことなのでしょうか。

20世紀最大級の「人道に反する」国家犯罪は現在も封印状態にされている

最近、「東京大焼殺」に関して、下町以外もあったことをＮＨＫも取り上げるようになりましたが、いまだに詳細は報道されていません。

東京版

思い出新た大空襲

きょう犠牲者の春季慰霊祭

『朝日新聞』昭和30（1955）年3月10日朝刊（東京版）
【解説】「東京大焼殺」の慰霊祭の記事は、主権回復後も封印され、この記事も「東京版」に掲載されたものです。

そもそも「東京大空襲」や「原爆投下」など、実態がともなわない用語は、ＧＨＱの「ことば狩り」によって押し付けられたもので、当時の新聞には「無差別爆撃」とか「爆殺」「焼殺」などが使われていました。

その都市無差別絨毯爆撃は、下町以外、赤坂、青山、原宿、渋谷、神田、四谷、新宿、吉祥寺、三鷹など山の手を含め、都内全域を爆撃して、被災者約３１０万人、死者11万５０００人以上、負傷者約15万人以上、損壊家屋約85万戸、東京都の5割を廃墟にしていました。

ここに掲載した写真は、警視庁職員・石川光陽氏が決死の覚悟で撮影し、ＧＨＱ占領下はネガを自宅の庭に埋め公開の機会を待っていたものです。

そして、主権回復した翌年１９５３年8月15日に、雄鶏社から『東京大空襲秘録写真集』として出版しました。

米国は、人類史上最大級の人道に反する〝国家犯罪〟「東京大焼殺」を封印しようと腐心していました。その証拠は、主権回復後も新聞パルプ紙を米軍統制下に置き、「東京大焼殺」の慰霊祭の記事を１９５５年まで封印していたからです。

実際、人類にとってどれほど貴重な写真（一次資料）かは、同書に掲載されている現職の警視総監の推薦文が核心を語っています。

〈……願わくばこの写真集が広く一般の人々にみられ、日本民族発展の心のかてとなることを希望し、推薦の言葉とする〉とあるのですが、同書がいまだに一般的に知られていないことで、わが国の報道の自由度が理解できるでしょう。

『東京大空襲秘録写真集』（昭和28〈1953〉年8月15日発行、雄鶏社）「灼熱地獄。四方に燃え上がる紅蓮の焔にじりじりと、生きながら無残に焼かれた焼死体は黒々と焦げたまま、断末魔の姿態をとどめている。よりそって死んだ人々、かばうようにして子を抱いて死んだ母親……、いずれも衣類は燃えつくし、一片の灰にしかすぎないような完全な焼死体だが、そこに一人ひとりの人生の終焉が恨みをこめた叫び声となって聞こえてくるようである。（江東区地区1945年3月10日）」

『東京大空襲秘録写真集』（昭和28〈1953〉年8月15日発行、雄鶏社）「川中に浮かぶ焼死体（江東区地区昭和20年〈1945年〉3月10日）」

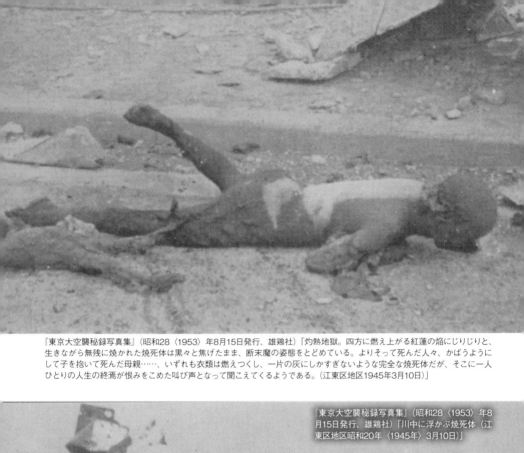

「５・25東京大焼殺」は渋谷、原宿、青山などを「地獄絵図」にしていた

一般的に「東京大空襲」と聞くと、ほとんどの方は今でも、１９４５年３月10日の下町地域の被害を想像すると思われます。しかし、それはＧＨＱ占領下以降の宣伝が浸透したことを意味しています。

『東京大空襲秘録写真集』（昭和28〈1953〉年8月15日発行、雄鶏社）渋谷八幡通り実践女学校附近（1945年5月25日）。1945年5月24日未明、25日夜半、29日と、東京空襲の最後の仕上げが行われた。大挙来襲するB29のなすがままに、爆破炎上していった……

皇居の宮殿が全焼したのも、山の手全域が廃墟になったのも、１９４５年５月24日未明から25日夜半にかけての爆撃でした。

人的被害以外では「３・10」を圧倒し、爆撃機約１・５倍、焼夷弾約２倍以上（同24日だけで７万４６１７発）、被災した町の数は約５倍、30頁下の青山警察署前広場には焼殺された遺体の無惨な姿が晒《さら》されていました。

『東京大空襲秘録写真集』（昭和28〈1953〉年8月15日発行、雄鶏社）青山に集められた死体の山（昭和20〈1945〉年5月25日）。壕内で蒸し焼きにされた死体は衣服を焔に奪われて全裸の姿で焼け死んでいた……

第一章

中国発の「南京虐殺写真」はすべて〝捏造〟写真

『アサヒグラフ』（昭和12〈1937〉年11月10日号）

世界中に〝南京大虐殺の嘘〟を宣伝した朝日新聞本多勝一記者が「誤用」を認めた「南京虐殺」捏造写真

本多勝一氏は、過去、様々な裁判などで、自ら「間違い」を認めたことはほとんどなく、現在、世界中に蔓延《まんえん》している「南京大虐殺」の捏造歴史認識を普及させた象徴的な人物であり、この『週刊新潮』の記事は、歴史的な「事件」と表現できるほどの価値がありますので、全文を掲載させていただきました。

（平成26〈2014〉年9月25日号）

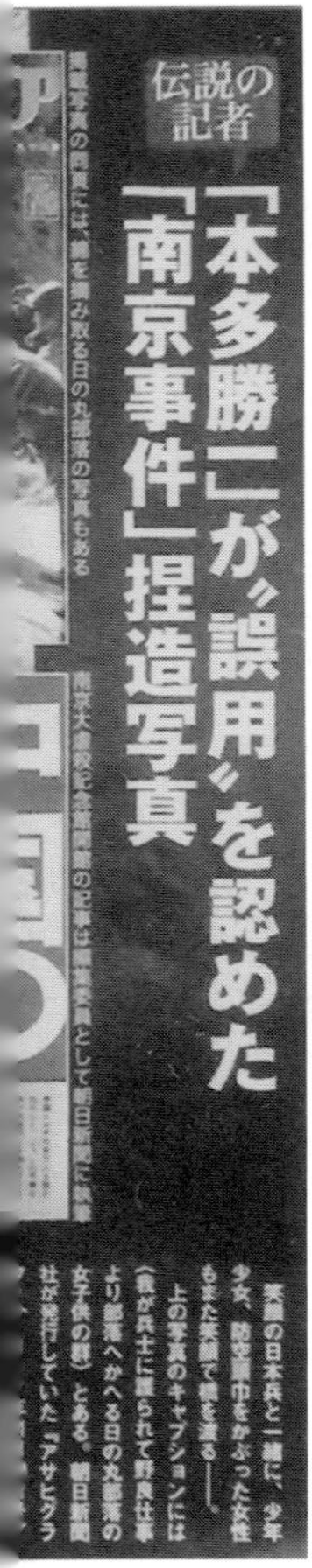
伝説の記者

「本多勝一」が〝誤用〟を認めた「南京事件」捏造写真

笑顔の日本兵と一緒に、少年少女、防空頭巾をかぶった女性もまた笑顔で橋を渡る――。上の写真のキャプションには〈我が兵士に護られて野良仕事より部落へかへる日の丸部落の女子供の群〉とある。朝日新聞社が発行していた『アサヒグラ

《上の写真のキャプションには〈我が兵士に護られて野良仕事より部落へかへる日の丸部落の女子供の群〉とある。朝日新聞社が発行していた『アサヒグラフ』（１９３７年11月10日号）に掲載された1枚である。

そして、同じ写真が72年発行の『中国の日本軍』という書籍に使われている。著者は、当時、朝日新聞が誇るスター記者だった本多勝一氏（82）。だが、そのキャプションには、〈婦女子を狩り集めて連れて行く日本兵たち。強姦や輪姦は七、八歳の幼女から、七十歳を越えた老女にまで及んだ〉とあるのだ。

南京事件に取り組んできたジャーナリストの水間政憲氏は、

「南京大虐殺派が虐殺の証拠として使う写真ですが、なぜ朝日の記者だった本多氏が、自社の写真を使ったのか疑問です」

本多氏に問い合わせると、文書で回答が寄せられた。

「『中国の日本軍』の写真説明は、同書の凡例に明記してあるとおり、〈すべて中国側の調査・証言にもとづく〉ものです。ただ、中国側に問題点があることは、俺が司会を務めた南京事件の座談会（『週刊金曜日』99年11月5日号）で、吉田裕さんが次のように指摘しているとおりだと思います。〈中国側の対応で問題があるのは写真の使い方ですね。いつ、だれが、どこで撮ったかという根拠を確認しないままに、政治的なキャンペー

ンの中で勝手に写真を使っている。日本の市民運動側もそれを無批判に受け入れてしまうような一面があって、それを反動派につけこまれている〉。『中国の日本軍』の写真が、『アサヒグラフ』に別のキャプションで掲載されているとの指摘は、俺の記憶では初めてです。確かに『誤用』のようです」

　伝説の記者が誤用を認めた。「慰安婦報道同様、相手の言うがまま無批判に載せてしまう朝日のDNAそのもの」（水間氏）

　なお本多氏は「ご指摘の写真の『誤用』によって南京事件自体が否定されることにならない」とも主張している。さすがは南京大虐殺記念館から特別功労賞を贈られただけのことはある。

　中国は今年、従軍慰安婦に関する資料と南京大虐殺の記録を「世界記憶遺産」としてユネスコに登録申請している。》

　※本多勝一氏は、当時、国際的に影響力のあった朝日新聞のスター記者だったことを考慮して本書では「朝日新聞記者」との敬称を使用しました。

『アサヒグラフ』特集記事

朝日新聞本多勝一記者は自著『南京への道』の中で『アサヒグラフ』から写真を19枚転載していますが、この〝号〟の『アサヒグラフ』の写真はありません。

この「日の丸部落」は、当時朝日新聞でも大々的に報道されていたのです。朝日新聞本多勝一記者は気づかなかったことが不思議です。

『アサヒグラフ』昭和12（1937）年11月10日号

本多勝一氏の著書『南京への道』は、当時の朝日新聞だけでなく東京日日新聞（毎日新聞）や読売新聞を効果的に使い分け、「南京事件」を立証しようと苦労したあとがうかがえます。また『アサヒグラフ』の写真は、臨時増刊号を含めて「19枚」使っていますが、そのすべてを筆者も確認していますが、写真の時系列から、この頁の「特集」だけ見落とすことは非常に難しいと思われます。実際、

中国が改竄した

硝煙の下　桃源の境
江南の「日の丸部落」

『南京への道』では、縮刷版に掲載されてない朝日新聞・北支版まで調べており、南京攻略戦前後の朝日新聞関係資料をすべて把握した上で、「南京への道」との「物語」を上梓《じょうし》したと思われます。

筆者も南京攻略戦前後の朝日新聞関係資料を精査しましたが、圧倒的にわが国の名誉回復に直結する写真等がたくさんあり、それらをすべて「スルー」したのは、「物語」に必要なかったからなのでしょう。

わが国の図書館でも不思議なことが起きています。それは、世田谷区立中央図書館の『アサヒグラフ』資料の中で、ここに掲載した「号」だけ欠番になっていました。他の図書館では、頁ごとカッターで切り取られるといったことが、頻発しています。

本多勝一氏は南京攻略戦前後の「朝日新聞」関係資料をほとんど把握していたと思われる

東京朝日新聞　（日曜日）　昭和十二年十月十七日　D（二）

十七歳少年の遊説に
〝日の丸部落〟誕生

村に滿つ平和の囁き

硝煙下に桃源境

告示

平和の翼の下に

『朝日新聞』昭和12（1937）年10月17日付

日本軍は国連のＰＫＯを先取りしたように中国人を保護していた

36頁と37頁の新聞記事は、前頁と同じ「日の丸部落」を大きく取り上げていますので、本多勝一氏が『アサヒグラフ』の「特集記事」を見落としても、この記事を見落とすことは「至難の技」が必要になります。

この情景が、なぜ生まれたのかを知るには、松井石根大将について、少し説明する必要があり、解説します。

松井石根大将は、陸軍大学校を首席で卒業しましたが、「金の軍刀」を下賜されたエリートが赴任する欧米の駐在武官ではなく、終生熱愛していた中国を自ら希望し、16年間駐在武官として赴任した陸軍きっての親中国派の軍人でした。

「南京問題」が米国や中国の思いどおりに定着しないのは、聖将と慕われていた松井大将が、南京攻略戦の総司令官だったことが大きく影響しているのです。

松井大将が親中国派の軍人になるきっかけは、1931年にジュネーブで開かれた軍縮会議の全権団のメンバーとして参加したときの衝撃的な出来事に遭遇したからです。それは《日支両国人が西欧諸国の前で、あたかも先天的な仇的でもあるかのごとく、目をむき、罵《ば》声《せい》を投げあうようにして歪み合う。それをヨーロッパ人が裁判官のような態度で聞いている。何たる醜態か、アジアのことはアジア人自ら決すべきである。日本と支那とは元来兄弟の国、同文同種の国ではないか》（『大亜細

『朝日新聞』昭和12（1937）年10月21日付

亜主義』1931年11月6日号）との思いをいだき、1933年ジュネーブから帰国して、当時参謀本部第二部長（情報担当）であった松井大将（当時：少将）は、交流のあった孫文《そんぶん》の大アジア主義を基調として、日中両国民の固い協力を柱に全アジアの団結と解放を志すことを目的とした「大アジア協会」を発足しました。

その大アジア協会の会長は松井石根少将、理事長は下中弥三郎（平凡社の創業者）、発起人には、公爵近衛文麿《このえふみまろ》、広田弘毅《こうき》等が名を連ね、その機関誌『大アジア主義』の編集長には、田中正明氏が抜擢《ばってき》されていました。

大アジア協会は、インドのビハリー・ボースやビルマのアンサン将軍（アンサン・スーチー女史の父）、フィリピンのリカルテ将軍、ベトナムのクオン・デ侯、インドネシアのハッタ博士（のち副大統領）など、アジア各国の亡命者や独立運動の志士たちを支援していました。

1935年前後の中国は、反日侮日が吹きあれ円借款を踏み倒し（1933年：現在の貨幣価値で3兆円）、内戦状態で、南京の蒋介石《しょうかいせき》政権に対して、広東・広西両省は胡漢民《こかんみん》を中心に「西南政務委員会」が組織され、南京政権に対して、一大敵国の観を呈していました。

孫文、胡漢民とは同志として交流していた松井大将は心を痛め、蒋介石政権と西南政務委員会の平和統一を促

すため、１９３６年2月11日、田中正明氏を秘書として下関より西南へ出航したのです。

現地にて、松井大将は双方に向かって、《孫文先生は「日本なくして、中国なし。中国なくして、日本なし。日中の関係は唇歯補佐（くちびると歯の関係）、切っても切れない関係だ」と言われた。孫文先生が唱えた「大アジア主義」の精神にたち還れ》と説得し、その具体的な方法を私案として提示していました。それらの会談で日中和平の道は「望みなきにあらず」との感触を得て、当時の広田弘毅首相に報告し、また軍部が突出しないようにと申し出ていたのです。この件に関して筆者は、繰り返し田中正明氏から聞かされました。

ところが、１９３６年12月12日に勃発《ぼっぱつ》した、中国共産党の陰謀による西安事件によって、蒋介石は逮捕監禁され、モスクワからの「生かして使え」との指令により毛《もう》沢東《たくとう》は、蒋介石の命と引きかえに「国共合作」を認めさせた。そして、蒋介石は解放され南京に戻り、ただちに中央軍を陝西《せんせい》省から撤退させ親日派の張群《ちょうぐん》外交部長を罷免して、欧米派（反日）の王寵恵《おうちょうけい》を指名したのです。

このとき、すでに「日中戦争」の火蓋《ひぶた》が切られたと言っても過言ではないでしょう。

今も昔も中国人は、恩を仇で返すので信用できないのですが、１９０７年に蒋介石が日本に留学してきたとき、松井大将に下宿の保証人など身辺の面倒をいろいろと見てもらったにもかかわらず、結果的に松井大将に矛を向けることになったのです。

１９３７年7月29日、日本全国を震撼させた〝通州邦人大惨殺事件〟が勃発し、8月9日に大山勇夫中尉と齊藤一等水兵が惨殺されても、それでも日本政府は「隠忍自重」していたのです。

しかし、中国は、8月13日、「上海停戦協定」を一方的に破棄して、日本人居留地を爆撃してきたことに対し、応戦したことが「日中戦争」（支那事変）の起点なのです。

日本政府は、急遽《きゅうきょ》、翌日14日に松井石根大将を上海派遣軍司令官に選出したのです。

36頁と37頁の新聞記事は、松井大将が上海附近の戦闘に際し、次の訓令をだしていたことで、すべての説明がつくでしょう。

《上海附近の戦闘は専ら我に挑戦する敵軍の戡定《かんてい》を旨とし、所在の支那官民に対しては努めて之を宣撫《せんぶ》愛護するべきこと》

『中国の日本軍』（昭和47〈1972〉年7月20日、創樹社）「集団で輪姦された上、皆殺しにされた現場写真」

『中国の日本軍』（昭和47〈1972〉年7月20日、創樹社）「婦女子を狩り集めて連れて行く日本兵たち。強姦や輪姦は7、8歳の幼女から、70歳を越えた老女にまで及んだ」

朝日新聞は「南京大虐殺捏造写真」が掲載されている書籍を絶版にせよ

朝日新聞は「慰安婦」問題の虚偽報道に対して、記事を削除することで読者に理解を求めましたが、「南京問題」も朝日の「南京虐殺大キャンペーン」によって、日中間で外交問題になっています。したがってこれを最終的に解決する第一歩として、「南京虐殺捏造写真」が掲載されている書籍を廃刊にする必要があります。

39頁の2枚の写真は、１９７１年8月から12月に朝日新聞で連載された『中国の旅』の写真版で、１９７２年7月20日に『中国の日本軍』として創樹社から出版されたものです。

この2カ月後の9月29日に「日中共同声明」が調印

されたので、中国側の外交交渉を側面から支援する役割を担っていたと思われます。

40頁に掲載した『中国の旅』の表紙は、1981年に出版された文庫本のものですが、それには40頁の「南京虐殺捏造写真」は掲載されていません。

ところが、1995年10月5日に朝日新聞が発行した

『中国の旅』（昭和56〈1981〉年、朝日新聞社）

左上：婦女子を狩り集めて連れてゆく日本兵たち。「婦女子を狩り集めて連れて行く日本兵たち。強姦や輪姦は7、8歳の幼女から、70歳を越えた老女にまで及んだ」と説明されている
左下：「集団で輪姦された上、皆殺しにされた現場写真」（いずれも南京市提供）左上・左下の写真は『本多勝一集　第14　中国の旅』に掲載された

『本多勝一集 第14巻 中国の旅』の251頁には「中国の日本軍」と同じように掲載されているのです。

歴史資料として出版する図書は、資料の出典は不可欠ですが、同書の「南京」の項目に掲載されている「南京虐殺関連写真」18枚は、すべて「南京市提供」となっていて、1枚も資料写真の原理原則「だれが・いつ・どこで」を充たしているものはありません。

朝日新聞の報道機関としての姿勢は、自社のイデオロギーに合致したものであれば、「捏造写真」でさえも「貴重な資料」になってしまうのです。

しかし、朝日新聞の先輩たちが遺した貴重な報道写真を、後輩が勝手にキャプションを変えて、使うことは先輩の「人格権」を侵す犯罪行為に等しいのです。

今回、この頁の上に掲載した写真の出典が、ハッキリと分かるように34頁と35頁に『アサヒグラフ』の特集記事を見開きで掲載したのは、朝日新聞の出版する「南京関連本」が、反日イデオロギーに汚染されていることを一目瞭然《いちもくりょうぜん》にするためだったのです。

これまで、出典のない怪しげな「写真」が掲載されていても、なんら疑問も感じずに読み進めていた読者の姿勢にも、大きな問題があったのです。

朝日新聞は世界最大の「イエローペーパー」に落ちぶれた

前頁の「捏造写真」も、１９８１年に出版された文庫本『中国の旅』には、掲載されていませんでしたが、同様に朝日新聞が１９８０年代から１９９０年代にかけて、より反日イデオロギーに染まっていたことを、この写真が示しています。

この写真は、文庫本から14年後に出版された『本多勝一集 第14巻（中国の旅）』（１９９５年、朝日新聞社）の項目「南京」の２６６頁に掲載されていますが、「ヤギや鶏などの家畜は、いたるところで戦利品として略奪された（南京市提供）」と、キャプションをつけています。

『本多勝一集 第14巻（中国の旅）』（266頁、朝日新聞社、1995年10月5日）「ヤギや鳥などの家畜は、いたるところで戦利品として略奪された（南京市提供）」

この写真の原典は、43頁の『支那事変画報：第9集』の裏表紙なのです。また朝日新聞は、先輩の貴重な報道写真のキャプションを偽造して出版していたのです。

原典のキャプションは、「支那民家で買ひ込んだ鶏を首にぶらさけて前進する兵士（10月29日京漢線豊楽鎮にて小川特派員撮影）」となっており、撮影した小川特派員の人格権はもちろんのこと、「略奪した」と断定された兵士および親族の名誉を著しく傷つけているのです。

実際、１９９５年ごろには、中国提供の「南京事件」の証拠写真と称するものは、怪しげなものばかりで問題になっていた時期のことだけに、同じタイトルの本に捏造写真を追加する姿勢は、「証拠は二の次、日本軍の『悪事』であればなんでもあり」の風潮が、朝日新聞社内で罷り通っていたことを示しています。

実際、１９９５年には本多勝一氏は朝日新聞社を退職しており、問題がある写真は気兼ねなく削除することも可能だったでしょうが、よりによって『アサヒグラフ臨時増刊号』裏表紙の写真のキャプションを、改竄したものに変えて掲載する無神経さには驚きます。

朝日新聞社の本づくりは、三流以下の「イエローペーパー」レベルまで落ちぶれた「動かぬ証拠」です。言論の自由のない国と密接になると、ジャーナリズムの基本を投げ捨てなくては付き合えないのでしょう。

1990年代は、慰安婦問題だけでなく南京問題もピークに達していた時期だったのですが、それに加担していた「反日スター」は、慰安婦問題の松井やより氏（1934年生まれ）、南京問題の本多勝一氏（1932年生まれ）、それを拡散する役割を担っていたのがTBSの『ニュース23』のキャスター筑紫哲也氏（1934年生まれ）だったのです。

この3名の共通点は、「朝日新聞社会部出身」です。朝日新聞の社会部は、中国や韓国の「出先機関」のような役割を担っていたことになります。

『支那事変画報：第9集』（朝日新聞社、昭和12〈1937〉年12月5日発行）

それでは、なぜ、1980年代から酷くなっていたのかを分析すると、慰安婦問題の決定的な間違いを犯した河野洋平氏（1937年生まれ）が育った環境を調べると、その世代の共通点は1930代年生まれになります。

GHQ制作のNHK洗脳ラジオ放送『眞相箱』は、学校放送の時間で「全学年と教師の時間」として、強制的に、小学生や中学生のときに聴かされていたからなのです。

虚偽報道で失われた国益は、お金では換算できない莫大な損失になっており、現在、歴史認識問題で嫌がらせが頻発している海外で、被害を受けている邦人がいちばんの被害者なのです。

朝日新聞は、まだ海外に向けて「慰安婦強制連行」は虚偽報道でした、と謝罪報道をしてませんので、いつまでたっても「慰安婦像」設置などが継続しているのです。

朝日新聞を購読している国民は、間接的に海外での邦人被害を増長させることに加担していると認識しなくてはいけません。

ジャーナリズムの原理原則を失った新聞は、単なる「イエローペーパー」ですので、朝日新聞の読者の知能はどんどん低下し、日本は国内から亡びる方向に突き進んでいることを、国民は自覚しなくてはいけません。

朝日新聞だけではなく、ＧＨＱにすり寄り、反日通信社としての歴史をもつ「共同通信社」は、１９４５年12月８日から、ＧＨＱ制作の捏造された『太平洋戦争史』を全国に配信して現在に至っており、共同通信から現在も記事を配信してもらっている地方紙も含めると、わが国はすでに危険水域に達しているのです。

『支那事変画報：第9集』の裏表紙（朝日新聞社、昭和12〈1937〉年12月5日発行）「支那民家で買ひ込んだ鶏を首にぶらさげて前進する兵士（10月29日京漢線豊楽鎮にて小川特派員撮影）」

「南京虐殺」を甦らせた中国永遠の恋人・本多勝一氏の中国での評価

「南京虐殺〜南京虐殺〜」と、念仏のように朝日新聞と中国が唱えると「円借款」がじゃぶじゃぶ中国に注がれていました。中国の近代化に世界最大の貢献をしたのは、本来、日本国民の血税なのですが、中国が評価し感謝したのは、記事のとおり本多勝一氏と洞富雄《ほらとみお》氏だったのです。

4 「南京大虐殺」記念館から表彰された日本人の「業績」

授与式当日はサングラスなしで

「見たら、誰もが日本人を嫌いになる」。そう言われるほど旧日本軍の残虐ぶりを喧伝する南京大虐殺記念館(南京市)が、二人の日本人に「特別貢献賞」なるものを授与した。いったい誰がどんな「貢献」をしたのかと思ったら、やっぱりあの人たちの、あの業績だった。

その「特別貢献賞」の授与式があったのは、9月24日のこと。この日、同賞を受賞した8人の中に、中国人の運動家らに混じって名前を連ねたのが、日本人の本多勝一氏と故・洞《ほら》富雄氏である。

言うまでもなく本多氏といえば元朝日新聞記者にして「南京大虐殺」を広く世に知らしめた『中国の旅』や『南京への道』の著者である。また、洞富雄氏は早稲田大学の元教授で、虐殺肯定派の象徴的な存在だ。

ジャーナリストの水間政憲氏が言う。

「日本人で虐殺を肯定する人がいますが、洞氏はそうした人たちの頂点に位置する人物です。洞氏は本多氏も参加する『南京事件調査研究会』の代表を務め、82年に『南京大虐殺——決定版』という学術書を出しています。〝南京大虐殺〟の言葉が定着したのはこの本によってといっても差し支えありません」

また、本多氏の『中国の旅』はあまりに有名だが、百人斬り事件などの描写で登場する中国人の証言がいい加減すぎる、と苦情が寄せられたことがあった。

「そこで、本多氏が次に書いた『南京への道』では洞氏の著作に沿った内容の証言が多く載せられています」(水間氏)

こんな二人だから、仲良く表彰されるのも当然で、記念館を訪れたこともある評論家の宮崎正弘氏によれば、館内には本多氏の著作が4冊と洞氏の著作が1冊、飾ってあるのだという。

映画「東京裁判」の宣伝

それにしてもこの「特別貢献賞」、今まで本多氏らに授与されなかったのが不思議なくらいだが、

「いえ、この時期に表彰されたのは、偶然ではありません」

そう言うのは中国在住のジャーナリストだ。

「中国では9月1日から映画『東京裁判』が公開されていますが、これは、主に南京事件を取り上げたものです。映画には日本人俳優が出演して中国で話題になっており、二人の日本人の受賞も映画の宣伝に大いに利用されたのです」

また、来年は中国では南京陥落70周年にあたり、これに合わせるようにアイリス・チャン原作の映画『ザ・レイプ・オブ・南京』がクランク・インするともいわれている。

「同時に虐殺記念館も建物を大増設中ですが、虐殺肯定派の日本人はリニューアルに向けてのいいプロパガ

『週刊新潮』(平成28〈2016〉年10月12日号)

筆者は1987年から南京攻略戦問題に関わって現在に至っているのですが、1994年12月号『動向』(筆名:飛鳥翔)に「経済面から見た東京裁判後遺症」とのタイトルで、歴史認識問題と円借款は完全にリンクしていることを明らかにしました。

そのレポートの最後に「中国は、日本に巨額援助を要求しながら、軍事費を前年比二〇%以上伸ばし、軍備の近代化を進めている。過去の歴史で恐喝できなくなった時には、軍事力で恫喝《どうかつ》してくるであろう……」と、現在の状況を読みきっていました。

この本多勝一氏と洞富雄氏への表彰は、南京問題とリンクしていた「円借款」拠出への感謝も含まれていた、と捉《とら》えることができるのです。それが中国なのです。

「南京虐殺捏造写真」は1984年の阿羅健一氏の検証で終わっていた

　この重慶の写真は、「南京大虐殺の証拠写真」（『文藝春秋』）とか「重慶―日本軍の爆撃で死んだ女や子どもたちの写真」（『朝日ジャーナル』）とか、様々な使われ方をされていましたが、両方とも間違いだったのです。

　この写真は、近現代史研究家の阿羅健一《あらけんいち》氏（当時の筆名：畠中秀夫）が、1984年10月29日付の『月曜評論』に「南京『大』虐殺と朝日ジャーナル：捏造と詭弁《きべん》を排す」とのレポートで、『ライフ第二次世界大戦史：中国・ビルマ・インド編』に掲載されていた、「日本軍の空襲でパニックに陥った中国民衆の事故写真」と精査したものです。本来これで写真論争は終結していたのに、なかなか終わらないのは、後述するエセ研究者や大学教授・評論家たちの勉強不足が主な理由です。

『ライフ第二次世界大戦史：中国・ビルマ・インド編』（昭和54〈1979〉年）
重慶：「群衆が殺到してパニック状態に陥った。市内最大の地下壕の外に、死体の山が残された」

　阿羅氏のレポートは、「群衆が殺到してパニック状態に陥った市内最大の地下壕の外に、死体の山が残された。」と、ライフのキャプションの簡単な説明のあと「……1941年6月5日、一大惨事が生じた。激しい空襲が終わったあと、市の中心部の地下にある長さ2・5キロにもおよぶ市内最大の地下壕に避難していた群衆が壕を出ようとしていたとき、突如敵機再来の警報が出た。警防団がいきなり地下壕のトビラを閉じたために、人びとはパニックに陥り、窒息死や圧死する者など4000人におよんだ」とあり、完璧《かんぺき》に写真論争は終結していました。ところが、現在も報道写真の原理原則（だれが・どこで・いつ）に沿った検証を無視する本多勝一氏や清水潔氏の南京本が、この世に存在していることが、日本の不幸なのです。

南京「大」虐殺と朝日ジャーナル
捏造と詭弁を排す
畠中秀夫

『月曜評論』（昭和59〈1984〉年10月29日付）

『支那事変画報第11集』（昭和13〈1938〉年1月27日発行）「済南の完全占領の翌日、皇軍入場式は威風堂々と行なわれ、ここに北支五省の省城はことごとく我が手に帰したのである」（12月28日、大東特派員撮影）。

【解説】 中国各地で日本軍を日の丸で歓迎する当時の写真と、避難民を保護・救済する日本軍兵士の写真から、日本軍の中国進出が「国連のPKO」と同じように迎えられていたことがよく理解していただけるでしょう。

『アサヒグラフ』（昭和14〈1939〉年2月8日号）孝感「黒山のように群だつ市民をかきわけ、竹馬の一行は身振り可笑しく街を練って行く。両側はドッと上る歓声の渦。反蔣大会デモ行進の一場面（1月20日に開催された反蔣デモ、孝感にて 吉田特派員撮影）

日の丸で歓迎されていた日本軍

村上春樹氏が、共同通信のインタビューに「細かい事実はともかく、他国に侵略したという大筋は事実だから」と、述べていたことは前に記しました。しかしながら、「細かい事実」の総合化が物事の実態になるのです。ファシズムの権化のような蔣介石政権が治安維持もできず、日本軍は、居留民の安全を護るために進行したのも、「細かい事実」ですが、先に攻撃してきた蔣介石軍に非があることも「細かい事実」です。

それなら日本軍を歓喜で迎えた中国民衆も、中国人に謝罪をしなければ村上春樹氏の「細かい事実」論は成り立ちません。

1964年、社会党の佐々木更三《こうぞう》委員長が、毛沢東主席に「中国国民に多大な損害をもたらして申し訳ない」と挨拶したところ毛沢東は「何も申し訳なく思うことはありませんよ。日本軍国主義は中国に大きな利益をもたらしました。中国国民に権利を奪取させてくれたではないですか。皆さん、皇軍の力なしには我々が権利を奪うことは不可能だったでしょう」（『毛沢東思想万歳』下）と、国家を代表して感謝してくれていたのです。

村上春樹氏は、「相手国が『すっきりしたわけじゃないけれど、それだけ謝ってくれたから、分かりました、もういいでしょう』というまで謝るしかない」と述べていますが、毛沢東は「申し訳なく思うことはありません」と言ってくれているので、もう終わったことなのです。

第二章 中国の「内戦」から南京陥落へ至る道

皇軍将校からキヤラメルを貰って喜ぶ支那の子供達
（11月6日上海戦線にて濱野特派員撮影）

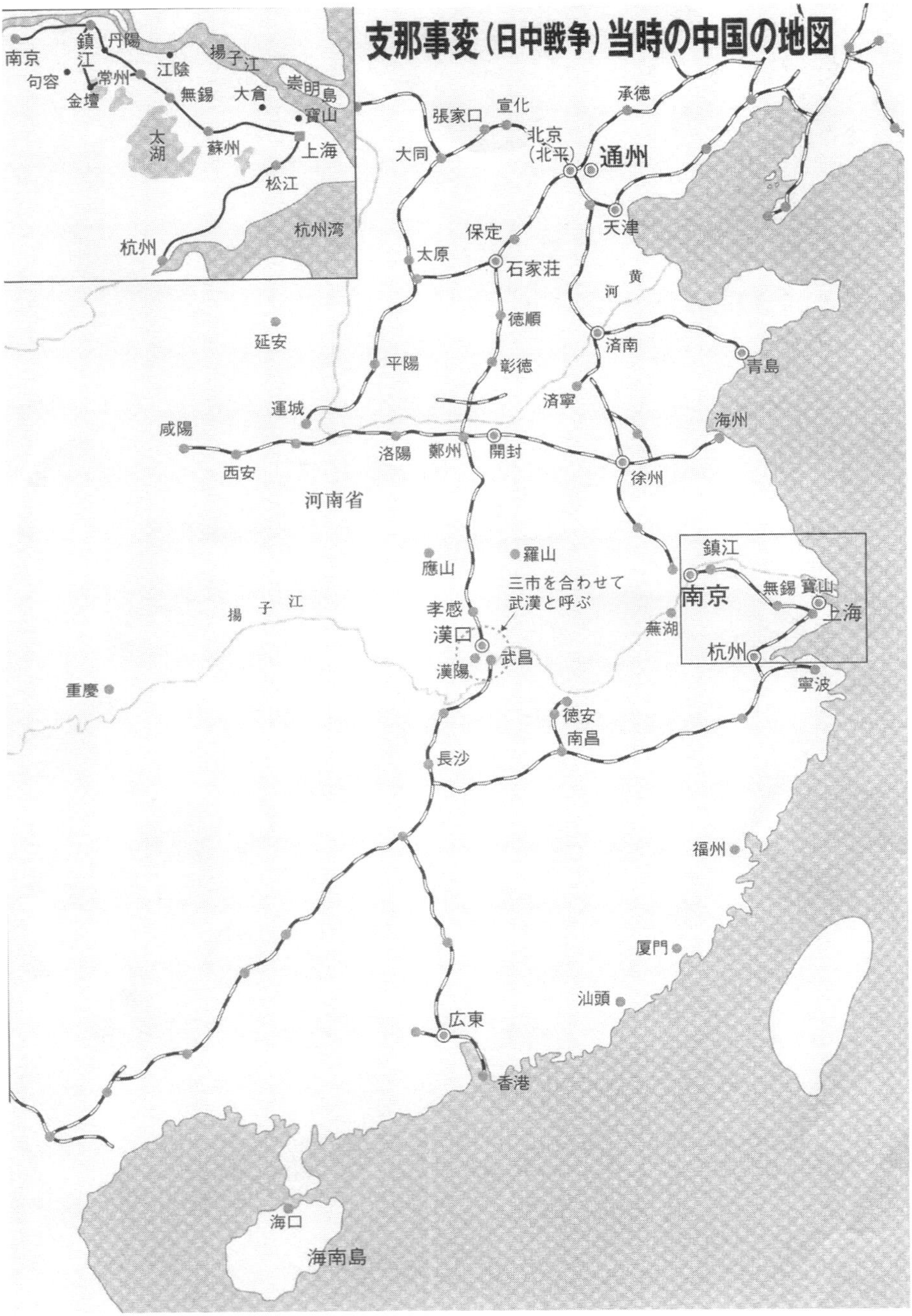

支那事変（日中戦争）当時の地図

GHQと日本のマスメディアが隠したい「15年戦争史観」以前の中国の騒乱

戦争は突発的に起きるものではなく、それに至る原因があります。

1927年の中国は、無政府状態で、上海工務局は治安維持を列国に求めていました。

中国人や反日日本人の中には、日本軍がなぜ中国にいたのか。いたこと自体が侵略と思っているような人物は、

『アサヒグラフ』(昭和2〈1927〉年4月27日号)「警備にあたる英国兵(前方に立っているのは司令ダンカン少将)」
【解説】「昭和2(1927)年の上海争乱」:この騒乱での在留外国人の被害は、ほとんどありませんでした。しかし、この上海争乱から、共産党が政権を奪取する1949年までのあいだ、表面的な「国共合作」があっても、実質的には内戦状態だったのです。阿片戦争以降、中国で最大の外国権益をもっていたのは当然英国だったのであり、このあとから、英国と中国の駆け引きによって、内乱の鉾先がおとなしい日本へ向けられることになっていくのです。

戦後教育のいい見本になります。列国の軍隊が駐留していたのは1840年の阿片《アヘン》戦争以降です。そもそも阿片戦争は、清《しん》国に英国が持ち込む阿片を、清国が拒否したために起きた戦争だったのです。分かりやすく説明すると、麻薬を売買していた巨大なマフィアのような国が英国だったのです。

英国は、敗退した清国に治外法権を認めさせ、不平等条約を押し付け、それに米国やフランスも追従して不平等条約を押し付けていました。反発した秘密結社の義和《ぎわ》団《だん》が暴動を起こしたのを「義和団の乱」と一般的に言いますが、その場所が清国の北だったので「北清事変」とも呼ばれています。

義和団が制圧された1901年に、清国と列国が結んだ条約が「北京議定書」です。これには列国といっしょに日本も署名しています。

そのときから中国大陸各地に条約港が設けられ、行政自治権や治外法権をもつ外国人居留地である租界《そかい》ができていました。

中国で最大の利権をもっていたのは、阿片で莫大な富を築いた英国で、香港返還のとき、中国に謝罪を要求されていましたが、サッチャー首相は、一切それを拒否しました。英国はいまだ謝罪を行ったことはありません。

『アサヒグラフ』（昭和2〈1927〉年4月27日号）「警備中の米英兵」

『アサヒグラフ』（昭和2〈1927〉年4月27日号）「仏国兵とタンク、北四川路松」
【解説】「昭和2（1927）年の上海争乱」：フランスは戦車まで繰り出して警備を強化していました。

『アサヒグラフ』（昭和3〈1928〉年5月16日号）「休戦勧告の我が装甲自動車（3日）」
【解説】上海動乱の1年後、済南の日本の権益が一方的に侵され、邦人居留民14名（男12、女2）が惨殺され、軍人26名が戦死したのです。

上海騒乱は南京、済南へ飛び火した

1927年の中国の内乱は、揚子江の中流・下流に共産党系武漢政府と反共産党系南京政府が並立し、張作霖《ちょうさくりん》の北京政府が鼎立《ていりつ》した異常な国になっていました。

同年3月27日、南京で国民革命軍によって、日・英・米の領事館、学校・会社などが襲われました。

中国兵200余名に加えて一般人も押し寄せ、便器・空瓶などあらゆる物を残らず掠奪《りゃくだつ》しました。その惨状を目撃した佐々木到一《とういち》中佐は「領事が神経痛のため、病臥《びょうが》中をかばう夫人を良夫の前で裸にし、薪炭車に連行して二十七人が輪姦したとか、三十数名の婦女は少女にいたるまで陵辱《りょうじょく》され、現に我が駆逐艦に収容されて治療を受けた者が十数名もいる……抵抗を禁じられた水兵が切歯扼腕《やくわん》してこの惨状に目を覆うていなければならなかった」と記し最後に「これが日本の平和外交の現実か、結果的にますます中国人に軽蔑《けいべつ》されるのみではないか」と、政府を批判していました（『ある軍人の自伝』佐々木到一著）。

このとき英米の軍艦は揚子江から南京城内に艦砲射撃をしましたが、日本の駆逐艦は同じところに碇泊《ていはく》していて、一発も砲撃しなかったため、その後、中国が日本を舐《な》める原因になったのです。

『アサヒグラフ』（昭和3〈1928〉年5月16日号）「土嚢を築いて我軍の防備（5月1日）」

GHQに消された済南邦人惨殺事件

近現代史の本の目次に「済南事件」のない書籍は読む必要はありません。日本人にとって知っておくべき重大事件を隠す行為は、イデオロギーが介在しているからです。

1928年年4月当時、済南には1810人（婦女子829人）が居留していました。

同4月下旬、済南が不穏になり南京の二の舞を繰り返さないように田中義一《ぎいち》首相は第二次山東出兵を許可していました。

5月2日、蔣介石南軍総司令より、「治安は中国側が絶対に確保するので日本軍の警備を撤去されたい」と要請があり、それを聞き入れ退去した翌日（3日）に南軍兵が引き起こしたのが「済南邦人惨殺事件」なのです。

外務省の公電は「腹部内臓全部露出せるもの、女の陰部に割木を挿入したるもの、顔面上部を切落したるもの、右耳を切落され左頬より右後頭部に貫通突傷あり、全身腐乱し居れるもの各一、陰茎を切落したるもの二」（同5月9日、田中外相兼首相宛、西田領事報告）と伝えています。

この検死は、中国側も立ち会って済南医院で行われました。このときの写真が、中国側から日本人が行

『アサヒグラフ』（昭和3〈1928〉年5月16日号）「最後まで抵抗した略奪巡警に対して、我軍の強制武装解除（5月3日）」
【解説】当時、中国では警官が泥棒に変身することは日常茶飯事でした。現在でも官吏の汚職が頻発しており、毎年、多数処刑されています。

『アサヒグラフ』（昭和3〈1928〉年6月13日号）「済南で名誉の戦死を遂げた松本連隊の小林少佐、篠原少尉、徳永特務曹長ほか16士の遺骨は、5月27日、哀悼の弔旗に包まれ、松本に着。翌30日、松本留守隊営庭で神仏両式の告別式が厳かに行われた
【解説】写真は松本駅へ着いた戦死者遺骨、右下は戦死者遺骨を迎える飯田町民」

った虐殺の証拠写真として出回っています。

済南邦人惨殺事件の全容、同5月3・4日の被害は日本軍戦死9名、負傷32名、居留民12名（女2、男10）が惨殺された。

同5日、済南駅東方鉄道線路付近に鮮血生々しい9死体。同6日、津浦駅付近で1死体。同9日、白骨化した2遺体。

入院中に死亡2名。暴行侮辱されたもの30余名。陵辱された婦女2名。掠奪被害戸数136戸。被害人員約400名（『昭和三年支那事変出兵史』参謀本部編、巌南堂書店）。

※東條英機《ひでき》陸軍大臣が1941年1月8日に訓令（先陣訓）をだした「生きて虜囚の辱めを受けず」とは、このような中国人の酸鼻を極める残虐性を思案して発令したと伝えられています。

現在も謎に包まれている張作霖爆殺事件

『アサヒグラフ』（昭和3〈1928〉年6月13日号）「屋根を飛ばされ滅茶苦茶になった張作霖氏の乗った貴客車」

　張作霖爆殺事件は、関東軍参謀河本《こうもと》大作大佐が計画を立案して、奉天独立守備隊や朝鮮軍工兵の協力で実行されたと、戦後定着していました。

　しかし、最近になってソ連赤軍特務機関説が、ユン・チアン『マオ　誰も知らなかった毛沢東』で触れられ話題になりました。使用した爆弾がソ連製だったとか、また事件当時、イギリス陸軍情報部極東課がソ連の仕業として、本国に報告していたことも明らかになり、より謎を深めています。

　張作霖は、欧米に支持された蒋介石との権力闘争に敗れ、北京から特別列車で奉天（瀋陽）へ落ちのびて行く途中、１９２８年6月4日午前5時半に満州鉄道奉天駅近くの鉄橋が爆破され、貴賓車両を含む客車3両が破壊されました。

　貴賓車両に乗車していた張作霖は、負傷し車で私邸に運ばれましたが間もなく死亡しました。

　実際、当時、張作霖を殺害していちばん恩恵をうける国はどこかなど、内乱状態の中国の情報は錯綜した資料ばかりで真相は不明です。しかしながら、現在、日本の利益になる証拠は「張作霖の爆殺は車両内部に仕掛けられた爆弾だった」ことが証明できれば、日本以外の犯罪になりますので、犯人を特定する必要はないでしょう。

　興味のある方は、張作霖が乗車していた上の貴賓車両を見てください。車両の鉄柵や鉄筋が内側から外側に捻《ねじ》れ曲がっているのが分かるでしょう。内部に爆弾が仕掛けられていたことになります。

『満州事変写真全集：アサヒグラフ臨時増刊号』（昭和7〈1932〉年2月5日発行）「満鉄線爆破現場」
【解説】満州事変は、これまで見てきたとおり、中国側の一方的な挑発が限界点に達していたことで、柳条湖事件が起こされたのですが、その破損個所は、枕木2本と上下線のレール1メートル足らずで、直後に復旧して、列車は通過していました。

日本人の優しさが中国との戦争を招く

満州事変は「柳条湖事件」（1931年）が起点とされていますが、東京裁判を米国や中国の都合どおりに進めるためには、上海騒乱や1927年の「南京邦人暴虐事件」、済南事件などは封印する必要があったのです。

中国の挑発暴虐は、上海騒乱から間断なく続けられ、1930年だけでも、南満州鉄道とその付属地における被害は、関東庁警察で取り扱った被害事件が1294件もあり、関東軍が扱った事件も「運行妨害・貨物被害＝60件」「電線妨害＝20件」もあったのです。

日支両国が矛を交えるまでには、「コップの水が溢《あふ》れる状態になっていたのであり、最後一滴を誰が落としても」止められない状態になっていました。そうしたなかで川島正第三中隊長に鉄道路線巡察を命じられた河本末守中尉は、部下数名をつれて柳条湖にむかったのです。

繰り返される中国の暴虐に怒りが頂点に達していた河本末守中尉たちは、満鉄線を走る列車に被害を与えないように配慮し、中国側がしかけたように見せかけ、騎兵用の小型爆弾を設置して点火しました。それが、現在「9・18満州事変」と中国が大騒ぎしている「柳条湖事件」なのです。

『満洲事変写真全集：アサヒグラフ臨時増刊』（昭和7〈1932〉年2月5日発行）「対日宣戦落書」
【解説】 これらの落書は、2010年9月に勃発した尖閣海域での中国偽装漁船衝突事件から、中国全土で巻き起こった反日暴動のときの文言と酷似しており、現在も一方的に尖閣海域で挑発を繰り返している中国公船と小笠原諸島海域での珊瑚密漁船団の暴状は変わらないのです。

中国の挑発・暴虐から何を学ぶ

経済界はそれぞれの都合で中国に進出しています。反日暴虐がひどいからと自衛隊に助けを求める資格はあるのか否か。歴史を踏まえて経営を考えることができる経営者なら、単に自社の利益だけで中国に進出する危険性を理解されていると思われます。

国家の持続的な繁栄と国民の生命と安全を守るのは国会議員の務めですが、日中国交正常化を行った田中角栄《かくえい》首相は、国益と歴史に名を刻むことを秤《はかり》にかけて、「名を刻む」ことを選択しました。そのときの不作為が「尖閣問題」を含め、こんにちの日中関係に表れています。

当時、国交正常化を煽《あお》っていたのは、経団連や日本経済新聞、朝日新聞です。

「万世一系」の天皇を戴《いただ》く日本人には、経済よりも大事な生き方があり、歴史的に中国と距離を保っているとき、日本は文化的で安心安全な世を謳歌《おうか》していた歴史があります。

中国は仏教（鑑真《がんじん》）も逃げ出す人類史上最大の言論弾圧一党独裁国家です。

日本が民主的な文化大国を目指すなら、一国に余る資源があり同じように民主的な東南アジア諸国との交流が

『満洲事変写真全集：アサヒグラフ臨時増刊』（昭和７〈1932〉年2月5日発行）「右：店先のポスター、左宣伝ポスター」

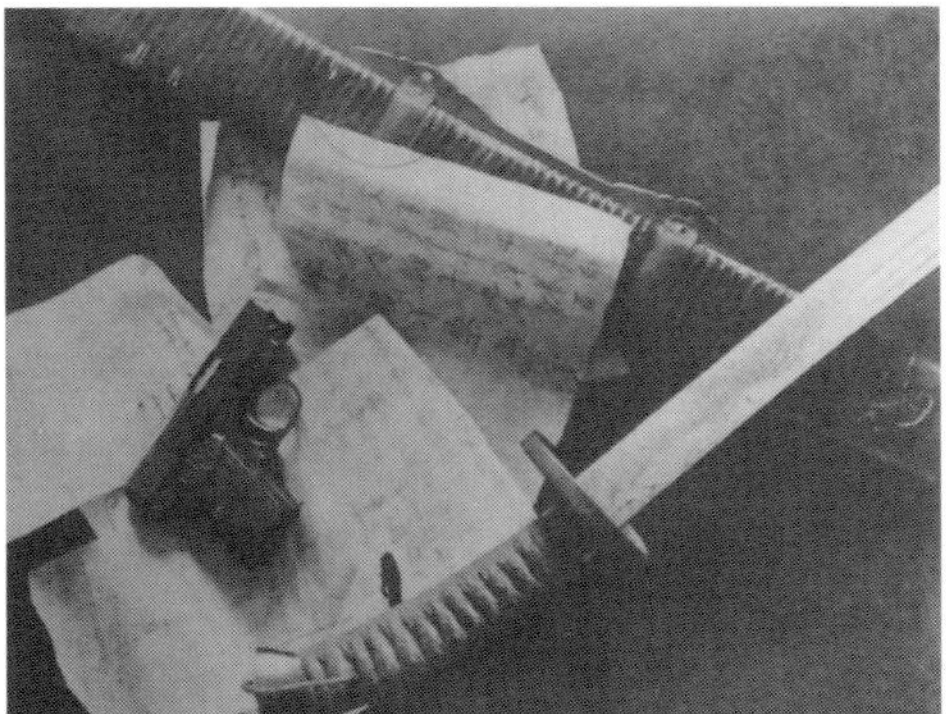

『満洲事変写真全集:アサヒグラフ臨時増刊』（昭和7〈1932〉年2月5日発行）「馬賊の脅迫状:大倉組社員の人質代償として要求した馬賊の脅迫状その他」

【解説】このような中国馬賊の要求は、ISIL（アイシル）の日本人人質事件を想起させます。

国益に合致するでしょう。

中国人の本質は今も昔も変わらない

中国人は、豊かになって、言論の自由が制限されていても民主的になっていると誤解がありますが、絶対数はほとんど変わってないでしょう。これは、筆者の友人の中国人の意見なのです。

実際、戦前も親日的な中国人はたくさん居ましたが、そのほとんどは、文化大革命のとき「反ブルジョア」として数千万人が処刑されたとのことです。

『満洲事変写真全集：アサヒグラフ臨時増刊』（昭和7〈1932〉年2月5日発行）「奉天城内兵工廠前の避難民保護」
【解説】中国民衆も日本軍が優しく保護してくれることを知っていたからこそ、集まっていたのです。

中国の内戦に引きずり込まれる日本人

日本人は正直者で優しいと、中国人は今も昔も理解しており、中国の内戦のときは常に利用されていました。

そのような中国での日本人も、妨害やテロが頻発するようになり、関東軍兵士を激昂《げっこう》させたのは、1931年6月27日、中国東北部を調査していた中村震《しん》太郎《たろう》大尉が張学良《ちょうがくりょう》軍に惨殺され、遺体が焼き捨てられたことが「コップを溢れさせた最後の一滴」になったのです。この約3カ月後に「柳条湖事件」（満州事変）が起きていたのです。

習近平《しゅうきんぺい》中国国家主席は、「9・18満州事変」記念日を2014年から格上げし、初めて政治局常務委員クラスを列席させて「政治宣伝」を強化する姿勢を国内外に示しました。

歴史に疎い日本の経済人には、これが意味することをまったく理解していません。

日本は、日清戦争以降、官民あげて莫大な資金を中国に投入して、中国の近代化を手伝ったのですが、中国の内戦から日支事変の過程で、それらすべての投資は中国に巻き上げられたことが、戦後まったく語られていません。

『アサヒグラフ』（昭和7（1932）年2月10日号）「賓興路踏切地点に設けられたバリケードによって激戦中の我が陸戦隊」
【解説】当時、中国では租界を警備する列国の軍隊の駐留が、中国との条約によって認められていました。実際、中国が治安維持を独自にできなかったための駐留だったのです。

中国の政治・経済用語や思想・哲学などの用語の過半数以上は、日清戦争以降に日本から移入されたもので、日本人は中国国内にたくさんの学校をつくったり、インフラ整備等にも莫大な円借款を拠出してきましたが、すべて巻き上げられたのです。詳しくは63頁を参照してください。

今、中国は、日清戦争後に日本が投資した資産を巻き上げたことと同じように、１９７２年の「日中共同声明」以降に中国へ投資した資産を巻き上げようと、虎視眈々《こしたんたん》と戦略を練っているのです。

実際、尖閣諸島で領海侵犯を繰り返されていても、経済界の中国への投資は、さほど減少していませんので中国は日本を完全に舐めきっています。

日本人が毅然《きぜん》とした態度になるのは、戦争が勃発したあとからです。なにも歴史から学んでないのです。

その前ぶれは、すでに起きていますがすぐ忘れてしまうのも日本人ですが、２０１０年に繰り返された日本企業だけを狙《ねら》い撃ちにした「反日暴動」を忘れてはいけないのです。

反日ポスターに見る中国人の真情は今も変わっていない

ここに掲載した「反日ポスター」は、当時の『アサヒグラフ』に掲載されていた一部ですが、これらに書かれている内容は、現在も中国人の精神構造とさほど変わってないことを示しています。今の中国は、これらの「反日ポスター」が貼られていた当時より、監視社会になっており、インターネットを検閲するだけでなく、中国へだす手紙も日常的に検閲されています。

中国人は、政権が入れ替わるたびに粛清が繰り返されてきたため、現在の政府に絶対的忠誠心をもつことにより、生き残ることに忠実です。

それは、中国国内だけでなく日本に在留している中国人も同様で、日本国籍を取得したとしても、母国の家族が人質にされているのです。日本国籍を取得していて、信用できると思っている日本人は中国を理解できていないのです。

『上海事変写真全集：アサヒグラフ臨時増刊』（昭和7〈1932〉年4月5日発行）「排日貨運動ポスター」

【解説】当時も現在も、中国国内では日本製品の不買運動が盛んです。しかし、当時と現在との違いは、富裕層の中国人観光客が、炊飯器や便座などの日本製品を買って持ち帰っていることです。

『上海事変写真全集：アサヒグラフ臨時増刊』（昭和7〈1932〉年4月5日発行）「排日貨運動ポスター」

【解説】中国では豚が最大級の侮辱の対象になっていて、現在も同じ侮辱の対象に使用され、小泉政権下では、小泉純一郎首相が豚にされたポスターも貼られていました。

「国防動員法」を施行した中国の目論見は日本企業資産の強奪と日本国内の破壊工作

中国の近代史を俯瞰《ふかん》すると、政権中枢の親族一族が莫大な資産を先に海外に持ち出し、政権が転覆するときは、権力者の命と引き換えに、外国が投資した財産を暴民の好きにさせ、自分たちはあとから欧米に遁走《とんそう》するスタイルが確立しています。

実際、蔣介石たち一派は、台湾から米国へ資産をもって逃げています。

『上海事変写真全集：アサヒグラフ臨時増刊』（昭和7〈1932〉年4月5日発行）「重光公使官邸焼き討ちされる：1月24日、仏租界の重光公使官邸は抗日義勇軍と称する支那人のため放火されたが、大事に至らず、消し止めた。【写真】放火現場を調査中の領事館警察署員」
【解説】中国人が外国公使館を襲うのは現在も同じです。ウィーン条約によって外国公使館を保護する義務があるにもかかわらず、国際法を無視する体質は変わっていません。

日本国内であまり話題になっていないが、中国が2010年7月1日に施行した「国防動員法」は、これまで説明してきた戦前の中国の不法行為を「合法化」するためにつくった法律です。

ここまで中国が近代化したのは、日本からの円借款と民間投資だったことは周知の事実ですが、「国防動員法」はその果実を根こそぎ「合法的」に奪い取るための「法律」と断言しても過言ではありません。

中国が外国と戦争や武力衝突が発生した際、金融機関・交通輸送手段・港湾施設・報道・インターネット・医療機関・郵便・貿易、食糧など民間の資源や投資のすべてを中国政府の管理下に置くための法律で、戦前、中国が日本に対して行っていたことを「条文化」しただけなのです。

中国政府が「有事」と判断したら全国人民代表大会常務委員会の決定によって「国防動員法」が発令され、国内外の「18歳～60歳の男性」「18歳～55歳の女性」が対象になり、国務院・中央軍事委員会の管理下に置き「動員工作」が指令され、個人・組織（外国企業を含む）の物資・生産設備は徴用される。

交通・金融・マスコミ・医療機関は政府や軍の管理下（外資系企業も）に置かれる。

日本に在留している中国人にも適用されることから、原子力発電所・新幹線・貯水池等の破壊活動や軍事活動を開始する工作員になる可能性がある。

2005年、2012年の反日暴動で上海領事館や日本企業が被害をうけたことは、記憶に新しいでしょう。

支那事変の被害者は中国民衆と日本軍

『上海事変写真全集：アサヒグラフ臨時増刊』（昭和7〈1932〉年4月5日発行）「大場鎮付近の支那避難民」
【解説】 これら避難民は中国側の暴状の結果であり、中国の内乱状態を映し出しています。

中国の内戦は、大量の避難民が発生しますが、その避難民を保護して食糧を供給していたのは日本軍でした。

上海は今でも海外からの投資と中国経済の中心地ですが、そこを中国政府が裏でコントロールするやり方は、当時も今も同じです。

当時、上海暴動を中国政府が陰で操っていたことは、『アサヒグラフ臨時増刊：上海事変写真全集』に詳述されています。《満州事変はモウ一段落と喜んでいたら、間もなく上海方面に飛び火した。元来、支那の拝日運動なるものは、南京の国民党本部の操りでその支部を躍らしているのであるが、上海はあの場所柄だけに南支那で一番、その運動が熾烈《しれつ》である。しかも要人等はそれをもって日本に対する抗日の痛棒と心得ているのである。そしてその運動が満州事変の勃発以来、とくにその度を加えた。邦人の苦しみは精神的にも、また経済的にも真に深刻であった。だが、わが出先官憲の指導と邦人各自の隠忍で、大事を起こすには至らなかった。ところがそれが俄然《がぜん》爆発した。支那新聞の不敬記事掲載と日蓮僧侶殺傷が、その導火線となった》と、今とほとんど同じです。

これが「第一次上海事変」（１９３２年）で、南京攻略戦の起点になった１９３７年8月13日の「第二次上海事変」から、現在に至る上海での暴動を裏でコントロールしているのは中国政府なのです。

大阪朝日新聞

三億の對支債權
實力で回收を決意
まづ嚴重に償還を督促
軍首腦部の强硬方針

『大阪朝日新聞』（昭和8〈1933〉年7月30日付）
【解説】支那事変以降のどさくさで踏み倒された円借款は、現在の貨幣価値で3兆円。

中国は「支那事変」前に円借款「三兆円」を踏み倒していた

1933年3月3日、東日本を襲った昭和三陸大震災の困窮状況を千載一遇のチャンスと捉えて、中国は四カ月後に円借款の踏み倒しを露わにしていました。

その記事では、《南京政府の手によって処理せられるに至らば（筆者注：欧米列強の借款）その幾分は必ずや抗日資金として使用せらるべきは明らかであり、したがって列強の対支借款は聯盟の対支技術協力とともに平和を攪乱《かくらん》するものといってよい、……明らかに南京政府において償還の義務を有しながら、知らざる振りをせるものの主要なるものを挙げると次のようになっている。担保を確実に押さえている借款だけでも、……電話借款、電線類売掛金、武昌・漢口両電話局機械類、全国有線電信財産、南京政府軍需借款、……国庫券を担保とせる借款は約1億2千万円ある、……担保を提供しておりながら最近数年間は利払いもなさず、はなはだしきものは大正13年以来、不払いになっているものもある、よって現在、これらの元利金を正確に計算すれば3億円（現在の貨幣価値で3兆円）に達するであろう、……支那の財政の状態を考慮して断固となる処置を執らずにきたものである》と、報道していました。

当時、ヨーロッパ列強の対中借款は、日本の借款を「踏み倒す」ための「排日ビラや運動に」利用されていたのです。これらの円借款は、満州事変・上海事変・支那事変への流れの中で踏み倒されたのです。

東京朝日新聞
北平郊外で日支両軍衝突
不法射撃に我軍反撃
廿九軍を武装解除
疾風の如く龍王廟占據
支那の要請で一時停戦
鹿内准尉戰死す
野地少尉負傷
硝煙の戰線を行く
突如銃を擬し脅迫
凄絶・砲火耳朶を
事件の發端となつた蘆溝橋

『東京朝日新聞』（昭和12〈1937〉年7月9日付）
【解説】盧溝橋事件を伝える『朝日新聞』。

人民解放軍発行の『戦士政治課本』に、盧溝橋事件は劉少奇の指令だったと記されている

毛沢東中国共産党主席が「皇軍の力なしには我々が権利を奪うことは不可能だったでしょう」と、佐々木更三社会党委員長に感謝の言葉を述べていた意味について、中国人民解放軍総政治部発行の『戦士政治課本』（人民解放軍兵士の政治教育の教本）で明らかにされています。

その『戦士政治課本』とは、政治謀略や政治宣伝の実践教育用の教本であり、「誰が盧溝橋で最初に発砲したか」の論争を、終結させることが可能な資料です。

その内容は**《7・7事変（盧溝橋事件）は、劉少奇《りゅうしょうき》の指導する抗日救国学生の一隊が決死的行動をもって党中央の指令を実行されたもので、……蔣介石南京反動政府は、世界有数の精強を誇る日本陸軍と戦わざるをえなくなった。その結果、滅亡したのは、中国共産党ではなく蔣介石南京反動政府と日本帝国主義であった》**（『新資料盧溝橋事件』葛西純一著、成祥出版社）というものです。

ちなみに、同書の著者である葛西純一氏は、戦後、中国に残留して中国共産党の将校になっていた人物です。

東京朝日新聞

暴兵旅館を襲撃
邦人三名重傷す
器物類も滅茶々々

【天津特電十一日發】十一日早曉約五十名の支那兵が北平の日本人旅館を襲撃暴行を働き日本人三名に重傷を負はせ器物等を滅茶々々に破壊して引揚げた

北平の不安濃厚
邦人壓迫加はる
天津との連絡杜絶

居留民の引揚準備
外務省出先に訓令

戰雲低迷！

漢口でも緊急警備

支那兵又も不法射撃
我方斷乎撃退す
戰死三名・敵に大打撃

馮治安軍北平城外へ

許大使 十七日歸任

參謀總長宮 御參内

左：『東京朝日新聞』（昭和12〈1937〉年7月14日付）
右：『東京朝日新聞』（昭和12〈1937〉年7月11日付夕刊）
【解説】中国側から繰り返される挑発は、日本を中国の内乱に引き込む目的があったのです。中国人の得意技「漁夫の利」の実践です。

支那事変は盧溝橋事件が起点ではない

戦後教育の中で支那事変（日中戦争）の起点が連合国側の都合上、1937年7月7日に規定されてから、現在に至るも、保守系研究者を含め日本人の99％が「7月7日」を起点としていると思われます。

盧溝橋事件を支那事変の起点にしているかぎり、中国においての武力衝突の真相は、いつまでたっても闇《やみ》に包まれたままになるのです。

中国の挑発・邦人虐殺事件は、前述した後にも、盧溝橋事件前の1935年から1936年にかけて、中山水兵射殺事件、日比野洋行襲撃事件、仙頭《スワトウ》事件、萱生事件、長沙事件、成都事件、北海事件、漢口事件、上海事件と、殺傷事件が頻発していました。

そして、盧溝橋事件後の同7月11日に中国側現地軍と「和平協定」を結んでも、挑発は継続したのです。

犯人は共産党員なのであり、「国共合作」が行われていても共産党の謀略は別問題だったので、「平和協定」もあまり意味はありませんでした。日本の「平和」を尊重する姿勢は、現在と同様に、当時も何ら変わらなかったのです。

第一萬八千四百二十二號

北支の抗日 赤色運動

大學が赤の溫床
六十余の抗日團體狂奔

天津にて 園野特派員廿四日發

『東京朝日新聞：号外』（昭和12〈1937〉年7月25日付）
【解説】この記事でも明らかですが、当時の北京大学などは共産主義者の巣窟となっており、盧溝橋事件も大学生がかかわっていたことがわかります。

東京朝日新聞 號外 昭和十二年七月二十日 【本紙不再錄】

不法射撃に應戰し 宛平縣城の敵を猛撃
我が砲兵部隊蹶起す

【豐台特電二十日發】十九日支那側に對して發した重大通牒に基き我が方は二十日正午以後の支那側の第一線部隊の動靜を嚴重監視中、午後二時三十二分に至り盧溝橋附近二十九軍前線より又復不法な射撃を受けたので遂に堪忍袋の緒を切らし前日の通牒に基き斷乎河邊部隊は砲撃を開始し砲彈は敵の後方陣地に命中しつゝあり

【豐台廿日發同盟】十九日夜來支那軍の背信的射撃に對し隱忍自重して居たわが最前線部隊は最早これ以上の忍耐を許さず遂に宛平縣城及び盧溝橋方面の第二十九軍に對し斷乎膺懲砲撃を開始した、雷電の如き砲撃は殷々として河北の野を壓はせわが砲兵隊より放つ巨彈は宛平縣城内城壁上などに炸裂、支那側よりもこれに應戰午後二時四十分今や激戰續行中

我が砲撃猛威を發揮 歩兵隊も滿を持し待機

【豐台二十日發同盟】我が軍反撃の曳火榴散彈の十字砲撃は宛平縣城に集中して着々威力を發揮し砲撃僅か三十分にして流石の反日廿九軍は一先づ兵火を收め沈默した、併しわが歩兵部隊は滿を持して未だ行動開始に至らぬ

【北平二十日發同盟至急報】わが砲撃により一時沈默した敵兵は間もなく永定河右岸の堅固な敵陣に據り、又復わが陣地に十字砲火を集中し始めた

『東京朝日新聞：号外』（昭和12〈1937〉年7月20日付）
【解説】日本軍は中国側の挑発への応戦に終始していました。

東京朝日新聞 第一號外 昭和十二年七月廿九日 【本紙不再錄】

戰火はつひに天津に 日支・今曉から大激戰
通信交通全く杜絶

【天津特電二十九日發】二十九日午前二時二十分皇軍の集結せる北寧線天津東站は突如支那軍に襲撃されたが我が軍は直に應戰、銃砲聲夜空に物凄く我が憲兵隊は二時半急遽東站に急行した

日本租界を砲撃

憲兵隊孤立

敵兵約二千名

『東京朝日新聞：号外』（昭和12〈1937〉年7月29日付）
【解説】この時期、“同時多発テロ”が行われていました。

昭和十二年八月八日　東京朝日新聞　(日曜日)　(一)

東京朝日新聞　號外

この號外は本紙に再録致しません

痛恨断腸の地・呪られた通州

本社丸山特派員撮影（天津⇔奉天 奉天⇔大連 空輸 汽車便）大連⇔大阪 神風機空輸・大朝電送

寫眞説明＝いづれも八月四日撮影

【1】通州戦歿者の為に生存者が涙の黙祷
【2】支那兵の暴虐に死の街と化した通州
【3】鬼畜の手から生残つた居留民
【4】日章旗躍る通州日本軍守備隊
【5】敵が遺棄した野砲
【6】支那兵によつて無残破壊された通州の市街
【7】我軍が鹵獲した敵の銃器の山＝地図は通州市街

『朝日新聞：号外』（昭和12〈1937〉年8月8日）

【解説】 GHQ占領下、米国と中国がいちばん歴史から消したかった事実は、中国で日本人二百数十人が惨殺された「通州邦人大虐殺事件」（通州事件）だったのです。岩波書店『日本文化総合年表』は、1日刻みで列記していますが、「通州事件」を記載していません。

国会議員の中には、「通州事件」を知らない者がかなりいますので、「歴史戦」を戦うためにも啓蒙活動が重要になります。

號外
東京日日新聞
昭和十二年八月九日
通州殘虐の跡
通州冀東政府幹部教練所の彈痕

『東京日日新聞：号外』（昭和12〈1937〉年8月9日付）
この記事は昭和12（1937）年7月29日の「通州邦人大虐殺」を伝える号外ですが、詳細を報道するまで10日間を要しています。

通州邦人大虐殺事件が「南京大虐殺」にすり替えられた

通州事件は、日本中を震撼《しんかん》させた「邦人大虐殺事件」だったにもかかわらず、現在、自由社以外の教科書には記載されていません。

この事実は、いまだにGHQ占領下と同じか、それ以上の自主規制が行われているのです。

西安事件以降、日本を挑発し戦争に引きずり込むことは、モスクワの意向でもあり、盧溝橋事件の実行者については、前述したように中国人民解放軍政治部発行の『戦士政治課本』に《7・7事変（盧溝橋事件）は、劉少奇同志の指導する抗日救国学生の一隊が決死的行動を以って党中央の指令を実行したもの……》と記載されているのです。

実際、毛沢東が佐々木更三社会党委員長に語った〈皇軍の力なしには我々が権利を奪うことは不可能だったでしょう〉と、合致しています。

盧溝橋事件は、同7月11日に現地軍が和平協定を結んだにもかかわらず、66頁の新聞記事でも明らかなように挑発事件が繰り返されていました。

そのような状況下で勃発したのが、「通州邦人大虐殺事件」だったのです。その惨状は、同7月30日に通州へ急行した桜井文雄・支那駐屯歩兵第二連隊小隊長が東京裁判宣誓口供書で次のように証言しています。《守備隊の東門を出ると、ほとんど数間間隔に居留民男女の惨殺死体が横たわっており、一同、非憤の極に達した。……鼻に牛のごとく針金を通された子供や、片腕を切られた老婆、腹部を銃剣で刺された妊婦等の屍体《したい》がそこここの埃箱の中や壕《ごう》の中などから続々出てきた。ある飲食店では一家ことごとく首と両手を切断され惨殺されていた。婦人という婦人は十四、五歳以上はことごとく強姦されており、……旭軒では七、八名の女は全部裸体にされ強姦刺殺されており、陰部に箒《ほうき》を押し込んである者、口中に土砂をつめてある者、腹を縦に断ち割ってある者等、……東門近くの池には首を縄で縛り、両手を合わせてそれに八番鉄線を貫き通し、一家六名数珠《じゅず》つなぎにして引き回された形跡歴然たる死体があった。池の水は血で赤く染まっていた。》と、日本人には想像すらできない酸鼻の極みを呈していたのです。

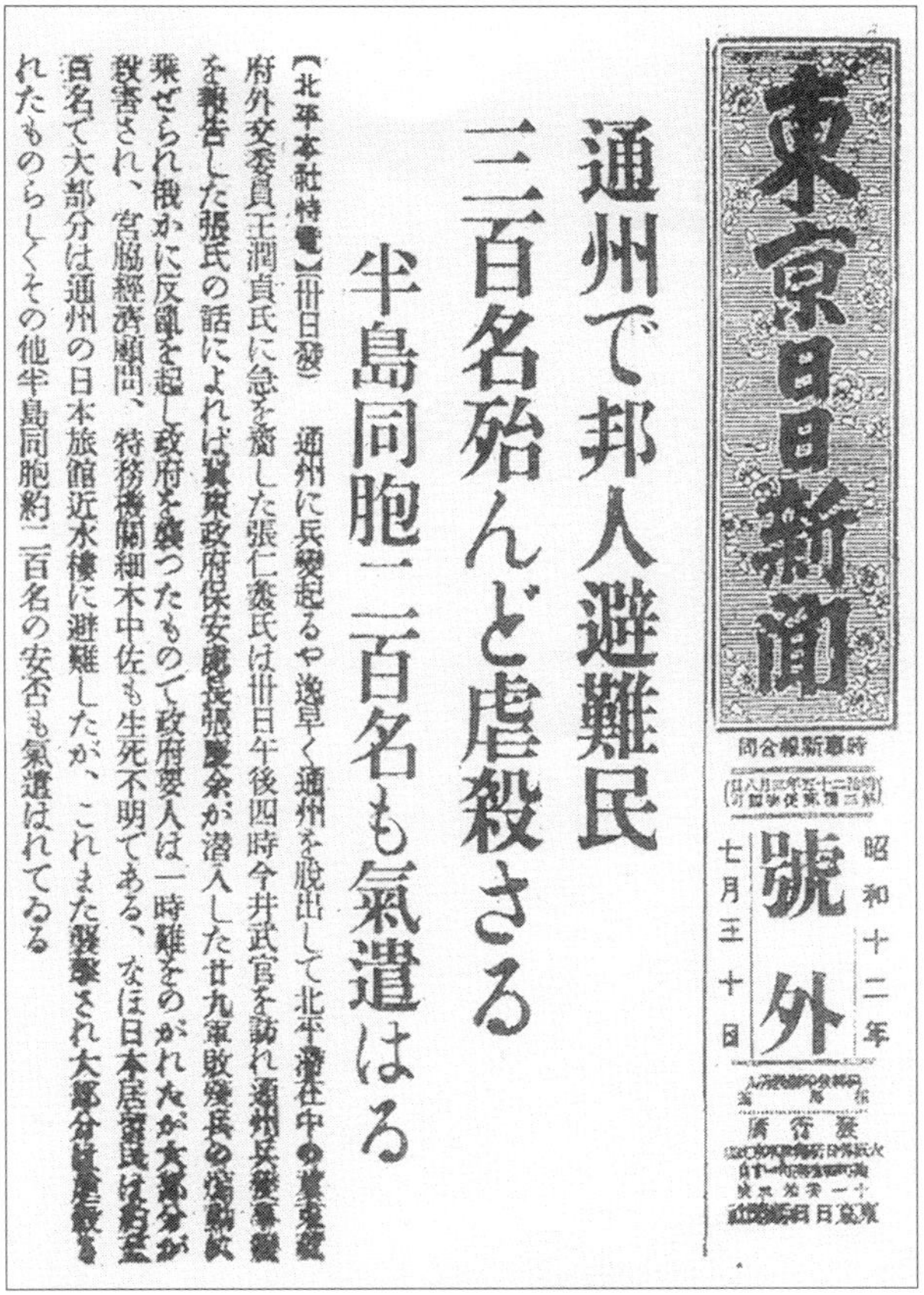

東京日日新聞

時事新報合同

昭和十二年七月三十日 號外

通州で邦人避難民 三百名殆んど虐殺さる

半島同胞二百名も氣遣はる

【北平本社特電】（卅日發） 通州に兵變起るや逸早く通州を脱出して北平滞在中の冀東政府外交委員王潤貞氏に急を齎した張仁蠡氏は卅日午後四時今井武官を訪れ通州兵變事件を報告した張氏の話によれば冀東政府保安處長張慶余が潜入した廿九軍敗殘兵の煽動に乗ぜられ俄かに反亂を起し政府を襲つたもので政府要人は一時難をのがれたが大部分が殺害され、宮脇經濟顧問、特務機關細木中佐も生死不明である、なほ日本居留民は約三百名で大部分は通州の日本旅館近水樓に避難したが、これまた襲撃され大部分は虐殺されたものらしくその他半島同胞約二百名の安否も氣遣はれてゐる

『東京日日新聞：号外』（昭和12〈1937〉年7月30日付、現毎日新聞）

【解説】通州邦人虐殺事件については、当時、朝日新聞など各社が号外を出していました。ところが、戦後、GHQの言論検閲によって、岩波書店の『歴史総合年表』にも掲載されなくなったのです。現在、それに替わって掲載されているのが、捏造された「南京虐殺事件」なのです。通州邦人虐殺事件の実態が明らかになると、中国や「戦後利得者」たちには、非常にまずいのです。

そこで、戦後封印されてきた「済南邦人虐殺事件」と「通州邦人虐殺事件」の慰霊祭を、2015年から、毎年8月第1週の土曜日午後1時より、靖国神社で執り行っています。正式な名称は『済南・通州両事件殉難者慰霊祭』です。

大山勇夫中尉惨殺事件

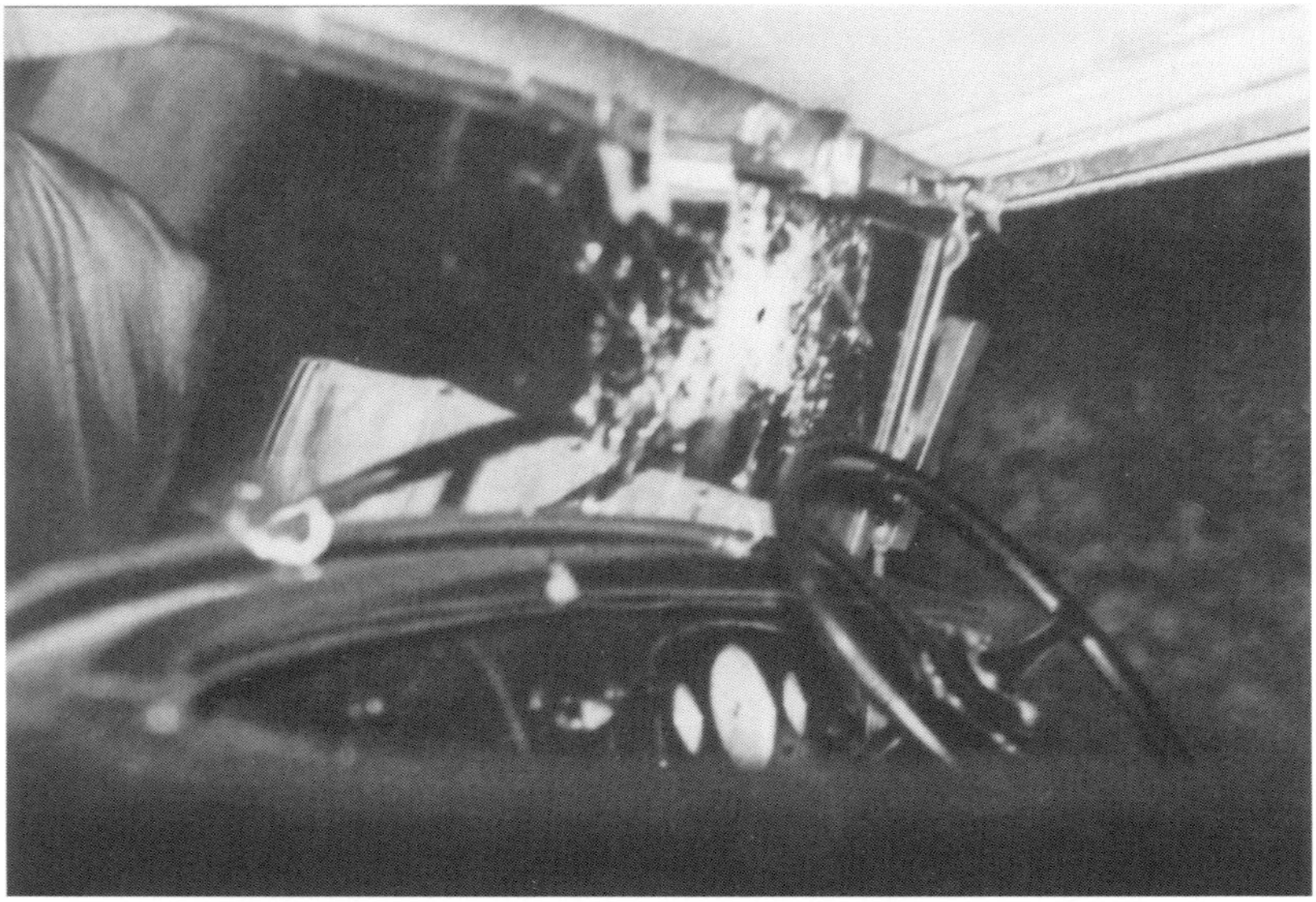

『支那事変写真全集・中：上海戦線』（昭和13（1938）年3月：朝日新聞社発行）「昭和12〈1937〉年8月9日、大山勇夫中尉と齋藤一等水兵が上海で支那保安隊に惨殺された」

【解説】「通州邦人大虐殺」に続いて日本の軍人が惨殺されても、日本政府はまだ「隠忍自重」して、海軍は慎重方針を堅持していましたが、欧米諸国は、今も昔も、「通州邦人大虐殺」と同様の虐殺事件が勃発したら、即、全面戦争に突入していたことでしょう。それゆえ、東京裁判では「論争」の余地が少しあった「盧溝橋事件」を支那事変の起点にしたのです。支那事変の起点が「通州邦人大虐殺」になっていたら、誰一人として「日本が悪い」などと批判できなくなるからです。

中国は1937年8月5日に日本との「全面的開戦」を発表していた

日本は繰り返される中国の挑発暴虐にも「隠忍」していました。1937年7月29日、日本人二百数十人が中国（通州）で惨殺されてもまだ「隠忍自重」していたのです。ところが1週間後、蒋介石南京政府は、日本との「全面的開戦」を発表していました。

この朝日新聞の記事は、**【南京特電五日発】**《地震、彗《すい》星《せい》、大暴風雨と云う稀有《けう》の天災異変の南京百萬市民が怯《おび》え切っている矢先き突如南京政府が**「日支の全面的開戦近づき南京市中も戦禍の巷《ちまた》と化すかも知れないから官吏の家族は至急離京するやうに」**との通告を発したと云うので、又憲兵、巡警が「仮令《たとえ》日本軍が爆撃するとも防備は厳重だ市民は踏止まり防空に努めよ」と各戸に通知するという周章ぶり……切符がプレミアム付で奪ひ取られる騒ぎ、三、四、五の三日間避難者は既に五萬人といはれ情勢が益《ますます》深刻化して行くので益避難民は激増するばかりだ、……》とありますが、日本軍がまだ防御的な行動しかしてないにもかかわらず、「全面的開戦」と発表した裏には、「通州邦人大虐殺事件」が、戦争の引き金になると中国は確信していたことになります。

八千四百三十五號　（一）C

南京・動搖を來す
不吉續き・大量避難

【南京特電五日發】地震、彗星、大暴風雨と云ふ近年稀有の天災異變の續出に南京百萬市民が怯え切つてゐる矢先き突如南京政府が「日支の全面的開戰近づき南京市中も戰禍の巷と化すかも知れないから官吏の家族は至急離京するやうに」との通告を發したと

『東京朝日新聞』（昭和12〈1937〉年8月7日付）
【解説】支那事変勃発前の8月5日に、蒋介石側が「全面的開戦近づく。官吏の家族は南京から避難するように」との指令を出していた記事ですが、この時点で蒋介石は全面戦争を策していたことになるのです。

日本軍の防御的な軍事行動から中国軍に応戦して「支那事変」になった

現在もわが国の教科書は（東京裁判以降）、「支那事変」（日中戦争）の起点を、盧溝橋事件にしているが、前述したように、現地で和平協定が結ばれていても、中国側は挑発を繰り返し、蔣介石は盛んに戦闘命令を下していたのです。

そして、72頁号外と73頁の新聞記事で分かるように、1937年8月13日、中国軍が上海において、1932年に締結していた『上海停戦協定』を一方的に破って爆撃・砲撃をしてきたため、日本軍が応戦して支那事変（日中戦争）の火蓋《ひぶた》が切られたのです。日中戦争を望んでいたのは中国だったのです。

東京朝日新聞

昭和十二年八月十三日

第二號外

【本紙不再錄】

我陸戰隊本部目がけ支那俄然砲撃を開始

我軍應戰砲門を開く

【上海十三日發同盟】午後四時十五分頃より青雲路方面よりも機關銃聲しきりに起つて居る、敵は各陣地に亙り一齊に俄然攻勢に出て來た

【上海十三日發同盟】十三日午後四時閘北の敵は西八字橋方面より山砲、迫撃砲で我が陸戰隊本部方面に砲撃を開始、我軍も直に戰鬪配備について、目下砲聲殷々として租界北部方面に響いてゐる

【上海十三日發同盟】敵の砲撃開始により大川內陸戰隊司令官は各部隊に對し午後四時十五分戰鬪配備につくべき旨を命じ我が部隊は斷乎敵を沈默せしむべく勇躍配備についた、自警團、在鄕軍人團等もこれに協力配備を固めてゐる

【上海十三日發同盟】支那軍が益々不法行爲に出たため陸戰隊第〇〇部隊はいよ〳〵〇砲の砲門を開き支那軍に對し猛攻撃を開始した、時に午後四時四十五分

我軍、敵の巣窟を殲滅

【上海十三日發同盟】中央軍の精鋭第八十七師が便衣で我が陸軍武官室附近に進出したとの報に陸戰隊〇〇部隊は天潼路境界方面に出動强力な掃蕩工作を續けた結果其美路から第一橋に至る地區の敵部隊の巣窟を完全に殲滅した

【上海十三日發同盟】其美路方面で便衣隊清掃に成功した陸戰隊〇〇部隊は引續き狄思威路、北四川路、虹口クリークに圍まれたる三角地帶に出没する便衣隊を殲滅するため更に〇〇部隊を出動せしめ清掃に當らしめた結果同付近一帶の便衣隊掃蕩に成功した

【裏面へつゞく】

『東京朝日新聞』（昭和12〈1937〉年8月13日付）

【解説】 戦前は、この記事のとおり、中国側の一方的な爆撃に対して日本軍が応戦したときが支那事変の起点になっていたのです。それまでの中国側の円借款の踏み倒しや挑発に対し、我慢の限界として支那事変に突入したのであり、「侵略戦争」などではなく、中国への懲罰で軍隊を派遣したことは、一目瞭然なのです。

ここまでの流れは、《蔣介石から宋哲元《そうてつげん》に対して、北京を死守するよう命令が下った。……日本軍は北京への退路を遮断、（1937年7月28日）昼過ぎになると、第二十九軍副軍長（中国軍）と第百三十二師団長（中国軍）は便衣に着替えて逃亡し、午後零時五十分ころ、日本軍と出会って戦死した。……天津では、二十九日午前二時過ぎ、第三十八師（中国軍）を中心とする五千人が支那駐屯軍司令部（日本軍）などを攻撃してきた。……防戦に努め、午後二時十五分になって日本軍機が中国軍の本拠地を爆撃し、翌日までに中国軍は潰走《かいそう》した。通州の保安隊（中国軍）は、二十九日午前三時頃、通州の日本軍と邦人を襲いはじめた。三千人の中国保安隊に対して、日本軍は百十人。居留民を保護することもできず、三百八十五名の邦人のうち、二百二十三名が虐殺された。午後四時ころになり、日本軍機が通州を爆撃、保安隊は通州から撤退した。……三十日までに、北京と天津一帯から中国軍は敗退し、日本軍にとって後は残敵の掃討だけとなった》（『日中戦争はドイツが仕組んだ』阿羅健一著、小学館）と、日本軍が応戦すると逃げる姿勢は、日清戦争当時からの中国軍の伝統なのです。

THE TOKYO ASAHI SHIMBUN　昭和十二年八月十四日（土曜日）

東京朝日新聞

上海で日支遂に衝突

突如支那兵の發砲
我陸戰隊斷乎應戰す
閘北一帶の形勢緊迫

【上海特電十三日發】十三日朝九時二十分頃寶樂安路海軍武官室より凡そ一町南の道路空屋より突如機關銃を發砲しつゝあり彈丸は武官室門前にも落下したので陸戰隊では直に同方面に出動家宅捜査を行つてゐるがこれは便衣隊出現と見られ空氣は愈々緊迫を呈するに至つた

【上海特電十三日發】支那得意の遊撃戰術、南京虫のやうに支那の空家にへばりついた便衣隊は執拗に射撃を加へつゝ我が軍に誘ひの手を打つて居るが上海北四川路附近吟桂路、東寶興路一帶に便衣隊が出没我が陸戰隊は直ちに出動して現場一帶に散開し包圍の形でぢりぢり前進し家宅捜索を行つて居る

【上海十三日發同盟】グラッチ路の海軍武官室には午前十時現在ピストル小銃機關銃の彈丸盛に飛來しつゝある

空軍我が租界を威嚇
支那兵なほ執拗に挑戰

『東京朝日新聞』（昭和12〈1937〉年8月14日付）

日本は、匪賊《ひぞく》の集団と変わらない蒋介石（中国）軍に対しても、1937年8月17日に閣議決定をして、同8月13日を正式に「支那事変」（日中戦争）の起点と規定していたのです。

※右記の北京と天津の日本軍と蒋介石（中国）軍の戦闘を北京市民と天津市民は、どのように判断していたかは、2頁～4頁の写真を見ると一目瞭然になります。

資料集の体裁を整えた「物語本」に掲載されてないニューヨーク・タイムズの記事

南京の陥落1カ月前に避難民がパニック状態になっていたことは、「南京大虐殺」派には都合が悪いのか、75頁のニューヨーク・タイムズの記事は、『南京事件資料集①アメリカ関係資料編』に掲載されていませんので本文を転載します。《ニューヨーク・タイムズ南京特電十六日発によれば南京政府並に軍事最高首脳部は予想以上の日本軍の大勝利と進軍の迅速なるに対して大恐慌を呈し南京陥落の危険迫るとなして急遽《きゅうきょ》遷都準備に着手するや民衆も亦《また》身辺の危険を予感して陸続として避難を開始し、市中の道路といふ道路はこれら避難民を乗せた自動車、人力車、荷馬車、一輪車その他ありとあらゆる乗物の一大博覧会場と化し、いづれも家財道具一式を山と積んで右往左往する體は何にたとへやうもない、全く第一回の日本軍飛行機襲来当時の大混乱以上だ、悲鳴をあげて逃げまどふ無数民衆の大量避難の光景は更に下関に迄延延と続き揚子江岸には岸といはず、船といはず、蟻《あり》の如く避難民がこびりついて漢口方面へ安全地帯を求めつつ運命を雲と水に託している……避難民は日本軍が今にも空、陸、水の三方から襲撃して来ると戦々兢々《きょうきょう》、我れ先にと争って奥地へと逃れつつあるが鉄道、汽船のいづれもこの大量の避難民を一時に移動することは到底不可能の状態である、しかもこの交通機関の不足は政府の高級官吏や富裕階級者達がその特権と財力を利用して自動車、汽船等を借切るため益々一般民衆の混乱を増大せしめ絶望的なパニック状態を展開している》と、詳細な報告をしていました。

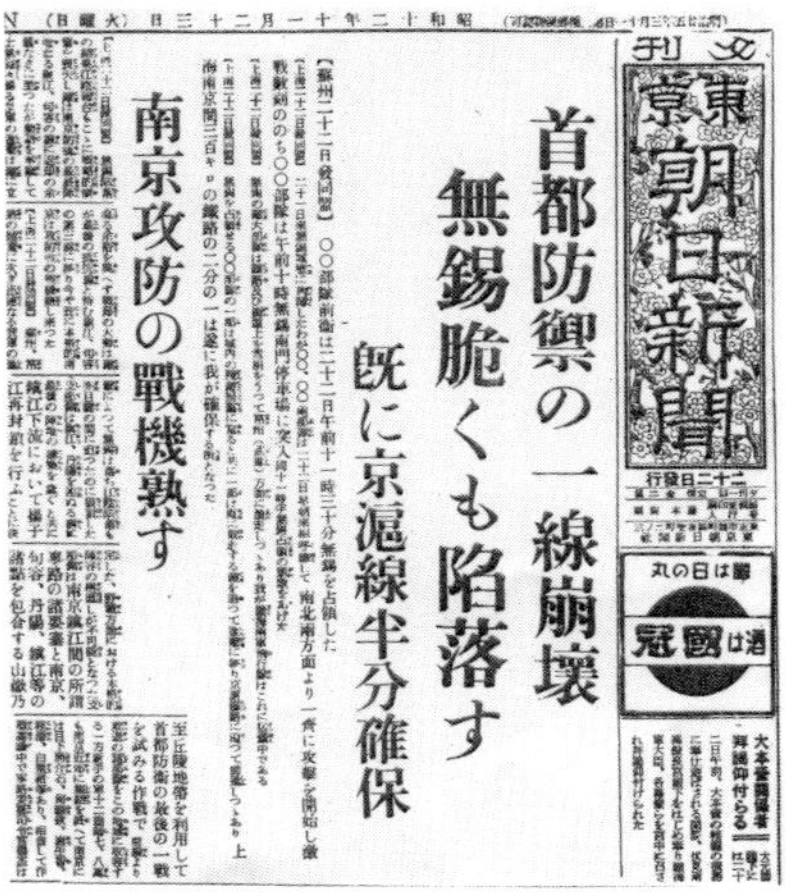
東京朝日新聞
首都防禦の一線崩壊
無錫脆くも陥落す
既に京滬線半分確保
南京攻防の戰機熟す

『東京朝日新聞』(昭和12〈1937〉年11月23日付)

この記事の1カ月後、「南京中華門内で平穏に暮らしていたら日本軍が襲ってきた」などと、「南京大虐殺」を信じている日本人に招待されて、日本全国を回って証言していた中国の「お婆さん」は、悪い「夢」でも見ていたのでしょうか。

南京は大混亂（米紙報道）

蜿蜒續く避難者群

絶望的パニック状態

【ニューヨーク特電十七日發】ニューヨーク・タイムス南京特電十六日發によれば南京政府部に軍最高首腦部は豫想以上の日本軍の大勝利と進軍の迅速なるに對して大恐慌を呈し南京陷落の危機迫るとなして急遽遷都準備に着手するや民衆も亦身邊の危險を豫感して陸續として避難を開始し、市中の道路といふ道路はこれら避難民を乘せた自動車、人力車、荷馬車、一輪車その他ありとあらゆる乘物の一大展覽會場と化し、いづれも家財道具一式を山と積んで右往左往する態は何にたとへやうもない、全く第一回の日本飛行機襲來當時の大混亂以上だ、悲鳴をあげて逃げまどふ無數民衆の大避難の光景は更に下關に[illegible]と續き揚子江岸には埠頭といはず、船といはず、蟻の如く避難民がこびりついて漢口方面へ安全地帶を求めつゝ運命を雲と水に託してゐる、かゝる間政府首腦部は十六日終日緊急會議を續行して最後の對策に腐心し要人を乘せた政府公用の自動車が物々しく避難民衆の中を縫り拔けて異常の狂態を描いた

避難民衆は日本軍が今にも空、陸、水の三方から襲撃して來ると戰々兢々、我れ先にと爭つて奥地へと逃れつゝあるが鐵道、汽船のいづれもこの大量の避難民を一時に移動することは到底不可能の狀態である、しかもこの交通機關の不足は政府の高級官吏や富裕階級者達がその特權と財力を利用して自動車、汽船等を借切るため益々一般民衆の混亂を增大せしめ絶望的なパニック狀態を展開してゐる

英大使館は上海へ

米獨在留民も退去準備

【ニューヨーク特電十六日發】ニューヨーク・タイムス紙南京特派員によると南京在留アメリカ人五十六名は[illegible]數日中に全部南京を引揚げることとなり十六日から準備に取りかゝつた、又米砲艦ルソン號、オアフ號は米國大使館よりの通告を受けて南京に急行した、ジョンソン大使以下大使館員は近く漢口へ向け出發し南京には書記官一名を殘留せしめる、英國大使館では逆に揚子江を下つて上海へ出ることを決意してゐるやうである、ヘウ代理大使は右に關し十六日次の如く語つた

もしも日本軍が南京攻略に成功したならば支那軍は南京上流の揚子江上數ケ所に水雷を敷設するものと考へられるから南京よ

『東京朝日新聞』（昭和12〈1937〉年11月18日付）が報じた『ニューヨーク・タイムズ』の特伝。

朝日新聞が無錫《むしゃく》陥落と報道していたのは、1937年11月22日ですので、南京城陥落はこの記事の20日後になります。

48頁の地図で確認していただければ分かりますが、南京から無錫はまだまだ遥か遠くにありますが、それでも南京市内が避難民でパニック状態になっていました。このことから、同12月13日の南京城陥落のときまでには、残留していた南京市民は「安全区」に避難していたことが理解できるでしょう。

ニューヨーク・タイムズは三光作戦を中国の仕業と報道していた

東京朝日新聞　昭和十二年十一月二十九日

皇軍・四線に分れ猛進

江陰・常州の敵陣崩壊

南京の動揺刻々激化

【上海特電二十八日発】湖東会戦に快勝を博した我軍は太湖の南北と太湖を横断する四線に岐れて西進、最北の部隊は廿八日夜江陰城壁に迫りその陥落は目睫にあり、京滬鉄道に沿つた湖北部隊は同日既に常州市街に肉薄、市街戦を演じ太湖横断部隊は堂々舟艇を列ねて海の如き太湖を東より西に横断、突如として沙塘口に上陸して宜興に進撃、湖南部隊の一部と共に宜興を包囲しつゝあり、二十八日には安徽省境を越えて広徳に迫りつゝあり

ものと観測して居る、支那側一般でも蒋介石は飽くまで長期抵抗をやるものゝ如くである

両城内で市街戦

常州　京滬沿線の敵を常州城に追ひつめた〇〇部隊の先鋒は敗敵を追尾しつゝ二十八日午後六時過ぎ遂に常州城東南部落に突入その一角を占領した

江陰　【無錫にて平松特派員二十八日発】江陰を猛攻中の我が〇〇部隊は二十七日無錫、江陰の中間青陽鎮を占領した

敵大部分の将兵は既に浮足立ち常州城の完全占領は最早や時間の問題となつた

江陰の敵は戦意喪失し早くも退却、城内は残敵のみなること判明、細見部隊の最先鋒は二十八日朝青陽鎮より江陰に突入すべく勇躍出発、早くも江陰の市内前面の敵兵と激戦中

宜興　【無錫にて平松特派員二十八日発】〇〇部隊は遂に午後十時頃城壁にとりつき目下城内の敵と激戦中

安徽省境突破

広徳　【上海特電二十八日発】……興西方約三里）を占領し更に敗敵を急追して

『東京朝日新聞』（昭和12〈1937〉年11月29日付）

南京攻略戦では、日本軍が「殺し尽くす・焼き付くす・奪い尽くす」いわゆる〝三光作戦〟を実行したと中国や反日日本人が声高に叫んでおりますが、実際、行っていたのは蒋介石軍だったのです。

その実態は、ニューヨーク・タイムズが詳しく報道しています。《首都陥落を前にして支那軍は尚も最後の足掻《あが》きに必死となってをり七日も南京市外十マイルの地域内にある全村落に火を放ち日本軍の進撃に便宜《べんぎ》を与えるような物はすべて焼払はんとしているため南京市は濛々《もうもう》たる黒煙に包まれてしまった、記者は自動車を駆って南京市東部の前線へ視察に赴いたが中山門を出ると総理陵園の彼方の低地は一面猛火の海と化してをり焼け落ちた家々からは今まで踏み止まっていた村民の群れが僅《わず》かばかりの家財道具を背負ったり小脇に抱えたりしてよろめきながら城内指して逃げ込んで来る、彼等は時々立ち止まって棄ててきた我家の方を振返っては悲しげな顔で溜息《ためいき》を吐いてい

南京全市焼却説に 恐怖戰慄の市民 建築物を續々破壞

【ニューヨーク特電七日發】ニューヨーク・タイムス紙南京特派員は斷末魔の南京を繞る悽慘な光景を次の如く報じてゐる

首都陷落を前にして支那軍は同じく最後の足搔きに必死となつてをり七日も南京市外十マイルの地域内にある全村落に火を放ち日本軍の進撃に便宜を與へるやうな物はすべて燒拂はんとしてゐるため南京市は濛々たる黑煙に包まれてしまつた、記者は自動車を驅つて南京市東部の前線へ視察に赴いたが中山門を出ると總理陵園の彼方の低地は一面猛火の海と化してをり燒け落ちた家々からは今まで踏み止まつてゐた村民の僅かばかりの家財道具を背負つたり小脇に抱へたりしてよろめきながら城内指して逃げ込んで來る、彼等は時々立止まつて燒けて來た我家の方を振返つては悲しげな顏で溜息を吐いてゐる

支那軍は今となつても首都防衛の最後の一戰を交へる決心と見え城壁外の東部及び南部の地域に晝夜兼行で塹壕を掘り交通壕を作り橋を架けバリケードを築き大砲彈藥の運搬に急がしく働いてをり道路といふ道路は到るところ隊伍を組んで進む兵士で滿ち〳〵てゐる城壁内にも今や必死となつて最後の防禦工事を施してゐる城内は恐らく土嚢やセメントで厚さ二十フイートもある胸壁が構築され自動車がやつと通れるだけの通路が開けられてゐるばかりだ、七日はとき〴〵前線からの砲聲がハツキリ聞えて來てこれが既に怯え切つてゐる南京殘留民を一段と緊張せしめた、城内の支那軍は先日各射的場で行つてゐた機關銃射撃演習をまた盛んにやり出し一般の戰爭氣分を嫌が上にも高めてゐる

米國の飛行機買込人I・L・ペタソン君は上海を出發し十日間の旅行を續け六日鎭江に達し七日夕南京に到着したが同君の談によると戸數二萬を有する鎭江は全市火災に襲はれてゐる、そしてこれは支那軍自身の手によつて放火されたもので日本軍の猛爆撃を免れた目拔きのビルデイング街からも不氣味な黑煙が立ち登つてゐると

ペタソン君は通州から艱難辛苦揚子江北岸を辿つて南京を距る十六マイルの新設防塞に達しそこから支那ジヤンクに乘つて當地に到着したものである、同君の談によると此新設防塞なるものは單なる小舟を針金で連結したものでこれに數段水雷が仕掛けてあることは疑ふ余地はないがしかしそれを取除いて突進むことは大して困難なことであるとは思へなかつた、南京は既に戰爭圏内にある事を物語り諸般の設備も次第に破壞されて行き電力も停り市内各方面の電話も多くは不通となつてゐるが水道は辛うじて異状無きを保てゐる交通機關は人力車さへもその姿をかくし全く杜絶えて了つてゐる、市内の郵便物取扱も七日を以て中止となつた、南京全市燒却説は市當局で日々これを否認してゐるにもかゝはらず大衆間に根強く行はれ大なる恐慌の原因となつてゐる

『朝日新聞』（昭和12〈1937〉年12月9日付）が報じた『ニューヨーク・タイムズ』の特電

る》と、陥落前の南京の情景を伝えています。

実際、日本軍が南京城に攻め込むとき、南京城外の家々は焼失していたことは、明らかですが、これだけはっきり報道されていても、これら蒋介石軍が実行した犯罪行為を日本軍が行ったと信じている者がたくさんいます。

ここでは、あえて日本に対して厳しい視線で報道していたニューヨーク・タイムズの記事を引用しました。

昭和十二年十二月十日（金曜日）

日本に渡す"廢墟南京"
狂氣・支那の焦土政策
數十億の富抹殺
〔外國軍事專門家の觀察〕

【ニューヨーク特電八日發】ニューヨーク・タイムス南京特派員はまさに陥落せんとする南京にある專門家の觀察を八日次の如く報道してゐる、即ち南京に踏み止まつてゐる外國軍事專門家は最近四、五日間に亙つて城外並に近郊の支那軍防備狀態を視察したがその狀況には度膽を拔かれてゐる形である、即ち支那軍は何等の軍事的目的もなくたゞ矢鱈にありと凡ゆる事物をぶち壞し燒拂つてゐるのであつて專門的見地からすれば全く無意味で了解に苦しむものでそれは支那軍を寸毫も益せぬと同時に日本軍にとつても大した痛痒を與へぬと見るが至當である、たゞ建物が一軒もないので日本軍はこれを宿營に當てることが出來ず、テントを使用せねばならないと云ふ不利があるのみだ、それならば何故かう云ふ無謀が敢て行はれつゝあるか、この唯一の説明は支那軍がこの破壞行爲によつて僅にその憤懣を漏らしてゐると云ふ恥づべき事實である、支那軍の上下を通じて存在する『日本軍には敵はぬ』と云ふ劣性意識は彼等を驅つて狂氣の如き殘忍行爲をなさしめその破壞は單に町や村落のみに止まらず市にさへも及んでゐる、其昔ヂンギスカンの大軍が嘗ては榮華を誇つた數々の大都市を一瞬にして焦土と化せしめて以來現在揚子江下流沿岸地方において行はれつゝあるが如き組織的な破壞が支那人自身の手によつて行はれたことは嘗てないのである、日本軍の空襲、砲撃の與へた損害は殆んど軍事施設に限られてをり、これを全部合せてもなほ支那軍自身の手によつてなされた破壞の十分の一にも足らぬであらう

これは中立國の一軍事專門家が予（ニューヨーク・タイムス特派員）に語つたところで同氏は更に語をつぎ

支那軍が今やつてゐることから推して自分は次のやうな結論に達せざるを得ない、即ち支那は今後百年或ひはそれ以上この土地の支配權の恢復を全然豫期してゐないものゝやうだ、それだから彼等は仇敵の所有に歸すべき

『朝日新聞』（昭和12〈1937〉年12月10日付）が報じた『ニューヨーク・タイムズ』の特電

南京攻略戦を象徴している ニューヨーク・タイムズの記事

南京陥落前の情景は、このニューヨーク・タイムズの記事がすべてを物語っています。本文の中から貴重な内容を転載します。

《南京に踏み止まっている外国軍事専門家は、最近四、五日間に亘って城外並に近郊の支那軍防備状態を視察した……支那軍は何等の軍事的目的もなくただ矢鱈《やたら》にありとあらゆる事物をぶち壊し焼払っているのであって専門的見地からすれば全く無意味で了解に苦しむ……支那軍の上下を通じて存在する「日本軍には敵わぬ」と云ふ劣性意識は彼等を駆って狂気の如き残忍行為をなさしめその犠牲は単に町や村落のみに止まらず市にさえも及んでいる、其昔ヂンギスカンの大軍が嘗《かつ》ては栄華を誇った数々の大都市を一変して焦土と化せしめて以来現在揚子江下流沿岸地方において行はれつつあるが如き組織的な破壊が支那人自身の手によって行はれたことは嘗てないのである。日本軍の空襲、砲撃の与えた損害は殆んど軍事施設に限られてをり、これを全部合せてもなほ支那軍自身の手によってなされた破壊の十分の一にも足らぬであらう。……支那軍が今やっていることから推して自分は次のような結論に達せざるを得ない、即ち支那は今後百年或ひはそれ以上この土地の支配権の恢復《かいふく》を全然予期していないもののやうだ》と、中立国の軍事専門家が述べていたのです。

79頁の「上海九日発同盟」の記事は、唐生智《とうせいち》司令が敗残兵や負傷兵の南京城内への遁入《とんにゅう》を禁止して、城門を封鎖したため「地獄圖」になっていると配信していました。

自国を破壊する行為と自軍兵士を見棄てる行為は、中国ならではの伝統のように思えてなりません。

この土地を愚ふ民分荒廢せしめてゐるのであると、今支那の採りつつある焦土政策は敵に對する最善の策とは決して考へられぬ何となればその敵は確かに一時的には侵入者であるには違ひないが決してこの土地を植民地にして了はうとは考へてはゐないのだから、支那軍によつて破壊されたところのものは即ち彼等祖先が額に汗して孜々勉勵刻苦、何代かに亙つて蓄積したものなのである

氣狂ひ沙汰としか思はれないこの都市、村落の焼拂ひを主張する人々はかくすることによつて現在までに蓄積された數十億の富が根こそぎに掠奪され、もし破壊されなかつたならば近い將來支那政府がこの地方より租税を取立てることが出來、よつて戰後國力回復の爲財源を求め得るものであるといふことを考へようともしない、この地味豊饒でしかも世界で最も人口稠密な地方は國家財政にとり有力な財源供給地であるが今や猛火の下に消え失せつゝあるこの地方の復興のためには巨額の經費を必要とするであらう、現在の支那軍の行爲を納得させる唯一の説明ともいふべきものは例の古來からの東洋思想たる「面子を救ふ」といふことを持出すことであらう、即ち支那軍は退却に當り不毛の曠野や煙立登る廢墟を後に遺してこれを日本軍に占領させた方がたゞ空しく退却するよりは彼等の威信を昂めるものだと信じてゐるのだ、この考へ方は戰鬪地域に住む數百萬の支那住民の福祉を全然無視するものだ、今や日本軍の進撃を前に奥地に殺到する避難民は數百萬に達してゐるが支那政府が彼等を救濟しようとしても何事をもなし得ぬ今日彼らは如何にしてこの冬の衣食住を得んとするかこれは想像に余りあるものがある

敗走兵遁入を禁止 南京城外に地獄圖

【上海九日發同盟】南京外廓の各戰線に於て負傷した支那兵は數日來續々南京城内に殺到し來つて居るが南京陷落いよ〳〵迫ると知つた南京衛戍司令唐生智は昨八日遂に各城門に縋りつかんとする敗殘兵及び負傷兵の遁入を一切禁止した、これがため敗殘兵及び傷病兵等は哀れな姿を寒風に曝されながら城門外をうろ〳〵彷徨し慘憺たる地獄風景を展開して居る

『朝日新聞』(昭和12〈1937〉年12月11日付)が報じた『ニューヨーク・タイムズ』の特電

松井石根大将の中国への思いが滲みでている「降伏勧告文」

松井大将は、自他共に認める日本陸軍きっての親中国派の将軍でした。

その松井大将が中国への思いを滲《にじ》ませた「降伏勧告文」は次のとおりです。

《日軍百万既《すで》に江南を席巻せり。南京城は将《まさ》に包囲の中にあり。戦局大勢より見れば今後の交戦は只《ただ》百害あって一利なし。

惟《おも》ふに江寧の地は中国の旧都にして民国の首都なり。明の孝陵、中山陵等古跡名所蝟集《いしゅう》し、宛然《えんぜん》東亜文化の精髄の感あり。日軍は抵抗者に対しては極めて峻烈《しゅんれつ》にして寛恕《かんじょ》せざるも、無辜《むこ》の民衆および敵意なき中国軍隊に対しては寛大をもってこれを冒さず、東亜文化に至りてはこれを保護保存するの熱意あり。しかし、貴軍にして交戦を継続するならば、南京は勢い必ずや戦禍を免れ難し。しかして千載《せんざい》の文化を灰燼《かいじん》に帰し、十年の経営は全く泡沫《ほうまつ》とならん。依って本司令官は日本軍を代表して貴軍に勧告す。即ち南京城を和平裡に開放し、しかして左記の処置に出でよ。

大日本陸軍総司令官
松井石根

本勧告に対する回答は十二月十日正午中山路句容道上の歩哨《ほしょう》線《せん》において受領す

(二) 昭和十二年十二月十日 (金曜日)

皇軍・最後の投降勧告
けふ正午迄に回答要求
諄々南京敵将を諭す

【上海特電九日發】上海軍九日午後七時發表＝松井最高指揮官は本日正午飛行機により南京防衛司令官に對し投降勧告文を投下し十日正午までに回答を要求せり

【上海九日發同盟】松井最高指揮官より本日正午南京防衛司令官唐生智に宛てた投降勧告文全文左の如し

勧告文全文

日軍百萬既に江南を席捲せり、南京城は將に包圍の中にあり、戰局大勢より見れば今後の交戰は只百害あつて一利なし、惟ふに江寧の地は中國の舊都にして民國の首都なり、明の孝陵、中山陵等古跡名所蝟集し宛然東亞文化の精髓の感あり、日軍は抵抗者に對しては極めて峻烈にして寛恕せざるも無辜の民衆および敵意なき中國軍隊に對しては寛大を以てしこれを冒さず、東亞文化に至りてはこれを保護保存するの熱意あり、しかして貴軍にして交戰を繼續せんとするならば南京は勢ひ必ずや戰禍を免れ難し、しかして千載の文化を灰燼に歸し十年の經營は全く泡沫とならん、よつて本司令官は日本軍を代表し貴軍に勧告す、即ち南京城を和平裡に開放ししかして左記の處置に出でよ

大日本陸軍總司令官　松井石根

本勧告に對する回答は十二月十日正午中山路句容道上の歩哨線において受領すべし、もしも貴軍が司令官を代表する責任者を派遣する時は該處において本司令官代表者との間に南京城接收に關する必要の協定を遂ぐる準備あり、若しも該指定時間内に何等の回答に接し得ざれば日本軍は已むを得ず南京城攻略を開始せん

『朝日新聞』(昭和12〈1937〉年12月10日付)「支那軍への投降勧告文」

『支那事変画報：第11集』（昭和13〈1938〉年1月27日発行）「南京の中央軍官学校講堂前にある孫文の銅像。その孫文こそは攻囲軍の最高指揮官松井石根大将とは肝胆相照らした親友で、共に東亜人の東亜を語り合った仲だった。孫文の霊としても、南京で日本軍を迎えようとは思わなかったであろうし、松井大将としても感慨無量であろう（12月14日 角野特派員撮影）」
【解説】この孫文像は、1915年、東京・新宿の自宅で孫文と宋慶齢の結婚披露宴を主催し、媒酌人をつとめた実業家で、孫文の支援者だった梅屋庄吉が寄贈（1929年）したものです。

嚴然・降伏を待つ
中山門、光華門、通濟門に達し
陷落いまや一押し

【南京南方湯山街道上にて本社前線通信本部九日發】南京四周の堅陣を粉砕して南京城を攻撃中の我部隊の一部は九日午後三時頃中山門外に達し他の一部隊又光華門、通濟門外に到達、こゝに江南の野を席巻したわが皇軍は待望の南京城々壁外に駒を止め、光榮ある日本武士道によつて敵の降伏を待つてゐる

【東善橋にて九日發同盟】九日朝京杭國道の板橋鎮を奪取した岡本（鎮）部隊の先鋒は午後四時早くも西善橋に達し南京城外二キロの地點に肉薄、更に進撃中である

『朝日新聞』（昭和12〈1937〉年12月10日付）

べし。もし貴軍が司令官を代表する責任者を派遣するときは、該処において本司令官代表者との間に南京城接収に関する必要の協定を遂ぐるの準備あり。若《も》しも該指定時間内に何等の回答に接し得ざれば、日本はやむを得ず南京城攻略を開始せん》と、紳士的な勧告だったのですが、蔣介石は同12月7日に飛行機で遁走していたため、近代化した日本軍と対《たい》峙《じ》していたのは、指揮命令系統もない匪賊と変わらない暴民の群だったのです。

中国の降伏拒否の回答は「毒ガス」攻撃だった

中国の戦争で責任者が逃げることは、日清戦争や義和団の乱のときも同様ですが、1937年12月12日、唐生智南京守備隊最高司令官が遁走した同日に、南京城内は略奪・破壊・放火など不法地帯と化していました。

その状況をニューヨーク・タイムズ：12月12日：南京発特電は《**市周辺各所に新たに起こった火は、あらゆる建物を焼却し攻撃通路を妨げる中国側の政策が続いていることを示した。……南京対岸の浦口の長江岸全体が、埠頭《ふとう》や倉庫も含め燃えていた。明らかに中国軍の放火によるものだ。……**》（『南京事件資料集』1、青木書店）

そして、同12月11日深夜に国際法を無視した、「毒ガス」を撃ち込んできたと報道しています。

第三種郵便物認可　昭和十二年十二月十一日（土曜日）

敵の回答遂に來らず
皇軍・斷乎攻略の火蓋
南京落城の運命迫る

【南京城外にて本社前線通信本部十日發】舊街道を驀進した脇坂部隊は十日午前三時城壁一キロの地點を撃破して同三時半南門附近の城壁に達し富士井、下枝の各部隊と午前五時一齊に進撃を起し同六時過ぎ南京城中華門（南門）に達し各部隊潮の如く城壁に殺到した、一方紫金山を中心とする敵の堅壘に對し大野部隊及び戰車隊は十日午前六時戰車隊を先頭に南京街道を驀進、山砲、迫撃砲物凄き中を進撃又撃、白水橋を突破し中山陵に迫り十日午前八時片桐、大野の各部隊は既に紫金山を占領、午前九時には大野、野田の兩部隊先頭は中山門に殺到した

【南京中華門（南門）南方にて本社前線通信本部十日發】岡本（鎮）部隊は九日午後一時敵陣を拔き潰走の敵を追撃して西善橋に迫し午後三時半南京城の城壁南方千八百米の安德門を占領した、一部を以て○○部隊の總攻撃に追はれて南方に退却する敵を猛撃し○○を以て南京城中華門（南門）を總攻撃中更に一部決死隊は城壁西南角に肉薄した、敵は東北方に向つて退却中である

【上海十日發同盟】松井最高指揮官の武士道的見地から禮を盡した勸告文に對し唐生智は非禮にも回答期限たる十日正午に至るも何等の回答を爲さざるのみか却つて今早朝來猛烈なる砲火を以て我軍を攻撃應酬しつゝあり、我軍は今や一擧に南京城を攻略すべく全軍進撃の間一髪の姿勢を取つて居る

【上海十日發同盟】午後一時半我軍は南京城攻略の火蓋を切つた

紫金山に日章旗

【大校場十日發同盟】富士井部隊の一部は十日午前十一時紫金山の堅壘を完全に掃蕩し大日章旗は濛霧の中に紫金山頂に翩翻と翻つてゐる、敵は雪崩をうつて中山門方面に潰走しつゝあり、我が部隊はこれを追つて敢然城門に迫つた

『朝日新聞』（昭和12〈1937〉年12月11日付）

不法！毒ガスで逆襲

【光華門外十一日發同盟】十日夜半より今曉にかけて光華門の伊藤部隊正面に大逆襲し來つた敵は城壁を奪回せんと必死の勢ひ物凄く手榴彈機關銃の外催涙彈を雨注し來り我が將兵は直ちに防毒面をつけて應戰一時は非常な苦戰に陥つたが肉彈戰を以て之を撃退輝かしき十一日黎明を迎へたのであつた、この夜襲戰で斷末魔の敵はいよ〳〵本格的毒ガスを以て抗戰し來れること明かとなつた

『朝日新聞』（昭和12〈1937〉年12月12日付）

第三章

「南京大虐殺」は米国(GHQ)が創作した日本人洗脳ラジオ放送からスタートしていた

『眞相箱』聯合國最高司令部民間情報教育局編 コズモ出版社 昭和21（1946）年8月25日発行

◎『眞相はかうだ』（全10回）、
日曜日20時～20時30分
1945年12月9日（日）第1回開始
1946年2月10日（日）最終回
◎『眞相はかうだ』金曜日20時～20時15分
1946年1月18日（金）第1回
『眞相はかうだ』第6回と第7回の間から開始
●『眞相箱』日曜日20時～20時30分
1946年2月17日（日）第1回開始
1946年6月28日（金）から
金曜20時～20時30分へ移設
1946年11月29日（金）最終回
◎『質問箱』水曜日20時～20時30分
1946年12月11日（水）第1回開始
1948年1月4日（水）最終回
◎『インフォメーション・アワー』
1948年1月以降、毎晩20時～20時30分

（『続・昭和文化　1945－1989』竹山昭子氏論文より、勁草書房）

蒋介石が遁走した南京は狂乱状態だった

当時、蒋介石軍は、ドイツ軍事顧問団を受け入れ、武器、トーチカ等ハード面は整備強化されていました。しかし、それを運営する中国兵の紀律までは、整備できず前近代そのままだったのです。

まして指揮官がいなくなれば、土匪《どひ》・盗賊の群れになっていました。

南京城陥落前の状況は、『ニューヨーク七日発同盟』が「七日、AP南京電」としてつぎのように配信していました

《南京城外数百の村落は敗退する支那軍の放火によって悉《ことごと》く焼き払われ黒煙濛々《もうもう》として空を覆うている、焼払はれた各村落の住民は着のみ着のまゝで南京市内の避難区に陸続と闖入《ちんにゅう》、城内の危険区域内の住民も亦雪崩《またなだれ》をうって避難区に逃げ込み混乱を極めている、市内では早くも暴徒が民衆の掠奪《りゃくだつ》破壊を始めた。官憲は暴徒に対して厳罰を加へ既に六名を銃殺に付したが殆《ほと》ど手のつけやうのない有様である。……》と、中国人の反日暴動を彷彿《ほうふつ》させますが、日本の歴史にない別世界の出来事のようです。

蔣介石・つひに都落ち
燃ゆる南京・掠奪横行
敗戰、斷末魔の形相

『朝日新聞』（昭和12〈1937〉年12月8日付）

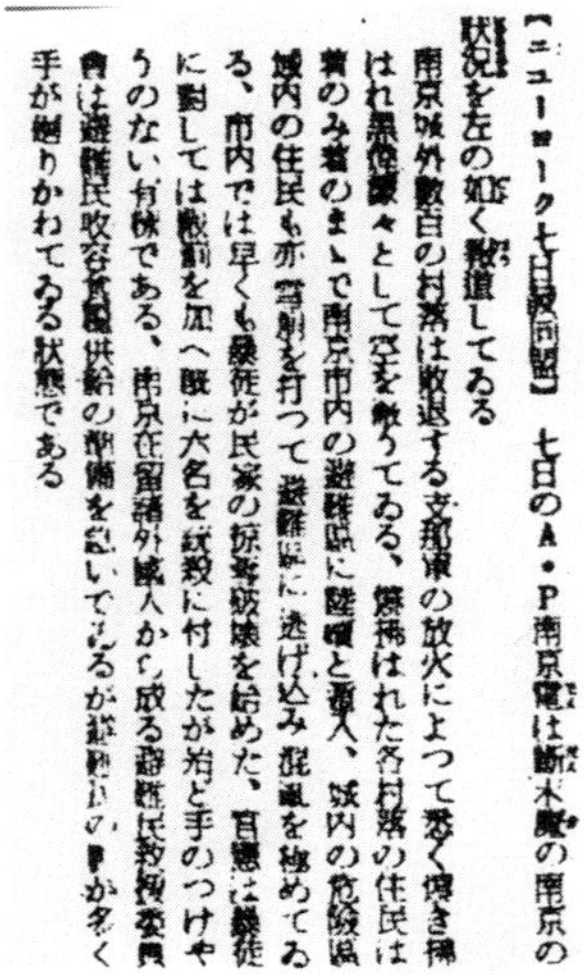

【ニューヨーク七日發同盟】七日のA・P南京電は斷末魔の南京の状況を左の如く報道してゐる

南京城外數百の村落は敗退する支那軍の放火によつて悉く燒き拂はれ黒煙濛々として空を覆うてゐる、燒拂はれた各村落の住民は着のみ着のまゝで南京市内の避難區に陸續と闖入、城内の危險區域内の住民も亦雪崩を打つて避難區に逃げ込み混亂を極めてゐる、市内では早くも暴徒が民家の掠奪破壞を始めた、官憲は暴徒に對しては嚴罰を加へ既に六名を銃殺に付したが殆と手のつけやうのない有様である、南京在留諸外國人から成る避難民救濟委員會は避難民收容食糧供給の準備を急いでゐるが避難民の數が多く手が廻りかねてゐる状態である

『ニューヨーク七日発同盟』『朝日新聞』（昭和12〈1937〉年12月8日付）「七日、AP南京電」

蒋介石の南京城からの遁走を外国人はどのように見ていたか

1937年12月7日、南京から遁走《とんそう》したのは、蒋介石総統だけでなく、何応欽《かおうきん》軍政部長、白崇禧《はくすうき》参謀総長など軍中枢も脱出していたのです。

ニューヨーク・タイムズのダーディン記者のレポート

は**《蔣将軍はあのような大混乱の起こるのを許すべきではなかった。確かに唐将軍も自分が最後までやり通すことができず、とどのつまりは不首尾に終った。犠牲の道にふみ出したことは強く非難さるべきである。……指揮者なしに軍を置きざりにしたことは、全面的破壊の合図になった》**（『日中戦争史資料』（第九巻・南京事件Ⅱ）と、親中的な人物でも、民衆が略奪暴虐を受けている現状を伝えていました。

蔣介石日記も同時期の中国軍を次のように記していました。**《抗戦の果てに東南の豊かな地域が敗残兵の略奪場と化してしまった。戦争前には思いもよらなかった事態だ。……敗れたときの計画を先に立てるべきだった。撤兵時の略奪強姦など軍紀逸脱のすさまじさにつき、世の軍事家が予防を考えるよう望むのみだ》**（「1937年11月30日の月間総括欄」産経新聞2007年5月25日付）と、記していたのです。

実際、蔣介石が見た情景は、遁走する1週間前ですが、自分たちが脱出したあとの城内は阿鼻叫喚の地獄図だったのです。その地獄図を日本軍にすり替えることが、「敗れたときの計画」だったと思われます。

07年）5月25日　金曜日　14版　国際　6

蔣介石日記 第2部 ■3■

北京郊外の盧溝橋での武力衝突（1937年7月）に端を発した日中戦争は、西安事件で挙国抗日路線への転換を迫られた蔣介石に、軍事面などでの準備が整わない状態で、日本との対決を迫る結果となった。

上海、杭州から首都南京を目指す日本軍を前に蔣介石は37年11月中旬、重慶への遷都を決断。12月7日に南京を離れ、南京陥落の13日には「南京なお戦闘中と聞く。包囲に屈しないわが将兵の壮烈な犠牲である」と残存兵力の抵抗をたたえた。

だが、南京防衛をめぐる蔣介石の決意は激しく揺れたことが、日記からは浮かび上がってくる。

南京事件　日中戦争下の1937年（昭和12年）12月、中国の首都だった南京で、日本軍による占領後に中国兵捕虜の殺害や市民に対する略奪、暴行が行われた。中国側が犠牲者数を「30万人」だとして日本の歴史責任を追及する一方、日本側では被害者数や殺害時の状況をめぐる異論が多く、事件は日中間の政治問題となっている。

南京陥落

軍紀弛緩、自国民を凌辱

猛煙の中を南京城内に突入する日本軍戦車隊

遷都決断後の11月16日にも「戦車と弾薬は南京に多数残す」と防衛への未練を引きずっていて、翌17日には「南京を固守すべきか放棄すべきかためらう」と煩悶。国父・孫文が眠る中山陵に別れの参拝を終えた蔣介石は「南京城は守ることができなくても守らないわけにはゆかないのだ」（26日）と軍事的判断を捨て防衛に再び傾いたとも取れる言葉を記している。

蔣介石が浮足立った最大の理由は、上海近郊の防衛線が破られて以後の中国軍の敗勢にある。

11月20日の週間総括欄では、①上海の緒戦で敵撃滅に大兵力を投じなかった②上海～南京間の警備司令、張治中（後に共産党政権に参加、「愛国将軍」となる）を過信して、虹口（上海市内）の奪取に失敗した③蘇州河（同）南岸からの撤退がまずかった—などと、その敗因を分析している。

負け戦以上に蔣介石を悩ませたのが敗走する中国軍の軍紀弛緩である。

《南京～杭州間の交通と通信は途絶。敗残兵の略奪が頻発、わが軍の死命を制するものとなっている。戦う力は甚だ弱いうえ、士気が振るわず、敵よりも自らに敗れている》（11月22日の日記）

《抗戦の果てに東南の豊かな地域が敗残兵の略奪場と化してしまった。戦争前には思いもよらなかった事態だ。（中略）敗れたときの計画を先に立てるべきだった。撤兵時の略奪強姦など軍紀逸脱のすさまじさにつき、世の軍事家が予防を考えるよう望むのみだ》（11月30日の月間総括欄）

士気低下については、南京防衛の任務を全うせず兵を置き去りにして南京を脱出した唐生智（南京衛戍司令長官）ら高級将校に対しても「南京から撤退した各師団長と会見。当時の実情は痛憤の極みで、私の人選の誤りだ。唐生智などは終始国を誤る賊である」（12月30日）と容赦がない。

いずれにせよ、上海で敗れて以来、保護すべき一般国民を相手に略奪や暴行を重ねる自国軍に南京防衛を託すのを蔣介石がためらい、悩んだことだけは間違いなかろう。

南京陥落後は、日本軍による捕虜処断や暴行など南京事件を示すとみられる記述（38年1月22日の日記）がみられる。

《南京での倭寇（日本軍への蔑称）による殺人や強姦は、日本を深みに落として進退窮まらせるに至らないまま、わが同胞の苦痛を極めることになった》

この後にある「軍隊と学校では毎朝、男女同胞が受けた恥辱の事実を講じるべし」（同年5月13日の日記）といった記述を重ね合わせると、南京事件に代表される日本軍の軍紀問題を教育や対外宣伝を通じて重点的に取り上げて、政治的打撃を与えようという蔣介石の深謀を早い段階から読み取れるかもしれない。

（米カリフォルニア州パロアルト　山本秀也）

『産経新聞』（平成19〈2007〉年5月25日付）「蔣介石日記」〈軍紀弛緩、自国民を凌辱〉

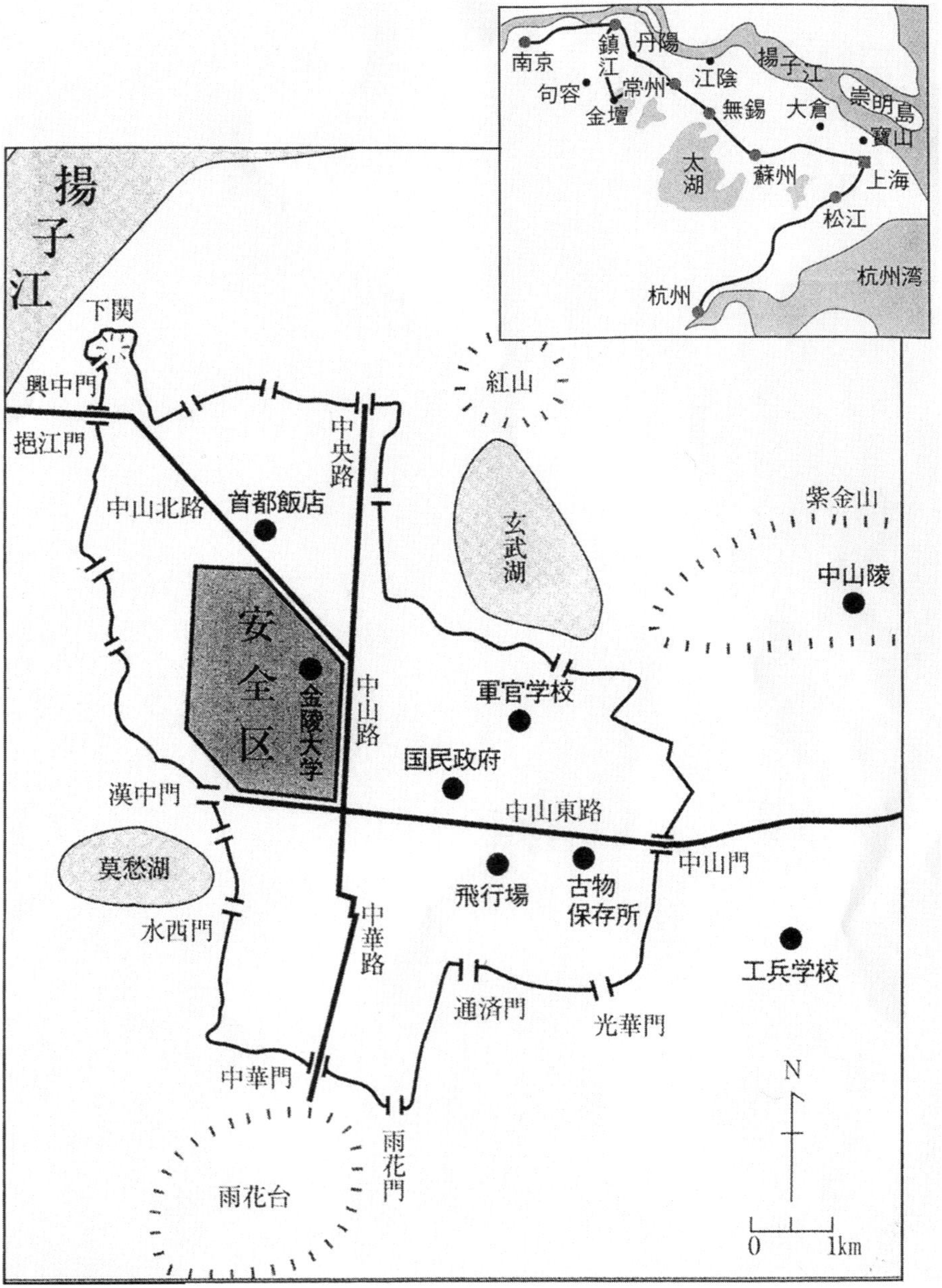

1937年当時の南京略図

はしがき

太平洋戦争に関する正式の報告書、文書類、戦争記録等は、凡《すべ》て軍部の干渉によって事実を歪曲《わいきょく》され、このため同戦争の勃発《ぼっぱつ》、推移及び敗戦の結果について、真相を知ることは極めて困難であります。

ひとたび終戦となると、完全な敗北に初めて目覚めた日本国民は、真相を求めました。そして連合国最高司令部民間情報教育局あてに寄せられる種々の疑問は、夥《おびただ》しい数に達しました。

こうした質問に出来る限り速やかに、そして少しでも多く答えるために、日本放送協会のラジオ番組に「真相箱」の時間を設け、毎日曜日の午後八時から八時三十分まで、マイクを通じて全国民の質問に答えることになったのであります。

本書には、この「真相箱」の第一回から第二十回までが集録されております。収める回答は、次の諸資料に基づいて作製され、また事情の許す限り、この大戦争に参加した各国の戦争記録から資料を得ました。

大本営公表
米国陸軍公式報告書
諜報報告書
朝日新聞
ニッポンタイムス
タイム誌
ニューズウィーク誌

「真実こそすべての国にとって、最も強い同盟国である」ということを、読者諸君が悟られることを、心から希望する次第であります。

昭和二十一年七月

連合国最高司令部
民間情報教育局

『眞相箱』　聯合國最高司令部民間情報教育局編 コズモ出版社 昭和21（1946）年8月25日発行

『眞相箱』の台本と運命的な出会い

この『眞相箱』の台本を発掘するきっかけは、2001年秋『「南京事件」日本人48人の証言』（阿羅健一著、小学館文庫）の企画が通り、本書の表紙を飾っている「平和な南京」の写真を求めて、元東京日日新聞・佐藤振壽氏を訪ねたことでした。

企画本が完成し、佐藤氏を訪れたとき「こういう本を待っていたんだよ、我々が望んでいた本を有難う」と喜んでいただき、「君に私の宝物をあげるから、君の好きなように使っていい」と、風呂敷包から取りだしてくれたのが、青焼きに「社外秘」と刻印されたNHKラジオ『眞相箱』の南京部分の台本だったのです。

それがきっかけになり、前述したとおり、現在『GHQ作成の情報操作書「眞相箱」の呪縛《じゅばく》を解く』（小学館文庫）として出版され、誰でも台本を確認できるようになっています。

南京入城直後の光華門付近（写真提供：毎日新聞）昭和12（1937）年12月13日「光華門に入城した歩兵第36連隊は乗り捨てられた自動車や散乱した遺留品を目にした」

陥落前の南京

日本が南京で行った暴行についてその真相をお話しください。

我が軍が南京城壁に攻撃を集中したのは、昭和十二年十二月七日でありました。これより早く上海の中国軍から手痛い抵抗を蒙《こうむ》った日本軍は、その一週間後その恨みを一時に破裂させ、怒濤《どとう》の如く南京市内に殺到したのであります。

この南京の大虐殺こそ、近代史上希《まれ》に見る凄惨《せいさん》なもので、実に婦女子二万名が惨殺されたのであります。

『眞相箱台本』（1/12）

『眞相箱』は戦後日本の歴史認識の教典だった

「南京大虐殺」は、『眞相箱』で「南京の大虐殺」として放送されたのが嚆矢《こうし》です。

戦後、この台本に描かれている様々な情景を肉付けして行く通過点に東京裁判があります。

この台本の情景を、ニューヨーク・タイムズのダーディン記者は《十二日の夕方、市内を車で回ったところ、**一部隊全員が軍服を脱ぐのを目撃した……中には素っ裸**

となって一般市民の衣服をはぎとっている兵士もいた……日曜日（十三日）の夕方には中国軍は安全区全体にひろがり、多数の者が、一般市民から便衣を盗んだり、頼んでゆずってもらったりした。……街路は小銃・手榴弾・剣・背嚢《はいのう》・軍服・軍靴・ヘルメットでうずまるほどであった。……交通部の前から二ブロック先までは、トラック・砲・バス・指揮官乗用車・荷馬車・機関銃・小火器がごみ捨場のように積みかさねてあった……》（『日中戦争史資料』第九巻・南京事件Ⅱ）とあり、安全区（避難区）に便衣兵が大量に紛れ込んでいたのです。

1937年12月14日の南京城内を記者が現認したロンドン・タイムズの貴重な記事

台本で「婦女子二万名が惨殺された」とありますが、同12月7日の1週間後は同12月14日になります。同14日の南京市内に戻ってきたロンドン・タイムズのマクドナルド記者は、**《14日……通りには死体が散在したが女性の死体はなかった》**と、同12月17日に上海から打電した貴重な記事が、同12月18日に同紙に掲載されています。

これらの状況は、エスピー米国南京副領事が東京裁判

who were crawling around imploring aid.

That night the Japanese opened the Chungshan Gate and made a triumphal entry, in which, owing to the dearth of transport, they used oxen, donkeys, wheelbarrows, and even broken down carriages. Later they began working into the safety zone, and anyone caught out of doors without good reason was promptly shot.

On Tuesday the Japanese began a systematic searching out of anyone even remotely connected with the Chinese Army. They took suspects from the refugee camps and trapped many soldiers wandering in the streets. Soldiers who would willingly have surrendered were shot down as an example.

NURSES ROBBED

No mercy was shown. The hopes of the populace gave place to fear and a reign of terror followed. Japanese searched houses and began a wholesale looting of property along the main streets, breaking into shops and taking watches, clocks, silverware, and everything portable, and impressing coolies to carry their loot. They visited the American University Hospital and robbed the nurses of their wrist watches, fountain pens, flashlights, ransacked the buildings and property, and took the motor-cars, ripping the American flags off them. Foreign houses were invaded and a couple of German shops looted. Any sympathy shown by foreigners towards the disarmed Chinese soldiers merely served to incense the Japanese.

Young men who might have been soldiers and many police constables were assembled in groups for execution, as was proved by the bodies afterwards seen lying in piles. The streets were littered with bodies, including those of harmless old men, but it is a fact that the bodies of no women were seen. At the Hsiakwan gate leading to the river the bodies of men and horses made a frightful mass 4ft. deep, over which cars and lorries were passing in and out of the gate.

Mopping-up operations continued throughout Wednesday, and when I and the other Panay survivors passed through

『ロンドン・タイムズ』（1937年12月18日）「While there were bodies scattered in the streets,none of them were women」〈通りには死体が散在したが女性の死体はなかった〉

に提出した『法廷証第三二八号』にも記載されています。《支那兵自身、日本軍入城前に掠奪《りゃくだつ》を行いおれることなり。最後の数日間は疑いなく彼らにより人および財産に対する暴行・掠奪が行われたるなり。支那兵が彼らの軍服を脱ぎ常民服に着替える大急ぎの処置の中には、種々の事件を生じ、その中には着物を剝《は》ぎとるための殺人をも行いしなるべし。……市をいかなる不法行為をも行い得られる場所となし終れるなり。これがため残留せる住民には、日本人来たれば待望の秩序と統制との恢復あるべしとの意味にて、日本人を歓迎する気分さえもありたることは想像せられるところなり》との証言の一部も台本に使われています。ちなみに、日本軍が南京城を攻撃したのは、台本に書かれている「十二月七日」ではなく「十二月十日」でしたので、この台本のほとんどは、中国人の仕業であることが分かります。

※便衣兵とは、戦場で民間人になりすました「兵士」であり、陸戦法規の「責任を負う統率者がいること」「公然と武器を携行していること」「遠方から確認できる固有の特殊標章を身につけていること」「戦争法規及び慣例を遵守していること」を守らない兵士は、捕虜になれる資格がなく、捕らえられたら戦時重犯罪人として死刑、もしくは死刑に順当した重刑に処せられたのです。（田畑茂二郎著『新訂国際法』参照）

南京城内の各街路は、数週間にわたり惨死者の流した血に彩られ、またバラバラに散乱した死体で街全体が覆われたのであります。この間血に狂った日本兵士らは、非戦闘員を捕え手当たり次第に殺戮《さつりく》、略奪を逞《たくま》しくし、また語ることも憚《はばか》る暴行を敢《あえ》て致しました。

『眞相箱台本』（2/12）

「南京大虐殺」派の重鎮が「血潮が川となって」と記述した同日時の道路

この写真の中山路の同日時を、「南京大虐殺」派の重鎮で元早稲田大学教授・洞富雄著『決定版【南京大虐殺】』（徳間書店）は、この台本を裏付けるように《12月13日、……（日本軍の一部は）中山路と中央路を突き進みました。……退却兵、負傷兵が道路に満ちあふれていました。……日本軍はこのような人々の群に見さかいなく銃火をあびせ、この二筋の道を血の道路に変えました》とか《中山路からまっすぐ北上した。道路は死体で埋もれた。……流された血潮は川となって道路を流れ、二条の血路をつくり出した。この道路で殺された人の数はあまりにも多く、数えることはできなかったという》と、中国人が中国人から聞いたという伝聞を記載し、盛りに盛っていますが、この手の話を信じさせられた学生が哀れです。

エスピー米国南京副領事の証言を裏付ける写真

90頁のエスピー米国南京副領事が東京裁判に提出した

左の写真は、証言とまったく同じ場所、同じ日時、どこに敗残兵が、どこに血路があるのでしょうか。

洞富雄氏は、朝日新聞の捏造《ねつぞう》記事を学術的に支える役割を担っていたのです。

『支那事変画報：第11集』（昭和13〈1938〉年1月27日発行）「南京：12月13日払暁3時、中山路を進撃する大野部隊」（12月13日、熊崎特派員撮影）

【解説】「南京大虐殺」の虚構を大学教授として支えて南京大虐殺記念館から表彰された故・洞富雄（早稲田大学教授）の『決定版 南京大虐殺』（1982年、徳間書店）では、上の写真の同じ場所の同じ日時の状況を「中山路と中央路の二条の道路は血の道路に変じ、道路上を埋めた死体の上を、戦車がキャタピラで踏みつぶしながら進んだ」と、まったくのデタラメを記していたのです。

『アサヒグラフ』(昭和13〈1938〉年1月5日号)「南京:絶望的な南京政府の死闘におびやかされ、おびえつつも最後まで踏み止っていた南京市民が、防空壕から這い出してきて我が軍の布告にほっとして安堵の胸を撫でる」
【解説】この写真は、南京陥落翌日に撮影されたものですが、日本兵の呼びかけに対してニコニコ笑っている女性たちの顔が写っています。

『法廷証第三二八号』に、**《市をいかなる不法行為をも行い得られる場所となし終れるなり。これがため残留せる住民には、日本人来たれば待望の秩序と統制との恢復あるべしとの意味にて、日本人を歓迎する気分さえもありたることは想像せられるところなり》**とありました。

この写真は、まさにエスピー証言を裏付ける「動かぬ証拠」です。

写真に写っている2人の女性の顔が、ボヤけていても微笑んでいるのが分かりますので、焦点が合っていたら、満面笑みなのがハッキリ分かるでしょう。

2017年1月、APAホテルの客室に置かれていた同ホテルオーナー元谷《もとや》外志雄《としお》氏の著書の中に、「南京大虐殺」を否定する記述があると報道されたとき、トランプ大統領が繰り返し「嘘《うそ》ニュース」と罵倒《ばとう》している〝CNN〟は、同1月25日に〈南京大虐殺では大量殺人や強姦、略奪が行われ、1週間で推定30万人が死亡したといわれている。……〉と、世界に配信しました。

1週間虐殺が行われていたとCNNが報道した南京城内で撮られた上の写真を見ると、別の街の出来事になりトランプ大統領が正しいことが一目瞭然《いちもくりょうぜん》です。CNN「嘘ニュース」は、日本ではテレビ朝日が流していました。

撮影：佐藤振壽氏、昭和12（1937）年12月15日、佐藤氏の手記より「十二月十五日 南京中山北路沿いの安全区道路に面した場所で、難民区の中国人が、どこからか古着類を持ち出して商売にしていた。背後は広陵地だったので、防空壕に利用されていたらしく、壕の入口が写真で見られる」

日本軍入城後数週間というものは、一体南京市中でどういうことが起ったのか、非戦闘員たる中国人の保護に任ずるため踏み止まった外国人が、一体どういう運命に遭遇したのか、これは杳《よう》として知ることは出来ませんでした。というのはかかる真相の漏洩《ろうえい》より予想される不測の反響を慮《おもんぱか》った我が軍部が、あらゆる報道の出所を封じて、厳重なる検閲を実施したからであります。だが結局この真相は白日の下に露呈されました。そしてかかる日本軍の常軌を離れた行動そのものに対しては、その大部分の責任が、これを抑え切れなかった軍部自体の負うべきものなることが判明致しました。

『眞相箱台本』（3/12）

『眞相箱』の台本が文庫化されるまでの不思議な体験

佐藤振壽氏から『眞相箱』の台本の「南京部分」をいただいてからは、日夜どのように公表するかいろいろと考えあぐねていました。

当時（2001年）、靖国神社境内で毎週末、インパール戦を戦われた第五一連隊第一大隊四中隊長・佐藤博志氏が、〝英霊にこたえる会〟中央本部広報委員長として「英

撮影：佐藤振壽氏、昭和12（1937）年12月15日、佐藤氏の手記より「十二月十五日 難民区の外側では道路沿いに、自家菜園でとれたものを売っている者もいた」

霊顕彰」活動を行っていました。ちなみに佐藤氏の部隊は、インパールに転戦する前は、南京の南の下新河に駐屯していたのです。

その活動に、筆者も毎週末参加させていただいてましたが、南京の「宝物」をいつどのように公表するか、いろいろ考え持ち歩いていたのですが、ある日、靖国神社境内で〝英霊にこたえる会〟中央本部運営委員長・倉林和男氏に、その「宝物」をお見せしたところ「いやぁー、これ記憶にある。昔（GHQ占領下）、神田で買った本にあったような気がする。探して来週もってくる」と、別れたのです。

そして、約束した靖国神社境内で、倉林氏から『眞相箱』と黒字で大書された一冊の本を渡され、目次から「南京」を見つけその頁を開くと、目に飛び込んできたのは、「宝物」と同じ文言だったのです。

その後、国立国会図書館やＮＨＫ放送博物館で調べても、その本は所蔵されていませんでした。

この本は、ひょっとしたら『眞相箱』の台本を纏《まと》めたものかもしれない、との思いから総務省の放送課の担当者に問い合わせても分からないとのこと。そのとき電話番号を教え、ＮＨＫに問合せしていただく、お願いをしたのです。

撮影：佐藤振壽氏、昭和12（1937）年12月15日、佐藤氏の手記より「十二月十五日 南京安全区付近で 中山北路の東側の安全区付近では、水餃子の露店が出ていた。日本兵のお客の第一号だろうか。南京へ入城した日本兵は南京市民を虐殺していたとデマがとんだが、日本兵と市民は友好関係にあった」

後日、NHKの担当理事から連絡があり「お手元にある『眞相箱』の本は、うちにも無いのですが『眞相箱』の台本を纏めたものです」と、回答を聴いていたとき、髪が逆立つような衝撃（感動）を受けたのです。『眞相箱』の台本が、『GHQ作成の情報操作書「眞相箱」の呪縛を解く』（櫻井よしこ、小学館文庫）として出版されるまでにも、いろいろなことがありましたが、本書ではここまでにします。

その後『眞相箱』の嘘を徹底的に解明する責務を「英霊」から与えられたと自覚し、南京陥落から80年目に20世紀最大の嘘「南京大虐殺」の真相を明らかにすることは、靖国の杜《もり》に眠る「英霊」の名誉回復になると確信し、「法と証拠」に基づいて精査することにしましたので、御高覧いただければ幸いです。

南京城陥落から数週間の城内の風景

南京城陥落（1937年12月13日）から数週間、日本軍は国連PKOのように歓喜をもって中国民衆から迎えられていました。

この頁から掲載する写真は、佐藤振壽氏が同12月15日から撮り続けたものですが、東京裁判の判決では「南京が占領された後、最初の二、三日の間に少なくとも一万

撮影：佐藤振壽氏、昭和12（1937）年12月15日、佐藤氏の手記より「十二月十五日　南京難民区で撮影した時、難民たちは日本人を恐れることもなく、カメラの前に立った。白布に赤い布を丸く切って、日の丸の印として、日本兵に反抗する意志のないことをあらわしていた」

二〇〇〇人の非戦闘員である中国人男女子供が無差別に殺害され、占領一カ月のあいだに約二万の強姦事件が市内に発生した。……」（朝日新聞法廷記者団著『東京裁判：下』）とあり、ここに写っている中国民衆は、写真が撮された後、皆殺しになったのでしょうか。

93頁の1枚の写真からでも、いろいろなことがうかがい知ることができます。

後ろ手の青年は、安全区に紛れ込んでいた「便衣兵」のように見えます。写真を避けるような動きは1人だけだからです。

90頁のエスピー米国南京副領事の証言に「日本軍入城前に掠奪を行い」とあり、93頁の写真にある衣料類は、掠奪品と見て間違いないでしょう。

95頁の写真は、笑っている子供と銃を見つめる厳しい顔の子供が印象的です。

日本兵が、無造作に銃を肩にかけている姿からは緊迫感が皆無です。

中国のお母さんは、「はいはい商売商売」と、ことばが聴こえてきそうな頼もしい姿は、中国女性のいまも変わらない姿が写し出されています。

南京在留の民衆は、すべて国際委員会が管理する安全区（難民区）に居留していました。

それは、1937年12月1日、馬超俊《ばちょうしゅん》南京市長が「市民は食糧及び身の回り品を持参して『安全区』に移住するように」布告をだしていたからです。

また、馬市長は、〝南京安全区国際委員会〟に「米3000トン、麦1000トン、金10万両を預託し、警察官500名を残して」市民の保護を要請していました。

※「南京安全区国際委員会」（以下：国際委員会）とは、1937年12月1日に南京に在留していた外国人（約40名）の中から15名によって設立された委員会です。

その委員長は、ドイツ・シーメンス支店長ジョン・H・D・ラーベが就任していました。ラーベは、蒋介石（中国）軍へ武器を提供していた武器商人であり、中国とは

撮影：佐藤振壽氏、昭和12（1937）年12月15日、佐藤氏の手記より「十二月十五日 南京安全区　家が無い難民は、安全区の中にバラックを造って住んでいた。入口に大きな日の丸が印象的だった」

利害関係人であり、公正に日本との交渉ができるのか、疑問のある人物だったのです。

同書記長は、金陵大学（現在・南京大学）社会学教授ルイズ・S・C・スミス博士、メンバーの内訳は米国人7名、英国人4名、ドイツ人3名、デンマーク人1名の計15名で組織されていました。

安全区は日本軍が出入口に歩哨を立て厳しく管理していた

安全区の厳格な管理について、東京裁判速記録三〇九号に「歩兵第三十六連隊長・脇坂次郎大佐が難民区内に立ち入ろうとしたが歩哨《ほしょう》にとがめられて入ることができなかった」と、脇坂大佐が東京裁判で証言しています。

安全区は、上下関係が厳格に守られていた日本軍でも、ひと度、松井石根総司令官の厳命があれば、一歩哨でも大佐の行動を拒否できる厳重な管理が行われていたのです。

前頁の「子供を抱っこしている満面笑みのお母さん」と本頁の「遊ぶ子供たち、カメラを向けられ恥ずかしそうに身体を半分隠してはにかんでいるお母さん」の写真から、日本軍に管理され平穏になった安全区の様子が伝わって来ます。

撮影：佐藤振壽氏、昭和12（1937）年12月15日、佐藤氏の手記より「十五日の南京は自宅で食事を作れない難民が多かったせいか水餃子を食べる難民が多かった」

集団的な掠奪、テロ行為、暴行等人道上許すべからざる行為は、市内至るところで行われました。はじめ南京城市民は、もしも日本軍さえ入城してくれるなら、中国軍の退却のドサクサにまぎれた暴行掠奪も終るだろう、と期待したものです。ところが彼らの希望は無残にも裏切られたのみならず、更に大なる恐怖に直面することとなったのであります。

『眞相箱台本』（4/12）

松井石根総司令官の「南京城攻略要領」は厳格を極めていた

この台本にある「集団的な掠奪、テロ行為、……市内至るところで」と、南京の実態と真逆の放送をしていたのです。この放送が事実なら、１９３７年９月22日の日本軍の南京空爆に対して、米・英・仏が抗議してきた以上の抗議があったはずですが、一切なかったのです。

実際、『眞相箱』の前に１９４５年12月９日から翌年２月10日まで10回放送された『眞相はかうだ』は、露骨な捏造史だったことから、ＮＨＫに批判の手紙が殺到したため、『眞相箱』は事実を「少し」混ぜて放送していました。

その事実とは、「もしも日本軍さえ入城してくれるな

撮影：佐藤振壽氏、昭和12（1937）年12月15日、佐藤氏の手記より「十五日の南京は自宅で食事を作れない難民が多かったせいか水餃子を食べる難民が多かった」

ら、中国軍の退却のドサクサにまぎれた暴行掠奪も終るだろう」と、エスピー米国南京副領事の証言どおりの事実をほんの少し混ぜる「洗脳政策」の常套《じょうとう》手段を使っていたのです。

この放送は、第2次アヘン戦争（アロー戦争とも。1856年）の英仏連合軍が北京に進撃し、西太后《せいたいこう》の離宮「円明園」を、跡形もなく掠奪・破壊した歴史上の事実をイメージして、台本が書かれたと思われます。

松井石根総司令官は、南京城攻略前に、戦時国際法を徹底するため、顧問として日本から同行を要請した国際法学者・斎藤良衛《りょうえ》博士に助言を求め、微細な『南京城攻略要領』を作成し発令していたのです。

南京城攻略戦では、日本軍の不利を承知で「中山陵」を戦闘経路から外したことなどは、南京攻略戦を戦った兵士の共通認識でした。

松井石根総司令官が厳命した『南京城攻略要領』は、1項から7項にわたり国際法のお手本になる注意事項が網羅されていました。

その6項と7項は、南京入城後の処置が記されていました。

六、南京入城後の処置

撮影：佐藤振壽氏、昭和12（1937）年12月15日、佐藤氏の手記より「十二月十五日　南京難民区どこかで営業用に使っていた湯沸かし機を人の多い難民区に持ち込んで、営業をはじめていた」

㈠各兵団に地域を指定して警備に任せしめ主力は城外適宜の地点に集結す
㈡入城式、合同慰霊祭、防空部隊の推進、南京警備部隊の配備等の件（以下略）

七、南京城の攻略及入城に関する注意事項

㈠南京城の攻略及入城するは有史以来の盛事にして永く竹帛《ちくはく》に垂《た》るべき事績たると世界の斉《ひと》しく注目しある大事件なるに鑑み正々堂々将来の模範たるべき心組を以て各部隊の乱入、友軍の相撃、不法行為等絶対に無からしむるを要す
㈡部隊の軍記風紀を特に厳重にし支那軍民をして皇軍の威武に敬仰帰服苟《いやしく》も名誉を棄損するが如き行為の絶無を期するを要す
㈢別に示す要因に基き外国権益特に外交機関には絶対に接近せざるは固《もと》より外交団が設定を提議し我軍に拒否せられたる中立地帯には必要の外立入を禁し所要の地点に歩硝を配置す、又城外に於ける中山陵其他革命の志士の墓及明孝陵には立入ることを禁ず
㈣入城部隊は師団長が特に選抜せるものにして予《あらかじ》め注意事項特に城内外国権益の位置等を徹底せしめ絶対に過誤なきを期し要すれば歩硝を配置す
㈤略奪行為をなし又不注意と雖《いえど》も火を失するものは厳罰に処す　軍隊と同時に多数の憲兵、補助憲兵を入城せしめ不法行為を摘発せしむ

実際、『南京城攻略要領』がいかに厳格だったかを物語る東京裁判での宣誓口供書があります。歩兵第36連隊長・脇坂次郎大佐「速記録：第三〇九号」〈私の部隊が南京へ入った直後、ある主計中尉が公用外出の途中、支那婦人靴が片足遺棄してあるのを発見し、その美麗な刺《し》繡《しゅう》を友人に見せる積りで隊へ持ち帰ったところ、之を憲兵が探知して掠奪罪の嫌疑で軍法会議に書類を送付しました〉と、当時の憲兵の厳しさが分かる供述です。

この『南京城攻略要領』が訓令され、各部隊に徹底され遵守されたことは、これまで南京城内を映しだした写

真が物語っています。

『南京城攻略要領』どおり実施された入城式

厳格さを極めた「南京城攻略要領」どおりに入城式は１９３７年12月17日に実施され、日支合同慰霊祭（１４１頁）も催行されていました。

東京裁判は、松井石根総司令官が示達した『南京城攻略要領』が不都合なのか検察側は無視したのです。

この厳格な入城式の写真を見ると、常に想うことがあります。

それは、〈松井大将が入城式に向かっていた途中、焼け跡から〝赤子〟の泣き声が聴こえると、松井大将は岡田尚秘書に「捜してこい」と命じ、救助してきた赤子を大将自ら温泉にいれ毛布にくるみ、ミルクを飲ませて育て、〝松子〟と命名して可愛がり、この入城には、岡田秘書が赤子を背負って入城していた〉（『興亜観音』創刊号）と、興亜観音の例祭でよく語られていました。

入城式は、中国人にとっても治安回復を祝うことを意味していましたので、日本軍兵士から中国人老若男女に菓子が配られ、日本軍兵士も中国人も満面笑みがこぼれています。

『支那事変写真全集』〈中・上海戦線〉（朝日新聞社、1938年3月）「南京入場式」（昭和12年〈1937〉年12月17日）

撮影：佐藤振壽氏、昭和12（1937）年12月17日、佐藤氏の手記より「十二月十七日の入場式が終わる頃、難民区では宣撫班が菓子などを配ると、大人も子どももも大勢が集まってきた」

『支那事変画報:第6集』(昭和12〈1937〉年10月23日、朝日新聞社)「保定入城の翌日は、朝からの雨で、後続の入城部隊は、あいにくの雨に全身濡れ鼠となって到着した。城内の支那市民は手製の日の丸を振りかざして、心から日本軍の入場を喜び迎えた(9月24日)」

【解説】戦後教育と朝日新聞などの反日メディアからの情報しか知らない日本人には、このような写真は信じられないでしょうが、筆者は、大東亜戦争を体験した軍人さんから、「日本軍は中国でも日の丸で歓迎された」との体験談を聞かされていました。これらは、その体験談を見事に証明できる報道写真です。

> こうした暴行事件は南京初め保定その他華北の占領都市でも見られることですが、これは明らかに日本軍将校が煽動《せんどう》して起したものであり、彼等の中には自から街頭に出て商店の略奪を指揮したものもあったといわれています。

『眞相箱台本』(5/12)

日本軍の厳格な軍紀は中国人が認めていた

ここの台本では、「暴行事件は南京初め保定その他華北の占領都市でも……」と、妄想を廻らしていますが、92頁～101頁に掲載した報道写真だけで、GHQの捏造放送が雲散霧消するでしょう。

これらの写真は、『ひと目でわかるシリーズ』の「日の丸で歓迎されていた日本軍」や「日中戦争時代の武士道精神」等から一部転載したものです。

これら写真が掲載されている戦前の「写真帖」や「写真集」は、現在、神田の古本屋街に出没している中国人に買い占められています。

懇意にしている古本屋の主人によると「10数年前、4、5000円のものが10万円くらいまで値上がり、最近はあまり入荷がなくなりました」との証言もありますので、

『アサヒグラフ』（昭和12〈1937〉年10月20日号）「雨にけぶる野道を来た2人の支那の子供に握り飯を与える本社特派員（9月26日上海北部戦線にて）」

『アサヒグラフ』（昭和12〈1937〉年10月20日号）「南苑にある日本軍相手の八百屋さんだ。一時は命からがら逃げまわった市民達も、今では平和はかえるし、金は儲かるし、このところ日本軍相手の商売人はホクホクものである（10月2日）」

いかに中国が決定的な「証拠」を恐れているか分かります。

１０２頁の写真は、ズバリ保定に入城したときの写真です。48頁の地図で確認できるように、保定は南京の北西に位置しています。

中国は南京城のような城壁に囲まれた都市が中国全土に散在しており、蔣介石軍が南京で「降伏勧告」にしたがっていたら、保定市民と同じように、日本軍を「日の丸」で歓迎していたことでしょう。

保定との違いは、極悪な敗残兵が城壁内にいなかったこと、日本軍の一挙手一投足を監視し、針小棒大なデマを撒《ま》き散らす、日本を敵対視していた外国人がいなかったことなのです。

これらの写真から解釈できることは、当時の中国で抗日運動があったにせよ、反日教育を実施されている現在の中国人より、親日的だったことが明らかでしょう。

最近、中国で制作されているテレビドラマの約半数が日本軍兵士がでてくる「抗日ドラマ」で、連日ゴールデンタイムにバカヤローなどを連呼する粗暴な「日本軍兵士」のオンパレードになっているのです。この状況を加速させているのは、日本側にも少なからず責任があります。

それは、徹底的に日本人が貶《おとし》められていても、戦前の日本人と我々は違うと自虐的に解釈し、目先の利益だけで中国に進出している経済人に問題があるのです。

現世利益だけを行動原理にしている中国人を理解させるには、急激な撤退は無理でも、これからは東南アジアやインドなどへ投資をシフトすることが、日本の安全保障上必要な政策と、経済人が理解できるか否かなのです。

掠奪と真逆の日本軍兵士の優しさ

日本軍兵士は掠奪したと、本多勝一氏も中国から提供された捏造写真（41頁）を『本多勝一集：14』（朝日新聞

『アサヒグラフ』（昭和12〈1937〉年10月13日号）「強くて優しい日本の兵隊さんは、どこへ行っても親しまれる。上海戦場のとある部落で、村童に鉄兜をかぶせて睦み合う我が兵士と支那村民（9月16日）」

『アサヒグラフ』（昭和12〈1937〉年11月10日号）「大同における普北自治政府発会式当日の市内スケッチ。一足の沓下をとりまいて、片言をあやつる皇軍兵士もあれば、それを見守る市民のう打ちとけた心からの微笑もある。北支には、すでに明朗な秋色のおとずれた事が知れるではないか（10月15日、大同にて、木村特派員撮影）」

『アサヒグラフ』（昭和12〈1937〉年11月24日号）「余りにひどい自国兵と見比らべ『アンタ、ニッポンヘイタイ　ホントアルカ』――聞いてみないとどうも合点がゆかないらしい（10月24日、京満線蔡村にて、小川特派員撮影）」

社）に掲載して、『眞相箱』の裏付けに加担していますが、この事実に批判の声を挙げるべき人々は、本多勝一集の購読者なのです。

　それら中国が提供した捏造写真を、無批判に掲載する朝日新聞社の編集者たちの知的レベルは、言論弾圧国家の中国人と同レベルなのです。

　１０３頁右、１０４頁中、１０５頁上下の写真は、中国人から買い物をしている日本軍兵士の姿ですが、兵士と中国人のあいだに「商品の掠奪」を感じさせる緊張感は一切ありません。

『アサヒグラフ』（昭和13〈1938〉年2月16日号）「皇軍の温かい庇護の下に日一日と賑やかさをとりもどして行く湖州の街（1月16日、熊崎特派員撮影）」

『支那事変画像：第12集』（昭和13〈1938〉年2月25日号）「果物を一つ、饅頭を一つ買うにしても、子供と兵隊さんとは朗らかな空気をあたりにぶちまけなければ承知しない（1月15日、湖州にて三船、宮内両特派員撮影）」

　１０６頁上の写真は、南京城陥落から1週間目の写真です。中国や反日日本人が「宗教」のように信じている「南京大虐殺」が、仮に事実であれば日々数千人が虐殺されていたクライマックスの報道写真がこれなのです。

　南京城内の広さは約40平方キロ、東京都世田谷区（約59平方キロ）の約4分3のスペースで、山手線の内側とだいたい同じ広さです。

　そして安全区は、南京城内の約10分の１（約３・８平方キロ）です。

　仮に南京城内で30万人が虐殺されていたとなると、南京の民衆は避難民地区（安全区）にいましたので、この写真が撮されている最中に「ギャー・ヒィー」とか、阿鼻叫喚の悲鳴が聴こえていた状況なのです。

１０６頁下の写真は、南京攻略戦から約1年後ですが、日本軍のトラックに水災難民が日の丸を振って群がり、食糧供給を受けています。実際、国連のＰＫＯを先取りしたことを行っていたのです。

中国での報道写真では、別に珍しくない日本軍の風景ですが、第2次世界大戦中の日本軍以外で、この写真のような報道写真をほとんど見たことがありません。

『支那事変画報：第11集』（昭和13〈1938〉年1月27日発行）「惨虐無道な支那兵に脅かされ、空と地に唸る砲弾に慄えていた避難民地区の支那良民は、日本軍入城と共にホッと蘇生の思い。その上に、食事は元より、子供にはお菓子を恵まれて大喜びの嬉しい涙で唯々「謝々」を繰返している（12月20日、林特派員撮影）」

『アサヒグラフ』（昭和13〈1938〉年9月7日号）「皇軍の救済：天を仰ぎ地に伏して慟哭した良民たちにとっては、皇軍の手厚い救済は、一滴の水、一粒の米よりも尊いものである。写真は食料を配給する宣撫班に対して、日章旗と五色旗をうち振って喜び集まる水災難民、瓦坡にて（8月16日、松本特派員撮影）」

撮影：佐藤振壽氏、昭和13（1937）年12月20日、佐藤氏の手記より「南京の二月二十日すぎになると、兵隊が新年に祝う日本酒の菰かぶの四斗樽が、下関（シャーカン）に届けられた。山積みにされた酒樽は中国兵捕虜を使って整理されていた」

日本軍の捕虜となった中国兵を集め、これを四、五十人ずつロープで縛り、束にして惨殺したのもまた日本軍将校の命令であったのです。

『眞相箱台本』（6/12）

日本軍の「捕虜」の扱いは戦時国際法を遵守していた

『眞相箱』で「南京の大虐殺」と批判され、東京裁判の多数判決でも「捕虜三万以上が武器をすてて降伏してから七十二時間のうちに虐殺された」と捏造され、戦時国際法上の「捕虜」を処刑したと、日本国民が疑心暗鬼になっていますが、日本軍は「捕虜」を処刑していません。「捕虜」になれる資格を捨てたゲリラを処刑したのです。

エスピー米国南京副領事は、本国政府へ「実際に残留せる支那兵の数は不明なれども、数千の者はその軍服を脱ぎ捨て常民の服を着て、常民に混じり市内のどこか都合よき処に隠れたるに相違なきなり」と、報告していたが「常民に混じり」とあるのは、常民はすべて安全区にいたので、中国兵は安全区で常民になりすましていたのです。

「法と証拠」で検証すると、中国兵は自ら「捕虜」になれる資格を捨てたゲリラで、国際法により処刑しても問題にならないのです。

実際、同12月16日までに安全区に紛れ込んだ「ゲリラ」を摘発処刑していましたが、ニューヨーク・タイムズ同12月18日付12面に「中国の掠奪捕虜処刑」との記事が掲載されていても、どこからも「虐殺」などとの批判は一切なかったのです。

軍人として投降した中国人は、捕虜として扱われ労働に駆り出されていたことが１０７頁の写真で確認できます。

１０８頁は捕虜になった中国軍負傷兵を治療している、日本軍兵士の優しさが伝わってきます。

問題は、中国軍兵士に「国際法」とはなにか、教育していなかった中国政府にあるのです。実際、中国は今でも国際法を無視し「偽装漁船」を使って尖閣諸島を狙《ねら》っています。

『支那事変画報：第35集』（昭和15〈1940〉年2月15日～8月10日）「我が軍の手当てを受ける捕虜（6月13日、宣昌にて、大東特派員撮影）」

南京では、同12月23日に設立した南京市自治委員会が、日本軍に協力して本格的に「便衣兵」を摘発しましたが、約２０００人は処刑されずに「捕虜」の扱いを受けていたのです。

日本軍兵士は、ポケットサイズの『陸軍刑法、陸軍懲罰令』を携行しており、軍紀（国際法）の基本は把握していたのです。その内容は厳しく**《婦女子を強姦したるときは無期又は七年以上の懲役に処す……死に到したるときは死刑又は無期懲役に処す》**などと、詳しく記載されていました。

米軍兵士は占領下だけでなく、主権回復後の8カ月間に日本女性を「暴行」（強姦）した数は、告発されただけでも「１８７８件」あったと政府を追及した藤原道子議員の発言が議事録（１９５３年2月27日官報号外）に記録されています。

１０９頁の中国軍兵士の写真は、北京ですが１１０頁の南京の捕虜たちも基本的に扱いはいっしょであり、これらの写真をあわせて見ると、日本軍の捕虜の扱いがよく分かります。

実際、南京の捕虜は約1万人で、担当者だった榊原参謀は東京裁判で「幾人かは各部隊が労務に使用し、逃亡する者も相当多数いたが、これはそのまま放置した」（「速記録」三一〇号）と、証言していました。

中国に駐在武官として16年間赴任していた松井石根大将は、便衣隊について東京裁判の過程で詳述していました。《支那の軍隊は文明諸国の正規軍隊と異なり、その素質不良なるもの多く……殊に所謂「便衣隊」又は「遊撃隊」なる不正規軍隊の使用はその常習手段にして、……巧にその武器を隠匿して軍衣を脱して民服を装い……兵備少なき部隊将兵に挑戦し、又鉄道、交通、通信機関等を破壊するなど種々の損害を我軍に与えたる例極めて多かりき。従つて我軍は之等便衣隊と一般良民とを識別すること困難にして、一般人民といへども、我に敵意を有する者は、之を支那軍戦闘員と同様に之に対処せざるべからざるを常とせり。》（「南京虐殺暴行に関する証言に対する抗議」松井石根　昭和21年8月12日記）

『支那事変画報：第16集』（昭和13〈1938〉年5月20日発行）写真上：「道路修理作業」／写真下：「熱心に日本語の勉強」
「北京の工程隊は俘虜の楽園で、かつては抗日支那軍の本拠、北京郊外西苑兵営に収容されている山西、四川、中央各軍の俘虜200名に対する自力更生の画期的試みである。彼等に与えられた各種の労働に対して1日55銭の日給が支給され、内25銭を食費に、残り30銭を全部貯蓄してやり、8カ月の収容期間後には4、50円の貯金が出来、これを旅費として帰郷させ平和な農村の生活に戻してやろうというので、目下懸命に日本語を勉強しつつ、希望に輝いて働いている。」

南京でも日給が支給され解放されていた

『支那事変画報：第32集』（昭和14〈1939〉年6月22日～7月20日発行）「南京における捕虜の解放式」
【解説】 南京では捕虜は全員殺されたことになっていましたが、実際には、1日55銭の日給を支給され、うち25銭が食費で、あとは旅費として貯金できるようになっていました。

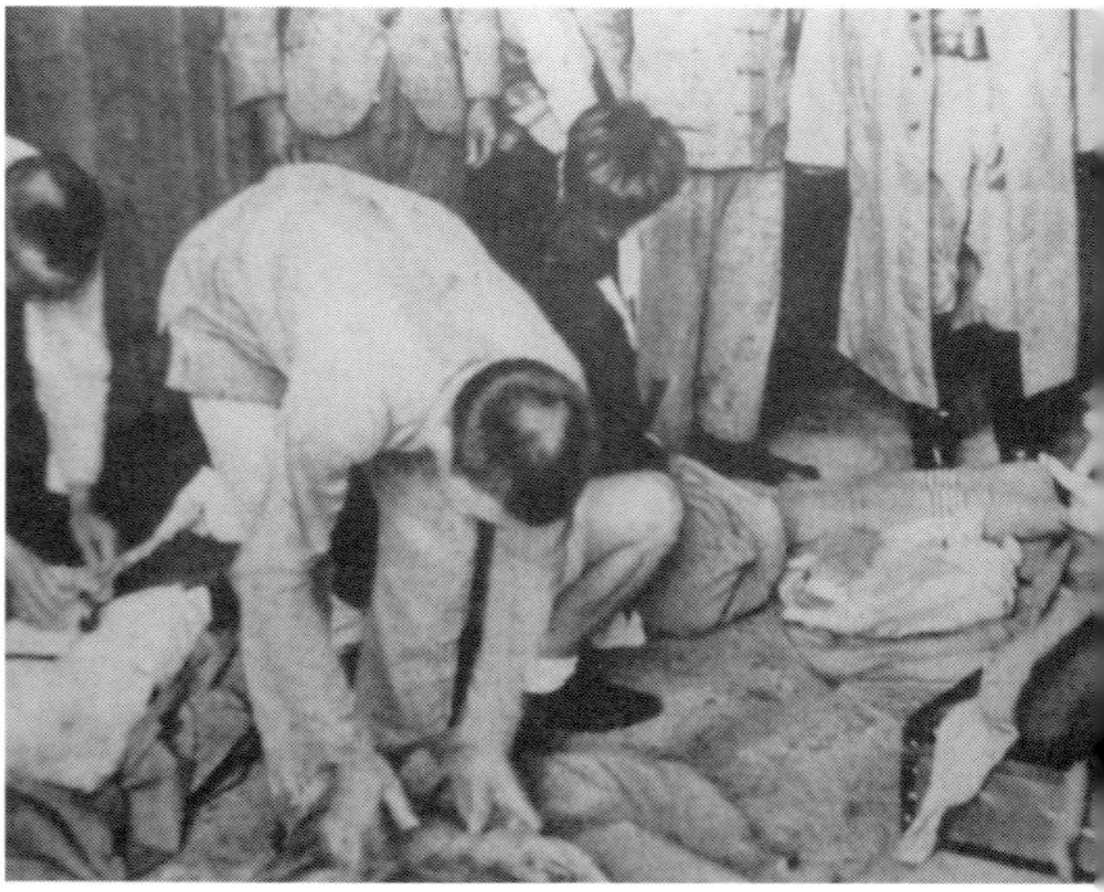

『同上』「南京：うれし、忙し、帰郷の支度。日本軍の寛大さに感激し、ニコニコ顔でなつかしの故郷へ！」
【解説】 このような捕虜の解放式は南京だけでなく、他でも同じように行っていました。また、これと同じような資料は、朝日新聞だけでなく毎日新聞にも大量にあると思われます。「百人斬り裁判」で原告側証人として2004年7月、法廷に立った佐藤振壽・元東京日日新聞（毎日新聞）カメラマンは、「私が裁判に証人として立つことが明らかになるまで、戦後一度も南京の話を聞かせてくださいと来た後輩はいない」と、不満を述べられておりました。毎日新聞は「真実」よりイデオロギーにそった記事を目指していると批判されても否定できないと思われます。

『アサヒグラフ』（昭和13〈1938〉年1月19日号）「南京中山路の一隅で兵隊さんをとりまいた支那の子供達が手を打ち声をあげて驚喜している。台の上では玩具の自動車や戦車がコロコロ走っている。童心にかえった兵隊さんも一緒になって笑い興じている。弟を愛児を遊ばせる気持ちだ！　これが南京陥落僅か1週間の12月20日の街頭状景である（林特派員撮影）」

> 日本軍兵士は、街頭や家庭の婦人を襲撃し、暴行を拒んだものは銃剣で突き殺し、老いたるは六十歳の婦人から、若きは十一歳の少女まで見逃しませんでした。

『眞相箱台本』（7/12）

『眞相箱』が戦後歴史認識の「教典」たる核心部分

ここの「台本」を読んで「あれっ？」て思われた方が、かなりいらっしゃることでしょう。

それは、39・40頁で指摘した本多勝一氏が、『中国の日本軍』で使用した写真のキャプション〈婦女子を狩り集めて連れてゆく日本兵たち。強姦や輪姦は7、8歳の幼女から、70歳を超えた老女にまで及んだ。〉と、そっくりだからです。

『眞相箱』の台本より、幼女の歳を下げ、老女の歳は10歳プラスして「教典」の歳を「盛って」いるのです。

朝日新聞が悪質なのは、１９８４年4月13日号から10月5日号まで計25回、朝日ジャーナルで『南京への道』を連載した〝南京大虐殺キャンペーン〟によって、「南京虐殺」が日本国内に定着したことを見計らって、１９８１年12月20日発行の『中国の旅』（朝日文庫）には掲載していない『中国の日本軍』で使用していた同キ

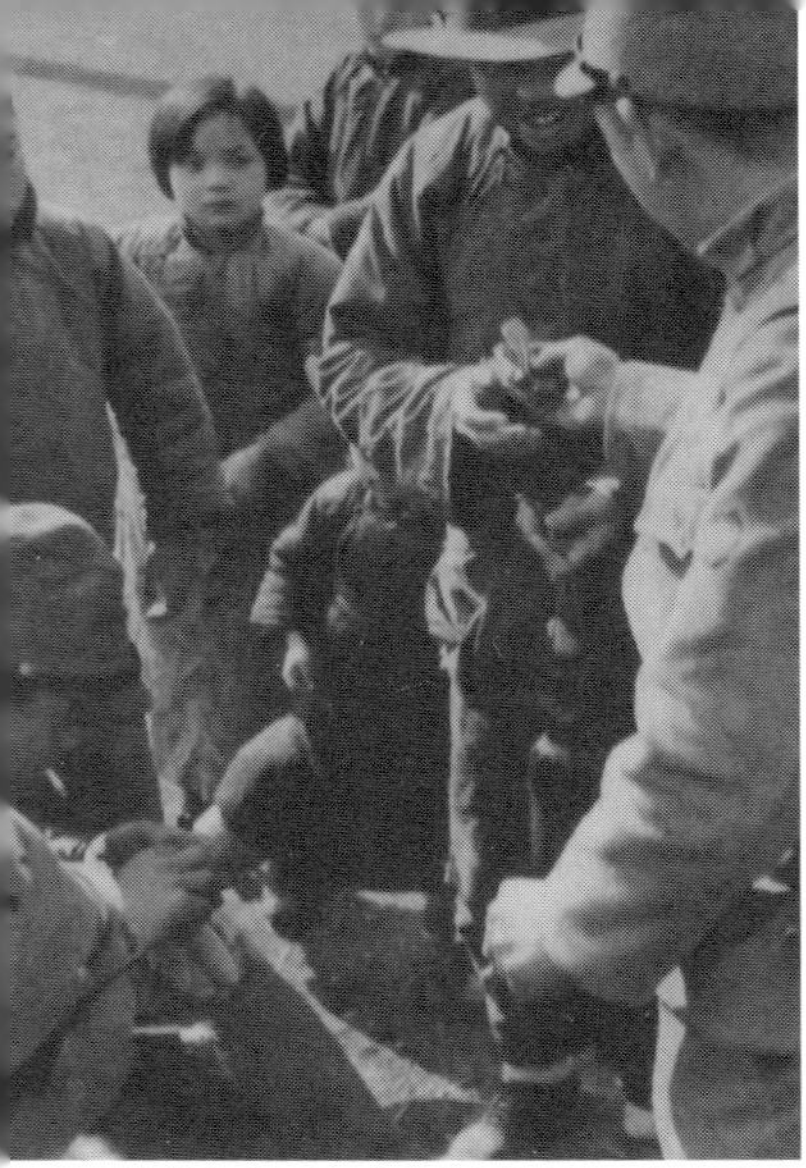

『支那事変画報：第11集』（昭和13〈1938〉年1月27日発行）「南京：敵前上陸以来、激戦また猛闘、快速また急追、夜に日をついでの戦と進撃に華かな南京入りをした快速部隊の兵隊さん達。日向ぼっこをしながら速成の支那語にも手真似足真似を加えて支那良民や子供と話をする朗らかな南京避難民区の情景（12月27日、景山特派員撮影）」

ャプションの「写真」を、1995年10月5日発行の『本多勝一集 第14巻 中国の旅』の中に、キャプションを姑《こ》息《そく》に微調整して掲載しているのです。

その微調整は〈婦女子を狩り集めて連れてゆく日本兵たち。「強姦や輪姦は7、8歳の幼女から、70歳を超えた老女にまでおよんだ」と説明されている〉と、「強姦……およんだ」をカギカッコにして、その下の関連写真に『中国の日本軍』には記載されてない（いずれも南京市提供）と、出典を明記することによって責任転嫁できるようにしているです。

この一連の姑息な「微調整」が、本多勝一氏の意思か否かは知るよしもないが、微調整した当事者は「確信犯」であり、いずれにしても版元の朝日新聞は責任を回避できないでしょう。

「街頭や家庭の婦人を襲撃」など、陥落前の中国兵の暴虐はあっても、陥落後のニューヨーク・タイムズやロンドン・タイムズには一行たりとて報道されていません。

いままでなぜ、言論の自由の無い一党独裁国家の「三流以下の物語」を、いとも簡単に信じ込まされたのか不思議でなりません。

過去の夏目漱石《そうせき》など文豪の役割が大きく影響し、日本を代表する「クオリティーペーパー」としてのブランド力のあった、朝日新聞が報道しているのだからとの思い込みが、無批判に信じ込まされた原因だったと思います。

朝日新聞は、「貴」社が発行している南京関連図書に「捏造」が明らかな「写真」や報道写真の原理原則「だれが・いつ・どこで」を充たしてない写真をすべて削除するまで、「南京」問題記事を報道する資格はありません。

実際、小中学生の知力があれば、1枚の写真だけで「南京大虐殺」などあり得ないと解釈できるのです。

共産党一党独裁国家では、歴史は政治そのもので一般市民が「自由に歴史を発表することはできない」ことを認識して、中国が言論の自由を認める国家になるまで、中国人の「主張」を無視してもなんら問題ありません。

『アサヒグラフ』（昭和13〈1938〉年1月19日号）「支那兵が南京下関を周章狼狽して退却した後の道路の乱雑さ。流石の支那住民も鼻をつまんでの大掃除です（12月22日、林特派員撮影）」

そして中国赤十字社の衛生班が、街路上の死体片付けに出動するや、我が将兵は彼等の有する木製の棺桶を奪い、それを「勝利」のかがり火の薪に使用致しました。赤十字作業夫の多数が惨殺され、その死体は今まで彼等が取片づけていた死体の山に投げ上げられました。また市内のある発電所では、日本軍により技師五十四名が殺害されました。その後クリスマス当日には、日本軍当局は彼等の捜査に取りかかりましたが、それは発電所の復興に彼等の必要を感じたからでありました。

『眞相箱台本』（8/12）

南京にあった もう一つの「安全区」（避難民区）

ここの「台本」で事実なのは、発電所の復旧に日本軍が取り組んでいたことだけです。

中国赤十字社に関しては、日本軍は中国赤十字社（世界紅卍字会南京分会）から感謝状までいただいていました。もちろん本来の「感謝状」ですので、ご安心ください。

88頁のゴミの山の写真を見ると明らかですが、南京市内の街路は、逃げまどう敗残兵が投げ捨てた軍装品や乗り捨てた軍用車両が道路に溢《あふ》れていました。

蒋介石が日記で嘆いていた中国軍の不法行為ですが、そもそも中国のことわざに「良鉄は釘《くぎ》にならず、良民は兵ならず」とあるとおり、指揮官がいなくなった軍隊は盗賊の集団にもどっていたのです。

ましてや馬南京市長も、国際委員会に食糧などを託し、同12月8日に南京から遁走《とんそう》しています。現場責任者が事の顛末《てんまつ》を見届けるのが日本スタイルで、中国や韓国（乗客を置き去りにしたセウォル号事件）は違うようです。

前述したようにニューヨーク・タイムズのダーディン記者は「……下関付近で遺棄された軍装品の量はおびただしいものだった」と記事にしていましたが、南京城陥落から1週間後の、113頁の写真からは正月を控えて黙々と下関地域を清掃している中国人の心情が伝わってきます。

世界紅卍字会平和街会長陳漢森の受領証

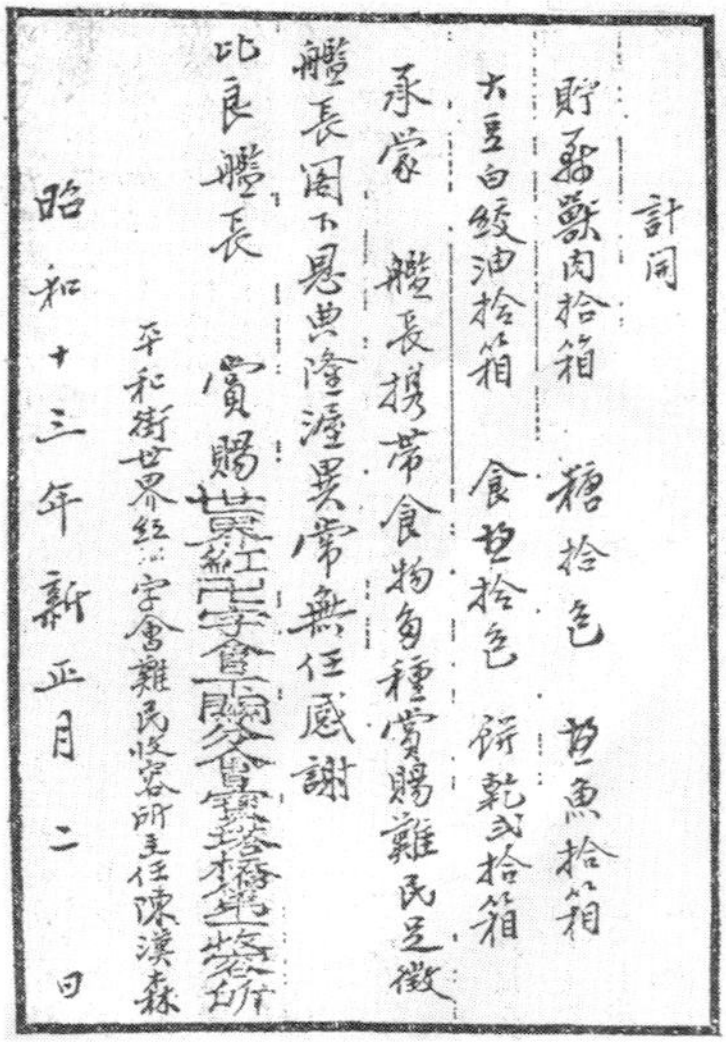
計開
貯[illegible]肉拾箱　糖拾包　塩魚拾箱
大豆白绞油拾箱　食塩拾包　餅乾弐拾箱
承蒙
艦長携帯食物多種賞賜難民足徴
艦長閣下恩典隆渥異常無任感謝
比良艦長　賞賜
平和街世界紅卍字会難民收容所主任陳漢森
昭和十三年新正月二日

【土井申二・比良艦長宛の受領書】（昭和13〈1938〉年1月2日：平和街世界紅卍字会難民収容所主任陳漢森）

下関から北約1・8キロの中興碼頭にあった保国寺には、南京城に入れなかった避難民6～7000人が蝟集《いしゅう》していました。

その地域は、中国軍の軍需品の集積地もあり、敗残兵が隠れるにも適した場所だったことから、同12月14日、下関下流に碇泊していた比良艦長・土井申二中佐が該地区の整備を担当することになり、橋を改修し難民たちには食糧と被服等を供給し、敗残兵の跳梁《ちょうりょう》を取り締まって、この地域を「平和街」と命名していました。

比良は途中業務で上海に戻ったとき、土井艦長は艦隊司令部に出頭し、「平和街」の窮状を訴え、司令部は土井艦長の求めに応じて食糧等を拠出していたのです。

それを比良に積み込んで、南京に帰ってきたのが、1938年1月元旦だったのです。

114頁の資料は、中国赤十字（世界紅卍字会南京分会会長）会長・陳漢森署名の受領書です。

115頁の資料は、後日、手交された感謝状です。

この「感謝状」をだした陳漢森・世界紅卍字会南京分会会長は、東京裁判で真逆の証言はしませんでしたが、この「台本」に沿ったことを許伝音世界紅卍字会南京分会副会長が、「台本」を裏付ける証言をしました。

〈南京を占領しました日本軍は非常に野蛮でありまして、人を見当り次第射撃したのであります。例えば街を歩いている者、若しくはそこ等に立って居る者、若しくは戸の隙間《すきま》から覗《のぞ》いて居る者も悉《ことごと》く射ったのであります。……私は屍体が到る処に横たわって居るのを見ましたが、其の中の或る者は酷く斬り刻んであったのであります。……私は日本兵が現にさう云う行為を行って居る所を目撃したのであります。或る主な大通りの所で私は其の屍体を数え始めたのでありますが、其の両側に於いて約五百の屍体を数へました時に、もうこれ以上数えても仕方がないと思って止めた程であります〉（裁判速記録：第35号）

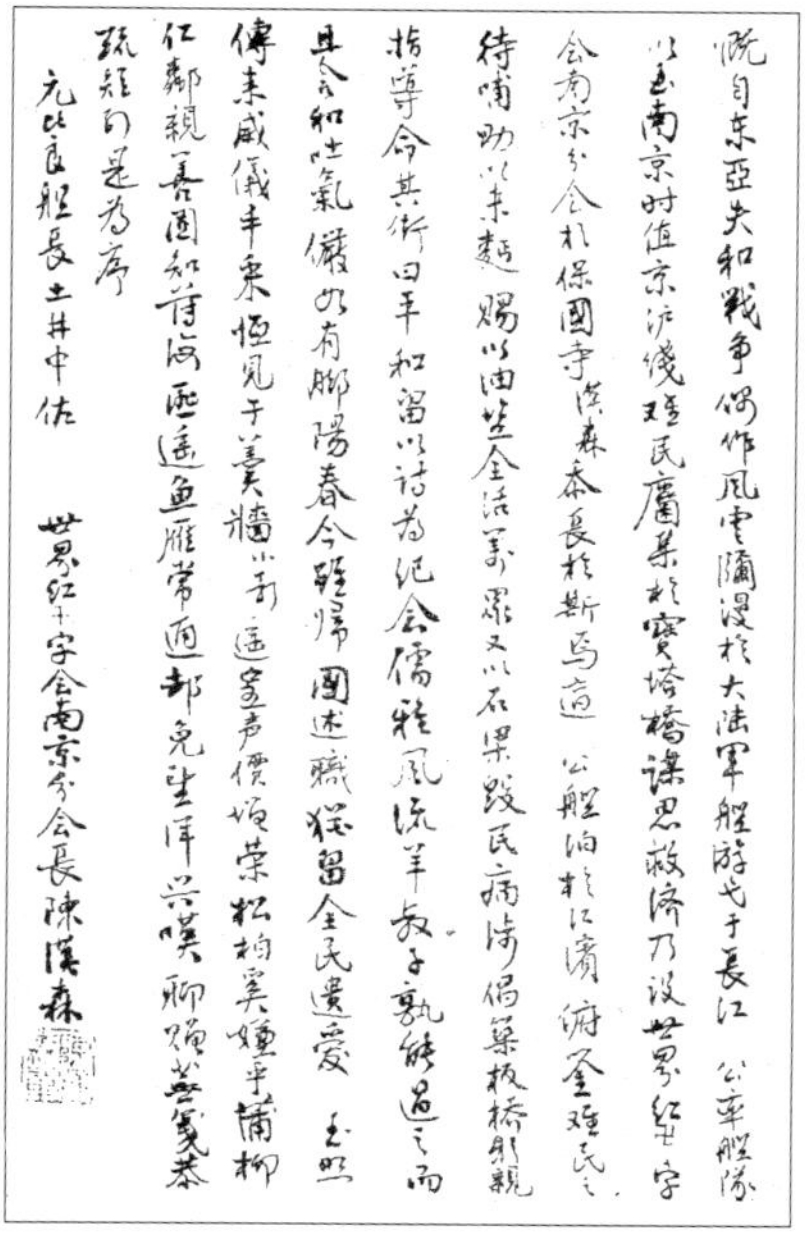

陳　漢森よりの書簡

東アジアにおいて、戦火を交える時より、戦争の風雲が大陸に覆われており、軍艦が揚子江を遊弋《ゆうよく》している現今のご時世の中、閣下は艦隊を率いて南京に到着されました。この時期に当たり、南京、上海の難民が大勢集まってまいりました。これら難民救済のために、世界赤十字南京分会が保国寺に設立されて、私は恥ずかしながら、その責任者に任せられました。閣下の軍艦は江浜府に停泊する際、閣下は民衆が飢えている状況を察され、小麦粉と食用油を賜り、大勢の民衆の命をお助けになりました。また、道路の整備と橋掛けを命ぜられ、且《か》つ自らご指導に当たられました。そして、その町名を平和と名づけられたと同時に、詩を詠じ、それを以って記念とされました。誌意は和やかで、まるで陽春を迎えたかのごとく感ぜられます。現在、閣下は間もなく帰国され、職務報告をされるが、なおご自身の写真を私どもにお贈りになりました。お写真を壁に掲げて、いつも御威容を拝見致しますと同時に、近隣である日中両国の親善を祈願したいと存じております。もとより日中両国を隔てる海はそれほど広からず、魚や雁などはいつも往来しているにもかかわらず、残念ながら、私は海を越えて、お伺いすることができず、海を眺めて嘆くしかありません。そこで、この粗末な文を贈り、記念とさせていただきます。

世界赤十字会南京分会長　陳　漢森

元比良艦長土井中佐

『アサヒグラフ』(昭和13〈1938〉年1月19日号)「南京陥落後早くも1週間、皇軍の博愛同仁の暖かい手は、避難民地区で疾病に悩む支那民衆の上に差し伸べられ、衛生班の親切な施療に依って、数カ月来の戦火と病魔の苦患から救われた彼等は、涙を流し手を合わせて皇軍に感謝した(12月20日、林特派員撮影)」

> その日の午後、数名の者が市内の某病院に同行されました。それは一度試し斬りした上、早速手当を加えるためだったのです。これらの人々は二人ずつ背中合わせに縛られ、我が教官が銃剣で突くには何処が一番効果的であるかを実物教授する間、じっと座っておるよう命ぜられました。だがその多くは、負傷のために縛目を解かれる前に絶命していました。

『眞相箱台本』(9/12)

日本の医療班は中国軍民を救済していた

戦後の「南京」問題は、『眞相箱』の「台本」の内容を「盛りに盛って」拡散されたことは、ここまでで十分理解されたことでしょう。

中国や朝日新聞が、行ってきた「南京大虐殺キャンペーン」には、近代法治国家の法廷で証拠採用される客観的な「一次資料」は皆無です。

それでは、ここの「台本」の嘘を打ち消す決定的な証拠として、当時のニューヨーク・タイムズの記事を転載します。

《宣教師であるジョン・マギー師が外国人の委員会の先頭に立って、籠城《ろうじょう》中に負傷した多数の中国兵の看護をするのに英雄的な努力をした。……病院はあるにはあった

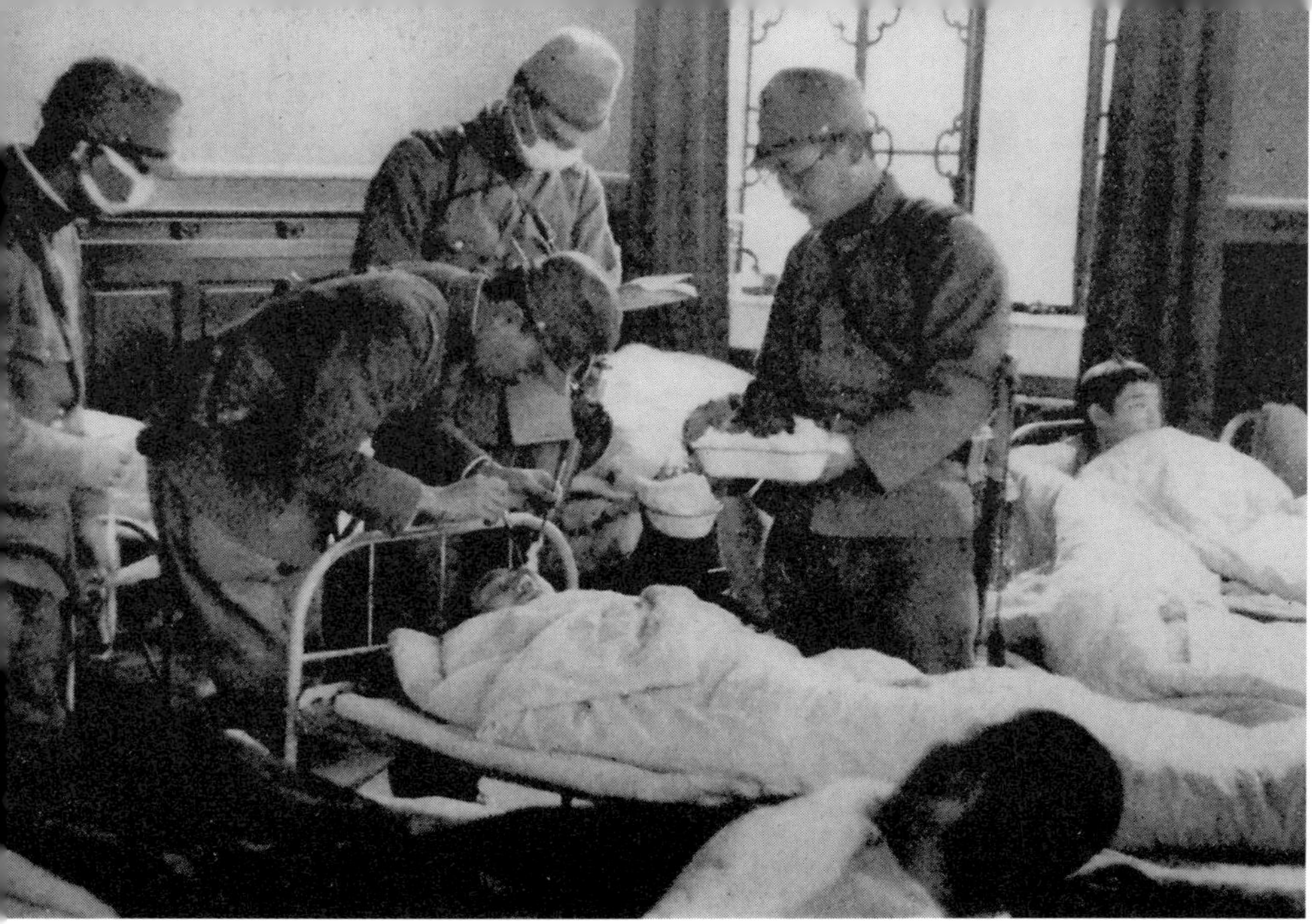

『支那事変画報：第11集』（昭和13〈1938〉年1月27日発行）「南京：暴虐部類な抗日支那軍ながら、傷つけば、皇軍が敵をも隔てぬ同仁の慈翼に抱かれ、ここ南京外交部跡の野戦病院に我が衛生隊の手厚い看護を受けつつ、明け暮れ悔恨と感謝の涙に咽んでいる支那負傷兵（12月20日、林特派員撮影）」

が、医師と看護婦の数はどうにもならないほど不足しており、病院の多くは一部の師団の人員にのみ開放されていた。実際に攻略がおこなわれた間中、マギー師の委員会は市内の医療材料を現に開かれている病院のために整理し、負傷者をこれらの病院に輸送するのに努力を傾けた。病院はおびただしい数の傷病兵をとうていさばききれず、籠城戦の間、市内の街路のいたるところに中国人負傷者の見られたのが、全体の悲劇的な様相をもっとも凄惨《せいさん》なものにしていた。負傷した男たちが不自由な足を引いて歩きまわり、身をひきずるようにして小路を歩いており、メインストリートでは何百人となく死んでいった。……**日本軍が市を占領すると、戦傷者救護委員会はただちに国際赤十字の支部として再編され外交部の建物内にあった中国陸軍病院を接収した。配置できる輸送手段はすべて市内全域に派遣されて、負傷した中国兵を運びこんできた。**市内にとどまっていた中国人医師と看護婦が集められて、この病院で仕事をすることになった。最初、日本軍はこの病院の活動を自由にさせていたが、十二月十五日水曜日の朝になると、外国人の立ち入りを阻止し、入院中であった五〇〇人の中国兵の運命については何らの言明もおこなわなかった》（太字著者『ニューヨーク・タイムズ』1938年1月9日：『南京戦史』偕行社）

『支那事変画報：第17集』（昭和13〈1938〉年6月5日発行）「南京：一人残らず悪疫から予防してやろうという親心から、街頭に張り出された種痘施設のポスターと、これを見入る支那良民や苦力達（5月1日　岡特派員撮影）」

と、報道していました。

記事では、**「配置できる輸送手段はすべて市内全域に派遣されて、負傷した中国兵を運びこんできた」**と、日本軍が中国軍負傷兵を救済していたことが記載され、また、日本軍が接収した後の**「五〇〇人の中国兵の運命」**がどうなったのか心配していたことを記しています。

それら中国軍負傷兵は、同12月20日に同じ病院内で、日本軍医療班から献身的な治療を施されていた「動かぬ証拠」の写真が「１１７頁」の写真です。

１１８頁の写真は、中国で医療の慈善事業を行っていた「同仁医院」のポスターです。同医院は１９２４年以降、北京、漢口、済南、青島にも医院を設置していました。

このポスターは、日本政府の要請に基づき、占領地域に医療班を派遣して、中国住民を無料で防疫治療を行っていたときのものです。

１１６頁～１１９頁の写真は、すべて南京で治療にあたっていた日本軍衛生兵と日本民間医療班の写真です。

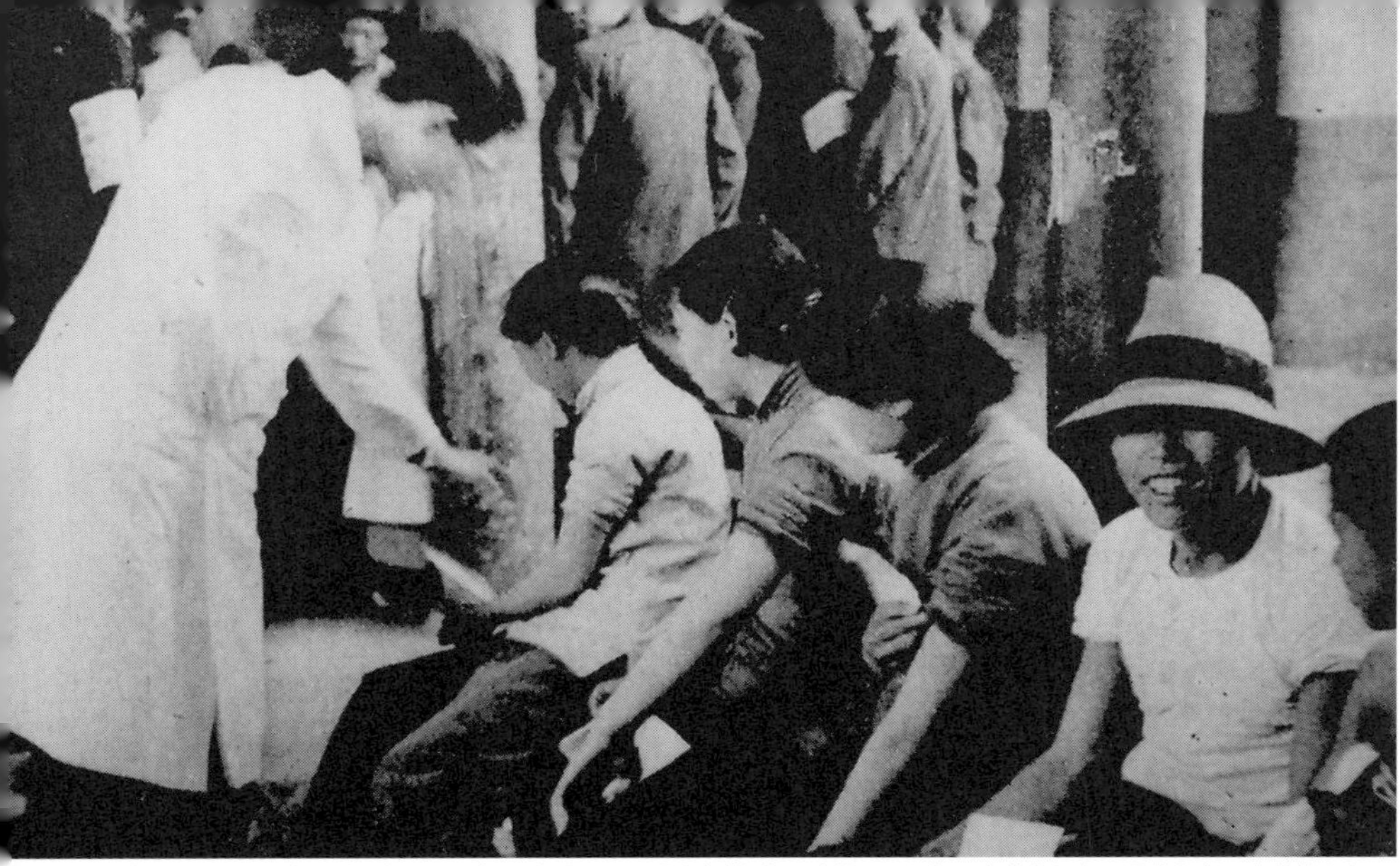

『支那事変画報:第17集』(昭和13〈1938〉年6月5日発行)「南京:お主婦さんも来れば、苦力も来る、子供も来れば、姑娘も来る。施療者の一番多い第一区公署などでは少ない日で3000人、少し多い日は5000人を越すという、全く戦争そのままの忙しさ。医員も看護婦さんも毎日汗だくだく。みんな右腕に注射、左腕に種痘をしてもらって「謝々、謝々」と喜んで帰る。戦争に強いばかりが日本人ではない(5月1日、岡特派員撮影)」

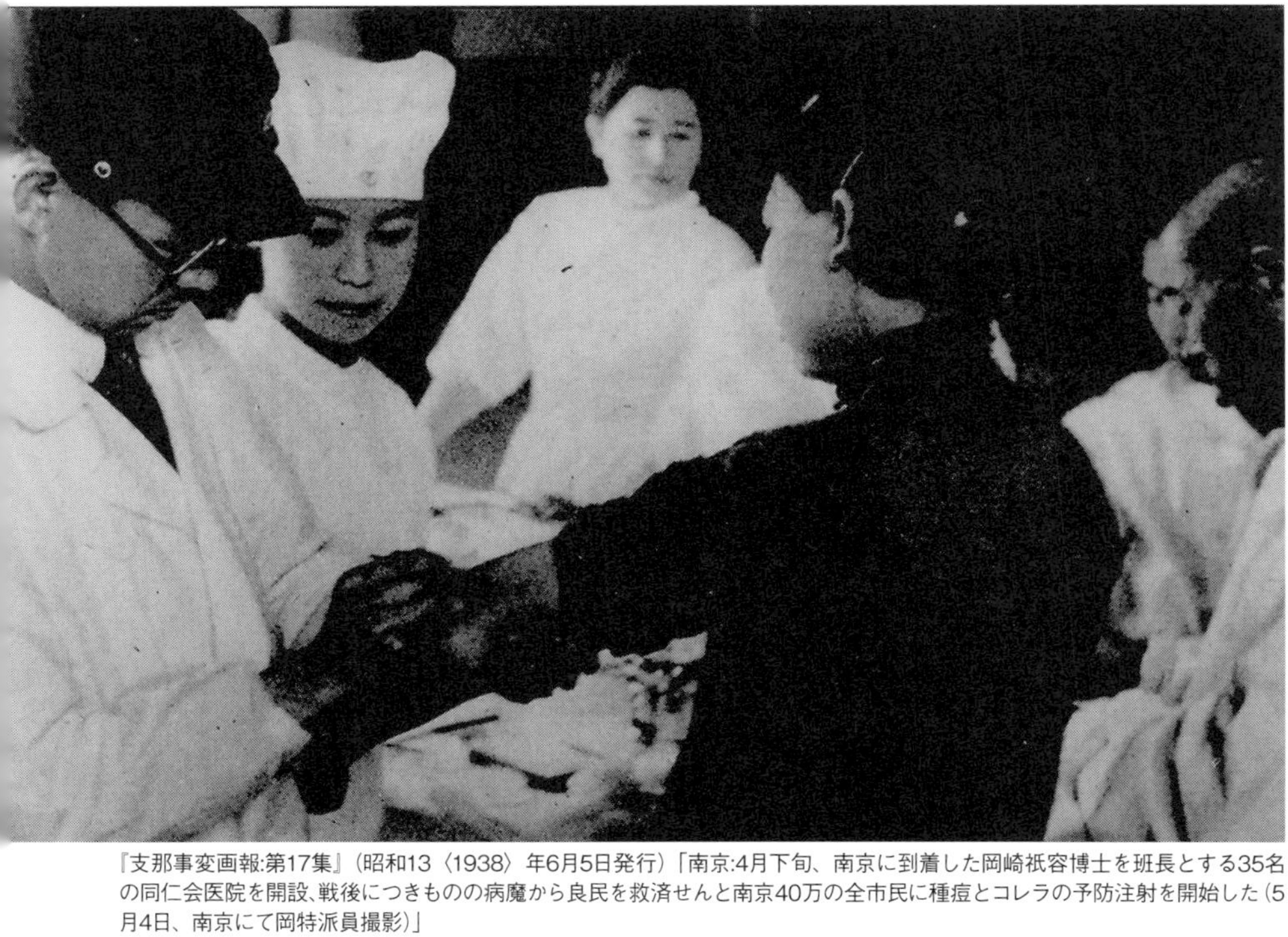

『支那事変画報:第17集』(昭和13〈1938〉年6月5日発行)「南京:4月下旬、南京に到着した岡崎祇容博士を班長とする35名の同仁会医院を開設、戦後につきものの病魔から良民を救済せんと南京40万の全市民に種痘とコレラの予防注射を開始した(5月4日、南京にて岡特派員撮影)」

『アサヒグラフ』（昭和13〈1938〉年1月12日号）「蒔いたとて刈ったとて、飽くことなき貪欲な支那兵に徴発掠奪されていた、誰に訴えようもない支那農民の生活であった。いま皇軍の南京入城によって、冬とは言え、彼らには『世紀の春』が訪れたのである。蘇った南京城外の田園詩である（1937年12月17日、河村特派員撮影）」

【解説】反日「学者」の中には、南京城内での「大虐殺の嘘」がバレてから、「城外で実行された」などと言い訳している者がいますが、実際には、蔣介石軍は遁走していて、戦闘するにも中国兵がいなかったので、中国人が安心して野良作業をしていたのです。

このような大規模な暴行は終始間断なく行われましたが、その間空からは日本軍飛行機が次のように書いた宣伝ビラを撒《ま》いていました。即ち、『中国に復帰するすべての善良なる中国人に対し、我が軍は食物並に衣類を給与すべし。支那国民が憎むべき蒋介石軍の圧制を脱し、我が親愛なる隣邦国民となることこそ、これ我が国の希望に外ならず』と。

こうした宣伝によりこのビラの撒かれたその日のうちに、数千人の中国人がその一時的な避難先から、続々として戦火に破壊された我が家へ帰ったのです。しかもその翌朝、日本軍は恐るべき暴行を敢えて行いました。

『眞相箱台本』（10/12）

『眞相箱』で「真相」が放送されていた

ＧＨＱは、『眞相はかうだ』で「嘘」だけを放送し、国民に反感を抱かせ逆効果になったことから、『眞相箱』では事実を混ぜていましたが、ここの「台本」の中での「嘘」は、最初と最後の「暴行」部分のくだりだけです。

この１２０頁、１９３７年12月17日の南京城外の写真は、重要ですので目に焼き付けておいてください。それは、現在、中国政府は公式見解として「南京大虐殺」は、

『アサヒグラフ』（昭和13〈1938〉年1月12日号）「平和息吹き蘇った南京城内の街頭風景。道路を家の延長と心得ている彼らは、皇軍の庇護の下に、彼らの生活をとりもどしたのである（12月17日、河村特派員撮影）」
【解説】 この写真は、中国や反日日本人が「南京城内で大虐殺の最中」と言いつのっているときの1937年12月17日の写真です。南京城内において、この安心しきった中国人を見ても、「大虐殺」が実行されていたなどというのは、笑い話のたぐいの妄想なのです。

同12月13日の南京城陥落後から6週間にわたって城内で「30万人が虐殺」されたと喧伝《けんでん》しています。

しかし、本書が話題になり、10万部を超えるようなことになると世論が動きだし、中国や反日日本人は、かならず「南京大虐殺」は城外を含めた「数」とすり替えてきます。

そのとき南京城外では、日常を取り戻し長閑《のどか》に野良仕事に精をだしていた証拠の写真になります。

読者諸賢の皆さんは、これだけ「証拠」写真があるのに、どうして解決しないのか不思議でしょうが、「南京問題」が解決すると中国だけでなく米国も困ることがあるのです。

実際、「南京大虐殺」を捏造した脚本『眞相箱』は、米国がつくり、それを演じた舞台が「東京裁判法廷」だったのです。

東京裁判の法廷は、戦時中、大本営陸軍部・陸軍省・参謀本部が置かれ、同裁判終了後は、陸上自衛隊東部方面総監部として使われていました。

１９７０年11月25日、三島由紀夫氏が切腹自殺したときの建物が、その東京裁判の法廷であり、現在、市ケ谷記念館として一般公開されています。

三島由紀夫氏が自衛隊員に檄《げき》を飛ばしていたところは、

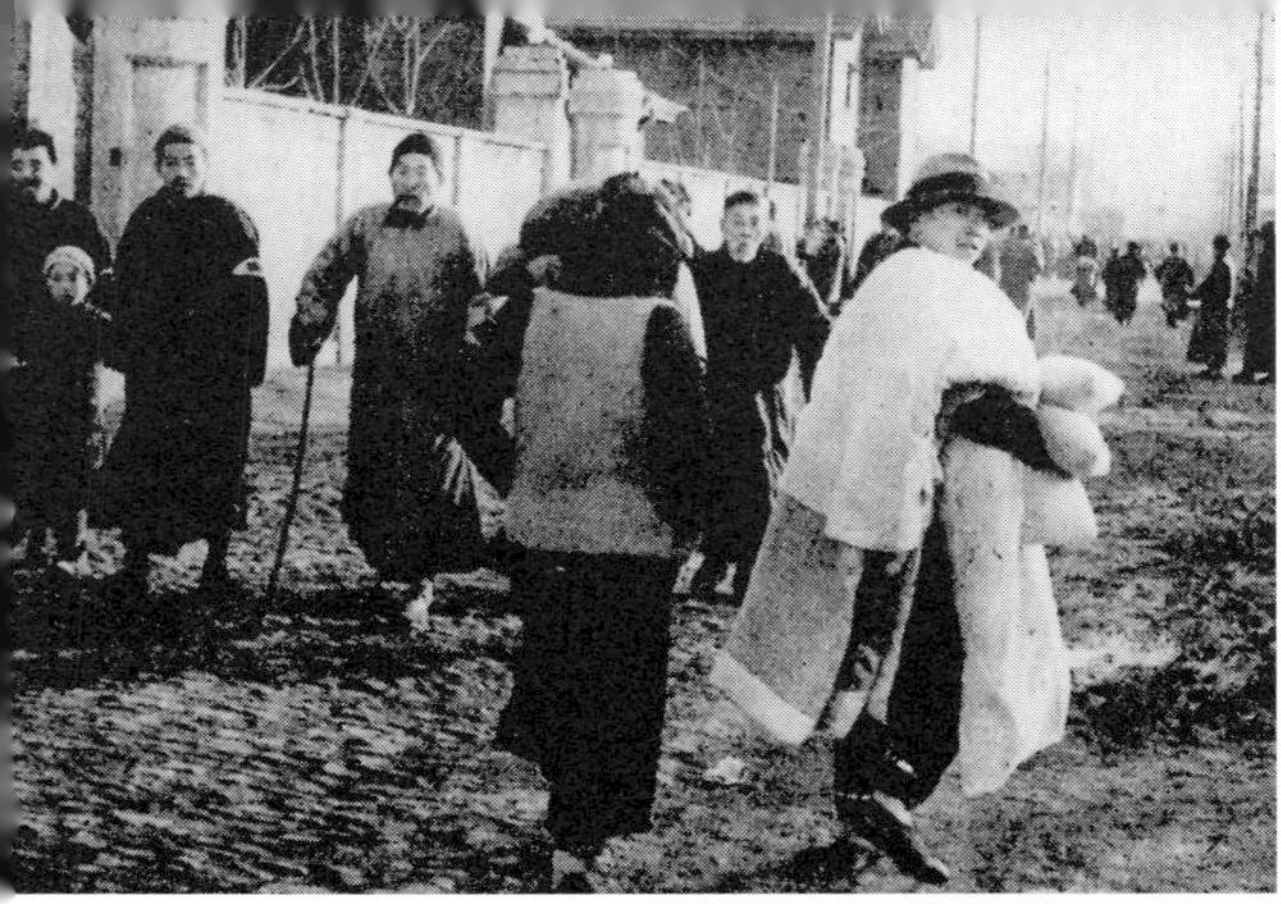

『アサヒグラフ』（昭和13〈1938〉年1月19日号）「南京：掠奪と砲火に怯えた南京避難民区域も皇軍入城と共にパッと春を取り戻してニコニコイソイソと道一杯の人通り（12月27日　影山特派員撮影）」

『アサヒグラフ』（昭和13〈1938〉年1月12日号）「南京：上海、蘇州を攻略したかと思う間にたちまち南京を占領してしまった日本軍の神速さは、支那民衆には一つの奇蹟とさえ映じた。そして今、平和に還った南京城内の街頭で日本兵が、いつも笑いかけて来るのを見ると、彼等には、またそれが第二の驚異だった。あの強い日本兵がこんなにも優しいのか？　最初は恐れ疑った、しかし今では慕っている。（右）写真は2枚とも南京街頭に見る朗らか日支親善風景である（12月17日津村特派員撮影）」

東部方面総監室のバルコニーだったのですが、総監室の柱には、いまでも三島由紀夫氏が振り回したときについた刀傷が刻まれています。

　三島由紀夫氏の真情は、「東京裁判史観」の粉砕だったように思えてなりません。東京裁判での〝目玉〟は「南京虐殺事件」でしたので、本書を三島由紀夫氏に捧《ささ》げます。

「南京虐殺事件」は、先に脚本（眞相箱）があり、その舞台監督がマッカーサー総司令官で、ポツダム宣言を出した米国、英国、中国の代表者が主役を演じていたのです。

　その中華民国代表・梅汝璈《ばいじょこう》判事は、東京裁判終了後、中華民国の台北に戻るのではなく中国共産党の北京に行ったのです。

　中国が20世紀最大の嘘「南京大虐殺」を声高に叫んでいる裏には、米国に対する無言の恫喝《どうかつ》があるのです。

　それは、「日中間の歴史問題に口を挟むと東京裁判で米国が『南京虐殺事件』を捏造したことをバラすぞ……」と、「無言」で脅しているのです。

活気を取り戻していた南京城内

ここの台本にある「宣伝ビラ」の効果は、１２２頁の３枚の写真を見ると一目瞭然です。

繰り返しますが、南京城内で民衆が生活していた安全区（３・８平方キロ）は、一辺２キロにも充たない正方形の中と想定すると、激しく「虐殺」が行われていたと中国が言っている１週間は１９３７年12月13日から同12月20日までの間です。そんな狭い所で数千人でなくとも数百人殺害されただけでも、「悲鳴」が聴こえて中国人はパニック状態になっていたでしょう。

１２２頁上の写真は、「ビラが撒かれたその日のうちに、数千人の中国人が……」の実際の風景です。この写真は、南京城陥落から２週間後ですが、城内の住民の視線が、寝具を担いで移動している者に注がれ「どこから来たのかなぁ……」と、問いかけているように見えます。

南京城陥落は、中国に平穏無事な日常回帰のシグナルにもなり、南京以外の東南の杭州、北東の天津、北西の保定でも中国良民と日本軍の交流は自然な光景になっていたのです。これは、まさに「国連ＰＫＯ」を先取りした姿です。

１２３頁の写真に写っているポスターの『和《わ》氣《き》靉々《あいあい》之《の》提携《ていけい》 東亜《とうあ》和平《わへい》之《の》基《き》礎《そ》』に見いっている市民の後ろ姿から、ポスターにたいしての嫌悪感は感じられません。

『アサヒグラフ』（昭和13〈1938〉年1月26日号）「杭州市内で和平ポスターに見入る支那市民。この絵の通りの情景は入城以来、毎日、市内至る処で見られているのである（1月5日、小島特派員撮影）」

筆者の中国の友人は、「文化大革命のとき、父親が三角帽子を被され、首から『反ブルジョア』の看板をぶら下げられて、街路を行進させられているのを歩道から見ました。父親から戦時中の日本軍は優しかったと聞いて、私は日本に留学してきました」と、語っていたことが、これら一連の写真でよく分かります。

『アサヒグラフ』（昭和13〈1938〉年1月12日号）「天津：『おい坊や、もう十三寝るとお正月だぞ』『日本、お正月早いアルナ』『早かァない、一月一日がお正月さ』『シナお正月マダマダ遠いアルヨ』『そうだなァ』『お正月何して遊ブアルカ』『凧あげ、羽子付、カルタ、双六、面白いぞ』『坊やと一緒に遊ぼうぜ』『嬉しいアルナ、早くお正月来るヨロシ』。旗のみのお正月飾りの下で童心にかえって支那の子供と共にお正月を待ち遠しがる兵隊さん達（12月18日、大東特派員撮影）」

『アサヒグラフ』（昭和13〈1938〉年1月26日号）「兵隊さんは子供がお好き、保定守備の兵隊さん達はすぐ子供達と仲良しになって、抱いたり遊んだり、唱歌を歌ったり、童謡を唄ったり、そして時にはおしめの陰で赤ん坊を抱いて唄う陣中子守歌を（青井特派員撮影）」

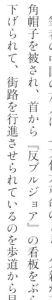

大晦日《おおみそか》の夜には、我が軍部は避難民宿舎の中国人首脳部を呼び出し、いわゆる住民の「発意」による祝典を翌日行うべきことを申渡し、避難民達にすぐさま祝賀行列用の日章旗を作れと厳命致しました。当時日本大使館員はこれを説明して、日本国民はニュース映画によって、こうした日本軍の歓迎振りを見るならば、必ずや大なる満足を覚えるであろうと暴言したものです。

『眞相箱台本』（11/12）

『アサヒグラフ』（昭和13〈1938〉年1月19日号）「南京：南京には12月23日、五色旗を奉ずる南京地方自治委員会が成立し、国民政府にも市政府前にも兵隊さんによって門松がたてられた（12月26日、影山特派員）」

【解説】南京で正月を迎えた日本兵は、国内にいたときと同じように正月飾りをつくっていました。この頃になると凶悪な敗残兵は、国際法に則り「処断」が行われ、南京城内は平和がよみがえっていました。戦時中、日本兵は中国だけでなく、ビルマ（ミャンマー）やインドネシアなどでも正月飾りや鯉のぼりを揚げたり、戦場で寸暇を惜しんで伝統的な行事を行っていました。これは中国人や米国人には理解できないことですが、伝統行事は「祓え給え、清め給え、神（かむ）ながら守り給え、幸（さきわ）え給え」の神道の霊力に結びついているものが多く、それを前にして不浄な「虐殺」などするわけがないのです。

※南京基礎知識：南京攻略戦を取材した国内外のメディア

朝日新聞（80余名）・毎日新聞（70余名）・読売新聞・東京新聞・NHK・同盟通信。その他、西日本新聞や福島民報などの地方紙。海外紙；ニューヨーク・タイムズ、ロンドン・タイムズなど

『支那事変画報：第11集』（昭和13〈1938〉年1月27日発行）「南京：去る12月23日、南京残留20万の市民によって生れ出た南京市自治委員会は昭和13年の目出度い元旦を期して、南京の中心、鼓楼で発会式を挙げた。日の丸と五色旗を持って鼓楼へ集った市民約3万、南京未曾有の盛観裡に午後2時、孫副委員長は開会の辞を述べ、全員起立敬礼の中に五色旗が掲揚されて、晴れ渡った元旦、青空に飜り、期せずして起る万歳の声は紫金山を揺がすばかり。次いで会長陶錫山氏によって趣意書と宣伝文が朗読され、現地我が陸海軍の祝辞後、自治委員会の万歳を三唱して午後3時式を終った。写真は鼓楼へ詰めかける良民（1月1日、影山特派員撮影）」

「日の丸」と「五色旗」が翻っていたのは南京だけではない

ここの台本部分をラジオで聴かされ日本人は、当時、インターネットもテレビも無い時代ですから、一瞬判断がつかなかったと思われます。

南京城陥落とほぼ同時に北京や天津で「五色旗」といっしょに「日の丸」が振られ、46頁上の日の丸に混じって振られていた「歓迎」の旗は、このラジオ放送では説明不可能なのです。実際、大東亜戦争中、中国だけでなく東南アジア諸国で「日の丸」が振られていた光景に興味のある方は、『ひと目でわかる「日の丸で歓迎されていた」日本軍』（PHP研究所）を参照してください。

ここの台本を書いた米国人は、1945年9月以降、GHQが「日の丸」の掲揚を禁止し、1949年の正月から「日の丸の国内無制限掲揚の自由」を認めるまでのあいだ、GHQが特別認めた憲法発布の日とか施行の日だけを許可していたことで考えついた台本と分かります。

1946年1月25日号の『アサヒグラフ』には、米・英・ソの旗だけが飾られている浅草商店街の写真が掲載されています（『ひと目でわかる「GHQの日本人洗脳計画」の真実』11頁参照）。

南京市自治委員会発会式

『アサヒグラフ』(昭和13〈1938〉年1月26日号)「南京:12月23日、抗日の首都南京に成立した南京市自治委員会は、1月1日を期して厳粛なる発会式を挙行、城壁上に立った陶錫山会長は、城壁下に集う民衆に対して宣言を朗読、ここに敵の首都は更生へのスタートを切ったのである」

朝日關係八十餘名、大每關係七十餘名、これだけの人員を戰地に動かせば、白川朝日支局長、田知花大每支局長は、第二流新聞の社長格だ。しかし人物からでは、白川君の方がずつと上だと、上海雀がさへづつてゐる。朝日では吉田英治君、面倒な庶務の仕事を引受けて、いゝ女房ぶりを發揮、水も洩さぬ陣營を張つてゐるが、大每には金子君（東日）が編輯局長で、これまた老練なタクトを振るのだつた。大每・東日では、北支を大每系、上海を東日系で守る。

ビツグ・スリー中、讀賣は最も手兵が少い

『文藝春秋』〈南京へ!! 南京へ!!〉（昭和13〈1938〉年1月号）

林芙美子女史
南京一番乗り
日本一色の上海新風景

【上海本社特電】（五日發）明朗新年を祝ふ上海新風景もぐつと落つきを見せて街頭からは酒の氣が去つた、正月三ケ日共同租界に咲いたエピソードが話題の中心になつてゐる

元旦の

夜共同租界の支那料理店新雅とか味雅とかいふところに納まつて祝杯を擧げた日本人が幾組かあつた、飲むほどに醉ふほどに年は寅年みなトラになつて勇壯なところを見せる、これを見た支那人「日本人は酒を飲むとえらい意氣を見せるこれでこそ戰爭に强い筈だ」といつたといふ、然し支那人の醉ひどれはたゞの一人も發見出來ない、これは何も今年の正月からはじまつた現象ではないが

支那の

不思議の一つだ、女流作家林芙美子さんがやつて來た、廿九日夜上陸第一歩を川向ふのダンスホール、リツトル・クラブに脊の低い某君と現れ大いに踊つたものだ、女史は卅日にトラツクで南京入りを企て廿四時間目に南京の土を踏んで三日トラツクで上海に歸つて來たが「日本の女では私が南京一番乗りよ」と大威張りであつた（寫眞は林芙美子さん）

『東京日日新聞』（昭和13〈1938〉年1月6日付）

林芙美子女史1937年12月30日上海から南京へ

戦時中、小説家でいちばんバイタリティーがあったのは、林芙美子《ふみこ》女史に思えます。大正時代からの『アサヒグラフ』を繰り返し通読していて、南京一番乗り、漢口一番乗りとか、誌面にいちばんよく登場していたのが林芙美子女史です。

それは女流小説家として、売りだすパフォーマンスだったにせよ、貴重な手記を遺してくれています。

この新聞記事でも触れていますが、「女史は三〇日にトラックで南京入りを企て二四時間目に南京の土を踏んで、三日トラックで上海に帰って来たが『日本の女では私が南京一番乗りよ』と大威張りであった」とあり、彼女が詳しく雑誌に発表した手記を追って解説します。

まず驚くのは、「日中戦争」の起点、正式には1937年8月13日、そして南京城陥落が同12月13日、それを「神速」などと囃《はや》し立てた記事を散見しましたが、上海から24時間目に到着とは、これが「神速」です。

林女史は、31日夕方に到着してから、毎日新聞社が支局として使っていた「民国財政部次長・徐堪《じょかん》」の屋敷に宿泊していました。筆者は、この屋敷のことを直接、佐

『支那事変写真全集：中・上海戦線』（昭和13〈1938〉年3月、朝日新聞社）「南京市自治委員会の誕生：1938年1月1日」

藤振壽氏から訊いていました。

このレポートは、『眞相箱』の嘘だけでなく、朝日・毎日新聞の記者たちの怠慢も浮き上がらせるものになっています。

実際、南京の朝日新聞取材班は「八十餘名」、大毎（毎日）新聞は「七十餘名」（前頁参照）もいても、嘘が定着した要因は、南京に世界最大の取材班を送り込んでいた朝日新聞と毎日新聞両社が、１９８０年以降「南京大虐殺」を喧伝したからです。

それでは、林芙美子氏の「南京レポート」を時系列に並べて検証します。

《私は南京への道々、皇軍の戦死者のある所へ、木片の小さい墓の建つているのを見ましたけれど、私はこの木片の墓を見ると同時に、古くさい私だけの輪廻《りんね》転生観は吹きとんでしまつて、トラックの上から何時までも此の英霊に帽子を振る気持でした。生きている「人間」が、純朴な死にかたをする。これ以上の尊さはまづ他にありませんでせう。私はその原野に建てられている皇軍戦死者の墓表を眺めて、この英霊に報いるには、千も萬も、ありがとうを云つただけでは足りないと思いました》

（「静安寺路追憶」〈『私の昆蟲記』改造社、１９３８年７月〉）

中国の原野に倒れた一兵士への鎮魂が、神風特攻隊の

『支那事変写真全集』（〈中・上海戦線〉昭和13〈1938〉年3月、朝日新聞社）「南京天文台を警備する日本兵（1938年1月11日撮影）」

若者たちへの想いと変わらない追悼のことばに胸が熱くなります。

《夕方、私達のトラックは無錫と云う町に着いた。こゝは工場地帯で、戦前はとても賑《にぎ》やかな所だつたさうである。こゝも全部全滅の有様。鞍上《あんじょう》人なく鞍下馬なしとでも云ふのか、まるで、神様のやうに日本の兵隊は強いと思つた。…》（「南京まで」『主婦之友』1938年3月）

無錫は上海と南京の中間に位置しており、激戦地区だったところを、南京攻略戦の経路と同じようにトラックが走っていたようです。

《句容と云ふ所へ来るまでには、私は江陰と云ふところで露営をしたのですけれど、百二十里あまりの長い道々、私はこの戦場からほんたうに色々なことを学びました。……全く広い原野。日本のように優れた山の姿なぞ一つもない。荒涼とした大地が、まるで海のやうに無限に続いているのです。私はその広い地に何となく反感を持つ気持でした。到るところ、色々なものが落ちています。みな敵の落として行つたものばかりなのでせう、……戦車の残骸、……馬の死骸、人間の死骸、脆いものへの私の硬化した反感は自分でも自分が分からない位冷酷なのです。……》（「静安寺路追憶」）

南京に着いた林女史は《寒い晩で星がものすごく光つ

てゐる。わたしは新来の客なのでまづ部屋のどこかに自分のベッドをつくらなければならない。小使のおぢいさんに懐中電灯をかりて二階へ部屋を探しに行き、可愛い女部屋をみつけたけれど、この部屋には先客がある様子なので、寒い二階の廊下にわたしはベッドをつくつた。

寝床といつても骨のやうになつた鉄のベッドで、……カアテンも何もないので、寝ながら枯れたポプラの梢や星空が澄みとほつてよく眺められる。……翌る朝はよく陽が射して長閑な元旦だつた。かさゝぎといふ鳥がよく啼《な》いている。私は寝ている廊下いつぱいよく陽が射しこんで来る。温い日射しを眺めてゐると、ここで幸福に暮していた家族のひとたちを思い浮かべてみる。》

(「女性の南京一番乗り」『サンデー毎日』1938年2月)

林女史が南京に到着した翌日は、南京市自治委員会発会式が行われ、東宝映画『南京』にも映しだされていますが。まさにそのとき、林女史は南京を散策していたのです。林女史が「可愛い女部屋をみつけた……」と、語っていた部屋の住人が佐藤振壽氏で、生前詳しく聞かされましたが、これについては別の機会にゆずります。

南京陥落一ヶ月

皇軍の光りに浴して 既に"大地"は甦った

嬉しや 愛妻を 車に載せて帰る農民

【南京にて十三日井上特派員發】十三日は南京陥落後丁度一ヶ月目に當る、入城當時硝煙の充満してゐた南京も皇軍の手で清掃され、わが軍を苦しめた紫金山要塞も今はなごやかにほゝ笑んでゐる、避難民區の避難民も安心し切つて皇軍の温情に感激し早朝から破損家屋の修理、食糧、燃料、調度品の運搬等に努め陥落一ヶ月目の南京は完全に平和を取り戻した、外國關係では米國領事館が開かれ、またハーケンクロイツの旗を立てた自動車も日の丸の旗を纏つて頻繁に往來してゐる

現在南京にある各部隊では陥落當時の感激を追想して朝の食卓に祝杯を交はした、殊に助川部隊の食卓には珍しく吸物とすき焼が出た、澄み切つた江南の空を渡る雁を眺めて感慨にひたつてゐた數名の兵士たちが急に思ひついて

感慨深き藤田戦車隊長

「さあ射撃だ」と敵機への構へで雁射ちをはじめた、その雁の御馳走だ、南京陥落一ヶ月の記念日の祝杯は意外な獲物雁の

料理

であつた、藤田戦車隊長は敵を追撃しながら夢中で進んだ一ヶ月間の上海から南京までの戦ひの跡を視察したいと早朝から南京を出で上海に赴いた、つい數日前まで死屍累々たる南京郊外も今は活きくした農民が楔を叩いてゐる、草深い田舎にかくしておいた女房を車にのせて帰る農民の姿も朗かである、無錫付近では

わが軍の指揮で敵兵の屍を埋める穴を掘つてゐる支那人がある、自ら掘つた塹壕に自らを埋めて死んだ支那敗残兵の

死體

である、退却とへも に破壊して行つた もわが架橋部隊の手で殆ど復舊され、橋の名も 、山田、木村等々の部隊の名が付されてゐるのもほゝ笑ましい風景、常熟から蘇州付近までの經路は皇軍が進撃に悩まされた所だ、軍馬の犠牲おびたゞしきものあり、今なほ埋れたまゝの自動車やトラック等路傍に横たつてゐる馬の死骸はもう骨だけとなつて晒されてゐる、涙をそゝるは「軍馬之墓」と墨痕生々しい墓標が幾十となくあり

香華

さへ手向けられてゐる、みんな高橋部隊に屬する馬地らしい、軍馬への思ひ遣りだ、上海に到着したら藤田部隊の運轉手君

一ヶ月もかゝつて行つた千時間足らずで走れるとは感慨無量であります

と深いため息をついた、藤田隊長は「本當だ」としばし眼を閉ぢて何か思ひへごとに沈むが如くであつた

『東京日日新聞』(昭和13〈1938〉年1月14日付)

"新生南京"の夜明け

南京にて十七日 本社特派員 金子義男發

支那娘も大道を濶歩
大手を振る"圓"の威力
僅か一ヶ月にこの活氣

陥れの皇軍入城後もう一ヶ月、この一ヶ月に南京はどう變つたか を見るため長駆上海から自動車を駆つた記者は、十六日夜燈火管制下の南京に入つて事變勃發當時の上海を想起せざるを得ない、電燈はついたが燈火管制下の南京は月光のみが寒々と街路を照らしてゐて、人の跡とてもない、しかし一夜を明かした今日(十七日)駐屯してゐる部隊の喇叭の音で目を覚ませば、そこには活氣あふるゝ新生南京の姿がまざまざと眼に映じた(寫眞は雪立ちかへる中山陵)

金子特派員

新政權支持の
横濱華僑へ祝電
范朝鮮總領事から

新高ドロップ

『東京日日新聞』(昭和13〈1938〉年1月18日付)

林芙美子女史が体験した南京の正月

林女史は、翌日から南京城内外を取材で駆け廻っていました。

《玄武湖の元旦の景色はなごやかなものだ。来る道々、昨日まで馬や支那兵の死骸を見てきた眼には、全く幸福な景色である。立つてゐる歩硝の兵隊さんも生々しているし、街には避難民達がバクチクを鳴らしてゐる。バクチクの音は耳を破るやうにすさまじく鳴つてゐて、その音をきいてゐると、わつと笑声を挙げたいほど愉しかった。》(「女性の南京一番乗り」以下同)

《正月二日の日も、南京上空には敵機の空襲があつたさうだけれども、私は、日当りのいゝ徐堪の宿舎の二階で、故郷の友人達へ宛て年賀状を書いてゐる長閑さであつた》(「南京まで」以下同)

日本の正月と変わらない、長閑な時間が眼に浮かんで来ます。

《私は南京といふ街は上海の閘北とか、大

場鎮あたりのやうにめちやめちやなのかと考えてゐたけれど、こゝではどこへ爆弾を投げられたのか、家々は案外整然としてゐた。私はまるで痴呆の状態で街を歩いた。》（「女性の南京一番乗り」）

「案外整然としてゐた」のは、松井石根大将が、11頁の

『支那事変写真全集』（〈中・上海戦線〉昭和13〈1938〉年3月、朝日新聞社）「雪道で食料品を運ぶ中国人を警備する日本兵（1938年1月25日撮影）」

写真でもわかるとおり、国際法を厳正に守り軍事施設以外を攻撃対象から外し、外国権益に関わる施設は徹底して守ったことによります。

その象徴的な施設は中山陵ですが、林女史は中山陵にも行っています。

《中山陵も行きましたが、これはもう広大な山の宮殿と云つた感じです。ほんたうに私はこの旅に少し疲れたやうです。……》（「静安寺路追憶」）

林女史は、「私はまるで痴呆の状態で街を歩いた。」とあり、破壊尽くされていると思っていた南京城内が整然としていたり、中山陵は、戦争と無関係に泰然と存在していて戦争とはなにか分からなくなって、「ボォー」と考えさせられたことを「痴呆」と表現しているのでしょうが、それは、戦争では本来考えられない松井大将の中国への愛情が、林女史の意識を混乱させたと思われます。

林女史は、同1月3日、佐藤振壽氏といっしょにトラックで南京を後にし同4日に上海に戻っています。

この項の最後に、佐藤振壽氏を日本軍の「虐殺を目撃」した証言者として囃し立てて る輩がいますが、その件について筆者が佐藤さんに直接「佐藤さんが、日本軍兵士が敗残兵を処断しているところを見たことについて、佐藤さんを『虐殺の目撃者』として利用しているものがい

ますが、国際法に照らした場合はどう思いますか」と訊いたとき、佐藤さんは、「国際法はよく分からないが国際法上問題がなくても、日常生活しか経験のない民間人には直視できるものではないですよ」と、真情を語ってくれてました。

アリソン領事「殴打事件」が「南京大虐殺」否定の証拠になる

林女史が南京を駆け巡っている最中も、中国が「南京城陥落後6週間で30万人虐殺された」と、喧伝している期間内です。１日平均６０００人以上死んでいることになります。

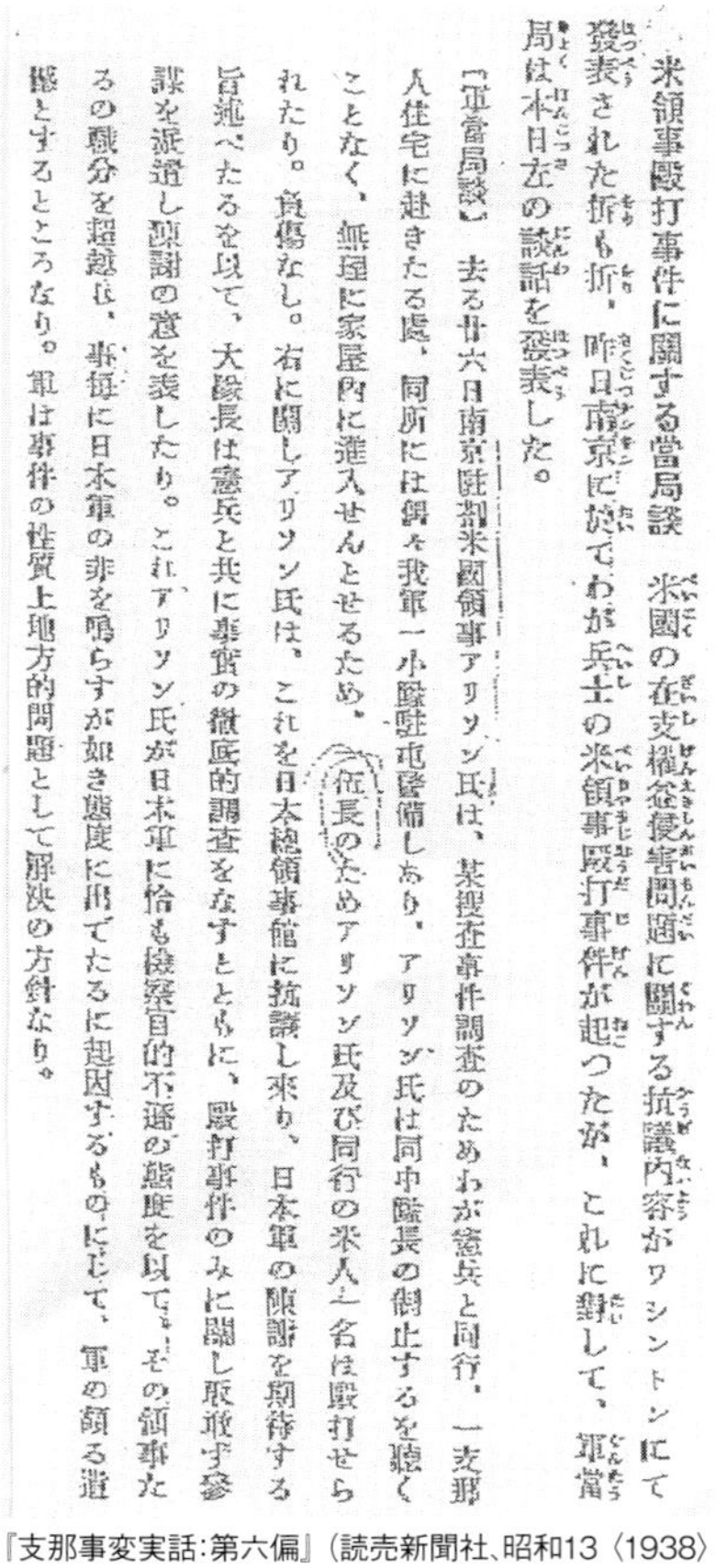
米領事毆打事件に關する當局談　米國の在支權益侵害問題に關する抗議内容がワシントンにて發表された折も折、昨日南京に於てわが兵士の米領事毆打事件が起つたが、これに對して、軍當局は本日左の談話を發表した。

【軍當局談】　去る廿六日南京駐剳米國領事アリソン氏は、某捜査事件調査のためわが憲兵と同行、一支那人住宅に赴きたる處、同所には偶々我軍一小隊駐屯警備しあり、アリソン氏は同中隊長の制止するを聽くことなく、無理に家屋内に進入せんとせるため、伍長のためアリソン氏及び同行の米人一名は毆打せられたり。負傷なし。右に關しアリソン氏は、これを日本總領事館に抗議し來り、日本軍の陳謝を期待する旨述べたるを以て、大隊長は憲兵と共に事實の徹底的調査をなすとともに、毆打事件のみに關し取敢ず參謀を派遣し陳謝の意を表したり。これアリソン氏が日本軍に恰も檢察官的不遜の態度を以てし、その領事たるの職分を超越し、事毎に日本軍の非を鳴らすが如き態度に出でたるに起因するものにして、軍の頗る遺憾とするところなり。軍は事件の性質上地方的問題として解決の方針なり。

『支那事変実話：第六偏』（読売新聞社、昭和13〈1938〉年）

その期間内の１９３８年1月26日、１３４頁のアリソン米国領事「殴打事件」が起き、ニューヨーク・タイムズは「同28日～30日」まで3日連続、ロンドン・タイムズは「同28日（30日休刊）～31日」まで同じく3日連続報道していました。その間、ロンドン、上海、マニラのラジオニュースとして報道されていた記録もあります。

それでは、アリソン領事「殴打事件」とは、「強姦」「殺人」を超える大事件だったのか。

その事件とは、事件現場を調査していた日本軍が規制していた場所に乗り込み、権限がないにもかかわらず立ち入ろとし、日本軍中隊長の制止を振り切ったため、伍長がアリソン領事と同行者に「ビンタ1発」はなったのが国際的な大事件として報道されていたのです。

後日、アリソン領事は「検察官的不遜《ふそん》な態度と領事としての立場を幾分逸脱」（上・記事）していたと、日本軍に謝罪していたのです。

この事件は、同26日から31日まで「ビンタ1発」を上回る「人権問題」はなかった決定的な証拠にもなるのです。

Another authentic account of the atrocities perpetrated by Japanese soldiers at Nanking and Hangchow, based on the reports and letters of American professors and missionaries, is to be found in the *Daily Telegraph and Morning Post* of January 28th, 1938. The number of Chinese civilians slaughtered at Nanking by Japanese was estimated at 20,000, while thousands of women, including young girls, were outraged. The American Chairman of the Emergency Committee of Nanking University, writing to the Japanese Embassy on December 14th, 1937, stated in part: " We urge you, for the sake of the reputation of the Japanese Army and Empire, and for the sake of your own wives, daughters and sisters, to protect the families of Nanking from the violence of your soldiers". The correspondent added that " in spite of this appeal, the atrocities continued unchecked ".

「日本軍が南京と杭州で犯した残虐行為につき、アメリカの大学教授や宣教師たちの報告に基づいた信頼のおける記事がもうひとつ、1938年1月28日付けのデイリーテレグラフ紙とモーニングポスト紙にも掲載されています。日本軍が南京で虐殺した中国市民の数は20,000人と推定され、また若い娘を含む何千という女性が凌辱されました。南京大学緊急事態委員会のアメリカ人議長が、1937年12月14日に日本大使館にあてた書状には、『われわれは、日本帝国陸軍および大日本帝国の名声のために、貴国の妻、娘、姉妹のために、南京の家族を日本の若い兵士の暴行から守るように促す』とも書いてあります。特派員は、『この訴えにもかかわらず、残虐行為が制止されることもなく続いている』と報じています。」

【出典】1937年1月26日～2月2日に開催された第百会期国際連盟理事会議事録の一部抜粋

〝国際連盟理事会議事録〟で「南京問題」は終結していた

ここに掲載した資料は、2007年6月19日、憲政記念館に於いて開催された「南京問題小委員会の調査検証の総括」記者会見で公にされた〝第百会期国際連盟理事会〟（1938年1月26日～2月2日）議事録の一部抜粋です。この議事録で南京問題は終わっていたのです。

同理事会は、各国の領事やマスメディアの記者が、すでに南京に戻っていたときに行われていましたので、「南京市民20000人が虐殺され数千の女性が凌辱された」と、顧維鈞《こいきん》中国代表が新聞記事をもとに演説しても、各国代表は「政治プロパガンダ」として無視し、中国が求めた「日本への経済制裁」などの採択は一切行われませんでした。

現在、この超第一級資料の価値を相対評価できる国会議員は、麻生太郎副総理兼財務大臣しかいらっしゃらないでしょう。

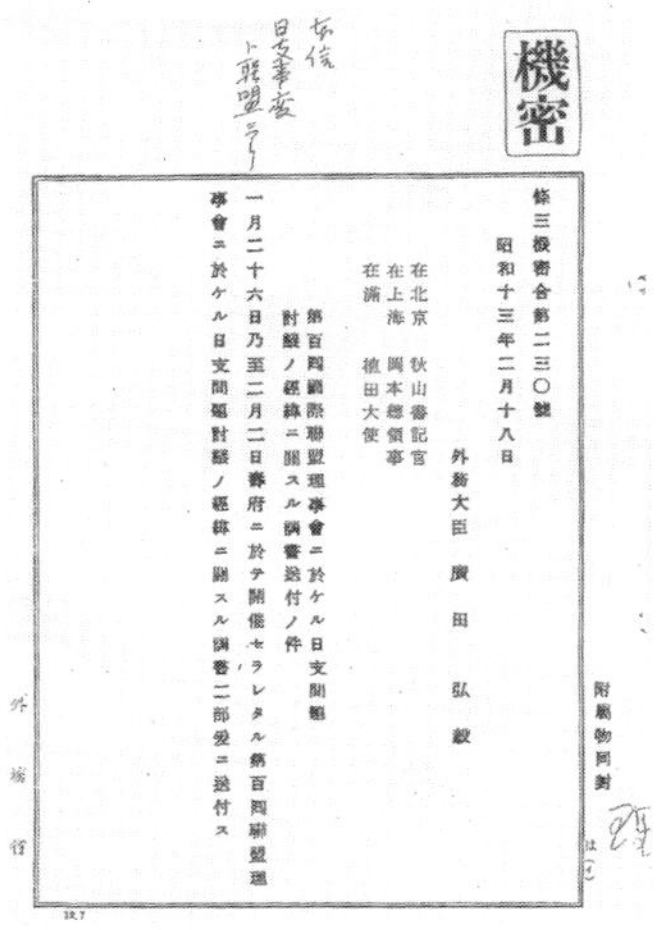
機密

附屬物同封

條三機密合第二三〇號

昭和十三年二月十八日

外務大臣　廣田弘毅

在北京　秋山書記官
在上海　岡本總領事
在滿　植田大使

第百回國際聯盟理事會ニ於ケル日支問題討議ノ經緯ニ關スル調書送付ノ件

一月二十六日乃至二月二日壽府ニ於テ開催セラレタル第百回聯盟理事會ニ於ケル日支問題討議ノ經緯ニ關スル調書二部愛ニ送付ス

外務省

「機密：第百会期国際連盟理事会に於ける日支問題討議の経緯に関する調査」（昭和13〈1938〉年2月18日：外務大臣・廣田弘毅）

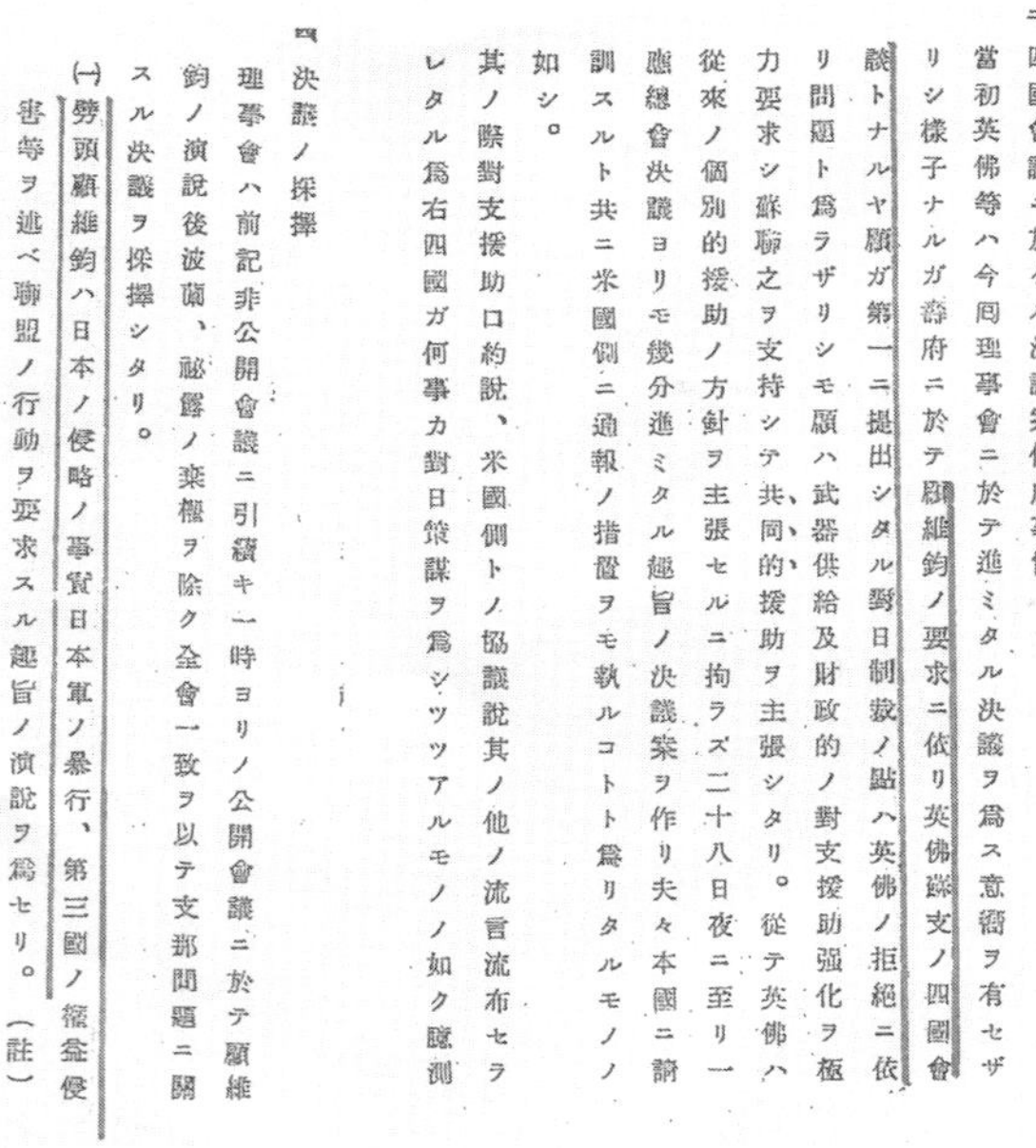
三、四國會談ニ於ケル決議案作成事情

當初英佛等ハ今回理事會ニ於テ進ミタル決議ヲ爲ス意嚮ヲ有セザリシ様子ナルガ壽府ニ於テ顧維鈞ノ要求ニ依リ英佛蘇支ノ四國會談トナルヤ顧ガ第一ニ提出シタル對日制裁ノ點ハ英佛ノ拒絶ニ依リ問題ト爲ラザリシモ顧ハ武器供給及財政的ノ對支援助強化ヲ極力要求シ蘇聯之ヲ支持シテ共同的援助ヲ主張シタリ。從テ英佛ハ從來ノ個別的援助ノ方針ヲ主張セルニ拘ラズ二十八日夜ニ至リ一應總會決議ヨリモ幾分進ミタル趣旨ノ決議案ヲ作リ夫々本國ニ請訓スルト共ニ米國側ニ通報ノ措置ヲモ執ルコトト爲リタルモノノ如シ。

其ノ際對支援助口約説、米國側トノ協議説其ノ他ノ流言流布セラレタル爲右四國ガ何事カ對日策謀ヲ爲シツツアルモノノ如ク臆測

四、決議ノ採擇

理事會ハ前記非公開會議ニ引續キ一時ヨリノ公開會議ニ於テ顧維鈞ノ演説後波蘭、秘露ノ棄權ヲ除ク全會一致ヲ以テ支那問題ニ關スル決議ヲ採擇シタリ。

(一)劈頭顧維鈞ハ日本ノ侵略ノ事實日本軍ノ暴行、第三國ノ權益侵害等ヲ述べ聯盟ノ行動ヲ要求スル趣旨ノ演説ヲ爲セリ。（註）

南京関係の「機密」文書の公開に応じようとしなかった外務省

この「機密」文書は、外務省が戸井田《とい だ》徹《とおる》衆議院議員の請求に一部しか応じず、戸井田議員が改めて内閣府を通じて取り出した「機密文書」の抜粋です。なぜ、外務省は国益に直結する資料を隠そうとするのか、実際、戸井田議員が内閣委員会で質問に立つ同日、筆者も徹夜で待機していた戸井田衆議院議員事務所に外務省から同機密文書の一部がＦＡＸで送られきたのは、午前4時30分頃だったのです。

1938年当時、日本は国際連盟を脱退していて、国際情報から遮断され孤立化していたとの誤解があります。実際は、国際連盟理事会終了2週間後には、完璧《かんぺき》な報告書が上がっていたのです。

これら一連の「公文書」の存在に関しては、田中正明著『南京事件の総括』（1987年発行：現在、『「南京事件」の総括』小学館文庫）の中に、「機密文書」の存在をにおわす一文があり、筆者が自民党歴史議連「南京問題」検証委員会にオブザーバー参加した機会に、戸井田徹同議連小委員長と西川京子同議連事務局長の国政調査権を自由に使わせていただいた結果、民間人には取り出せない

『支那事変画報：第13集』（昭和13〈1938〉年3月20日発行）「南京：避難民も続々帰って来て漢中門外にアンペラ作りの家が建ち並んだ（2月1日、影山特派員撮影）」

「機密資料」を公にできたのです。

上の写真は、同国際連盟理事会が開催されていた、同2月1日の南京城外の写真ですが、キャプションに「避難民も続々帰って来て……」とあるように、南京の人口が20万人から25万人以上に増えていたため、手狭になった「避難区」（安全区）に住めない避難民たちがバラックを建てているのです。

120頁の『台本』には「一時的な避難先から、続々と戦火に破壊された我が家へ帰ったのです。しかもその翌日、日本軍は恐るべき暴行を敢えて行いました。」とありますが、その避難民たちが、ワイワイガヤガヤ楽しそうに作業をしている姿が記録されています。

実際、「南京問題」は、同理事会以降、中国が公式の〝場〟で発言することはなかったのですが、それが復活したのは米国が制作した『眞相はかうだ』と『眞相箱』の放送だったのです。

現在、言論の自由の無い中国と一体化して「嘘ニュース」を流しているマスメディアは、「言論・表現の自由」の破壊活動を行っているのであり、マスメディアとしての誇りがあるのであれば、「国際連盟理事会議事録」と同等の第一級資料を提示して報道していただきたい。

だが、こうした大規模な虐殺も、漸く日と共に下火になりました。そして昭和十三年三月政府の御用機関たる東京放送局は、次の如き出鱈目《でたらめ》な虚報を世界に向って送ったものです。

『南京においてかく多数を惨殺し、また財産を破壊した無頼の徒は、これを捕縛した上厳罰に処せられました。彼等は蒋介石軍にいて平素から不満を抱いていた兵士の仕業であることが判明致しました』と。

死者が答えることはもとより不可能なことであります。しかしながら我が軍がかかる残虐行為を行った隠れもない事実は、我が将校の所持する写真によって、遺憾なく暴露されております。

南京の暴行、これこそ中国をして、最後まで日本に抵抗を決意せしめた最初の動機となったものであります。

『眞相箱台本』(12/12)

1938年3月28日南京を首都に維新政府が発足していた

新政府発足を祝う中国民衆の「旗行列」は、中国民衆が自発的に行っていたことを示しています。他にも、中国風御輿《みこし》を担いだ行列とか、延々と南京市民が旗や横断幕を掲げて行進している写真があり、つい3カ月前に南京で戦闘があったことは遠い過去のことにしか思えないものばかりです。

1980年代、朝日新聞が「南京大虐殺キャンペーン」で日本国内を席巻していたとき、福田赳夫《たけお》元首相の「『南京事件』を認めたような発言」に対して、田中正明氏が批判する手記を発表したことで、福田赳夫元首相から田中氏に電話があり、「田中先生誤解の無いように、私は南京虐殺事件があったなどと思っていません。私は南京陥落から半年後に大蔵省の仕事で南京に行って一部始終を見ています」と、弁解していたことを、面白おかしく語っておりました。

『支那事変画報第15集』(昭和13〈1938〉年5月5日発行)「南京:中支の更生平和と新政府の誕生に狂喜せる南京民衆の旗行列(岡特派員撮影)」

『文藝春秋』（昭和13〈1938〉年5月10発行）

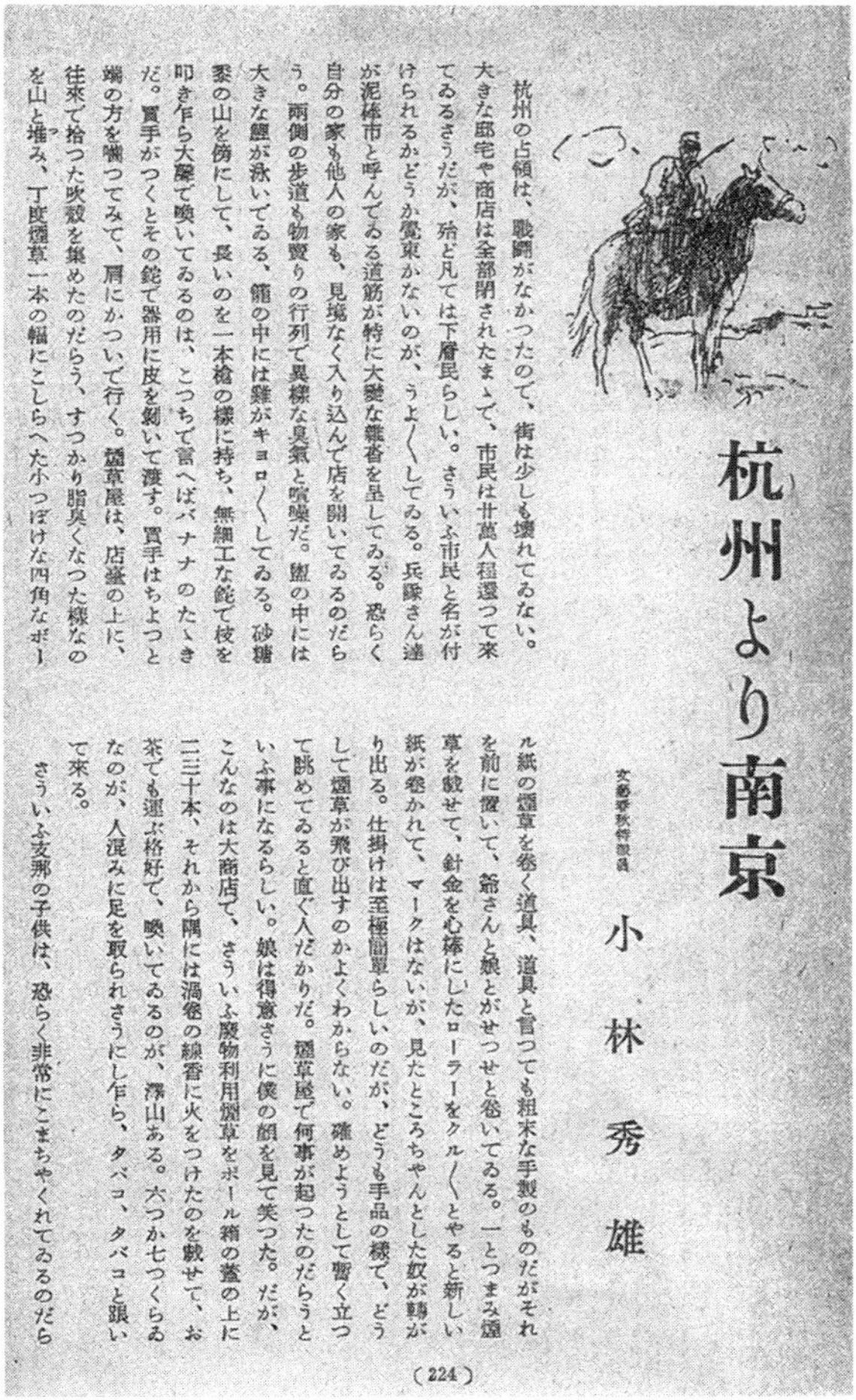

杭州より南京

文藝春秋特派員　小林秀雄

杭州の占領は、戦闘がなかつたので、街は少しも壊れてゐない。大きな邸宅や商店は全部閉されたまゝで、市民は廿萬人程還つて来てゐるさうだが、殆ど凡ては下層民らしい。さういふ市民と名が付けられるかどうか覺束かないのが、うよ〳〵してゐる。兵隊さん達が泥棒市と呼んでゐる道筋が特に大變な雜沓を呈してゐる。恐らく自分の家も他人の家も、見境なく入り込んで店を開いてゐるのだらう。兩側の歩道も物賣りの行列で異様な臭氣と喧噪だ。盥の中には大きな鱧が泳いでゐる、籠の中には雞がキヨロ〳〵してゐる。砂糖黍の山を傍にして、長いのを一本槍の様に持ち、無細工な鉈で枝を叩き乍ら大聲で喚いてゐるのは、こつちで言へばバナナのたゝきだ。買手がつくとその鉈で器用に皮を剝いて渡す。買手はちよつと端の方を噛つてみて、肩にかついで行く。煙草屋は、店盤の上に、往來で拾つた吹殻を集めたのだらう、すつかり脂臭くなつた様なのを山と堆み、丁度煙草一本の幅にこしらへた小つぽけな四角なボール紙の煙草を卷く道具、道具と言つても粗末な手製のものだがそれを前に置いて、爺さんと娘とがせつせと卷いてゐる。一とつまみ煙草を載せて、針金を心棒にしたローラーをクル〳〵とやると新しい紙が卷かれて、マークはないが、見たところちやんとした奴が轉がり出る。仕掛けは至極簡單らしいのだが、どうも手品の様で、どうして煙草が飛び出すのかよくわからない。確めようとして暫く立つて眺めてゐると直ぐ人だかりだ。煙草屋で何事が起つたのだらうといふ事になるらしい。娘は得意さうに僕の顔を見て笑つた。だが、こんなのは大商店で、さういふ廢物利用煙草をボール箱の蓋の上に二三十本、それから隅には渦卷の線香に火をつけたのを載せて、お茶でも運ぶ格好で、喚いてゐるのが、澤山ある。六つか七つくらゐなのが、人混みに足を取られさうにし乍ら、タバコ、タバコと喚いて來る。

さういふ支那の子供は、恐らく非常にこまちやくれてゐるのだら

（224）

小林秀雄氏が見た南京

1937年第6回芥川賞下半期受賞者の火野葦平氏（受賞作「糞尿譚」）が中国へ出征中だったため、翌年3月に小林秀雄氏が文藝春秋の従軍記者として「賞」を携えて杭州へ向かいました。その機会に南京を取材した手記が、1938年5月10日発行の『文藝春秋』に掲載されていました。

この手記は、138頁の『台本』で問題にしていた1938年3月の中国の杭州から上海そして南京と巡って帰国する同年4月28日までの中国の状況が分かる貴重な資料です。

まず手記の冒頭に《**杭州の占領は、戦闘がなかつたので、街は少しも壊れてゐない。**》から始まり、中国特有の泥棒市を《**恐らく自分の家も他人の家も、見境なく入り込んで店を開いてゐるのだらう。**》

……泥棒市には酒、肉、米、野菜、其の他得体の知れぬ食い物……それこそあらゆる古物を売つている。》と街の情景を記していました。また、杭州で行われていた維新政府成立のお祝いの光景を綴っています。その政府を杭州市民がどのように祝っていたのかを《喧ましい銅鑼《どら》の音が聞こえたので振り返つた。消防隊である。火事場に行くのではないらしい。わざわざかういふ人混みを掻き別けて駆け歩く処を見ると維新政府成立のお祝ひで……》と、消防隊まで参加した維新政府の祝いが杭州でも行われていたことに驚きます。

南京へ行く途中の上海も面白おかしく綴ってありますが、紙幅の都合で別の機会にゆずります。

南京行きを小林秀雄氏は《南京行きはあまり気が進まなかつた。いろいろ話を聞いて、僕の見たいと思つてゐるものが無ささうに感じたからだ。……》と、南京紀行が始まり、《車は南京郊外の下関に着く。そこからバスがある。車掌はカールの痕のある断髪で運転手は油で綺麗に分けている。惨めな服装だが、それでも往来している人々から見れば格段なのである。…》から、歩行者に車掌・運転手が怒鳴りちらしている状況を記し、淡々と中国と日本の違いを綴っています。

すでに避難区はなくなっていたこと、《今は開放された四十万人の人々が、この大都会にちりぢりとなり、思ひ思ひに生活を営んでゐるわけだが》と、南京城陥落から約4カ月後に、人口が「40万人」になっていたことに、さらっと触れていました。

中山陵には興味を示さず、《街の北に北極閣といふ建物があり、……そこから南京を展望した時には、南京もなかなか美しいと感じた。ことに城外の玄武湖が美しく見えたので行つてみたが傍ら

『支那事変画報第32集』（昭和14〈1939〉年6月22日～7月20日）「南京：街角《まちかど》の狭《せま》き界《くに》隈。暑さにうだった姑娘《クーニャン》と奥様《タイタイ》が汗《あせ》を流《なが》して——アイスケーキを食っていた（南京にて　岡特派員撮影）」

『アサヒグラフ』（昭和15〈1940〉年8月21日号）「南京：南京城外玄武湖の蓮花　湖面を覆った蓮の間を分けて、湖心近くボートを漕ぎ出し、楽しげに興ずる支那の女学生達。即製日焦け防止の蓮の葉は、微笑ましい長閑な風景である（岡特派員撮影）」

『支那事変画報：第19集』（昭和13〈1938〉年7月10日）「維新政府ならびに日本側の共同主催による中日陣亡殉職者難民衆英霊慰霊法会は6月11日、南京において挙行され、日支官民多数参列し、心から英魂の冥福を祈った。写真は支那側の弔辞（6月11日、岡特派員撮影）」

【解説】 2014年12月13日、南京大虐殺記念館で挙行された“「南京大虐殺」国家追悼式典”に、国家主席として初めて習近平主席が参列し、「30万人の被害者の魂、13億の中国人民、そして世界中の平和と正義を愛する人々は、虐殺を否定しようとする者を絶対に許すことはないだろう」などと、世界へ向けて宣伝をしていました。実際、普通選挙もなく、いまだに言論検閲し、近代史研究発表の自由もない中国には、歴史を語る資格などないのです。いまだに中国は、福沢諭吉が「脱亜論」の中で述べていた状況そのものなのです。

で見るとまことに侘《わび》しい眺めであつた。……人影もなく、柳の色も悪く、蓮の枯れたのが一面に首を出した湖面も薄汚く光がない。……》と、小林氏の批判精神はこのころから健在だったことが分かります。

そして南京紀行の最後に、中国という国の本質を中国女性を通して語っているくだりは吹き出してしまいます。

《明かりのない街に、月が登り、厭《いや》な臭ひのする河の上に小さな蝙蝠《こうもり》が群がり飛んでゐた。支那料理屋に這入つてビールを呑む。そこにゐる三人の支那人の女給は、僕から十銭ずつ貰ひ、ビールを飲み、訳のわからぬ高声で大はしやぎである。僕は焼豚を註文し、彼女達にも取つてやつた。僕の焼豚は半分は脂の奴だが、彼女達の皿は全部肉であつた。差別がどうもあんまり露骨なので可笑しかつた。》と締めくくっていました。

約束事も目の前の状況で、コロコロ変わるのが当たり前の中国。中国最高峰の仏教指導者・鑑真和上も逃げ出す中国ですから、驚くことでもありませんが、今も昔も変わらないのが中国なのです。

上の写真は、小林秀雄氏が南京を後にした約1カ月後に、松井石根南京攻略戦総司令官が、『南京城攻略要領』の第6項で示達していた「合同慰霊祭」を撮したものです。

That was the purpose of the issuance of the Directives.
The rapidity with which the Directives were issued, I would say might be well compared to the strategy that you employ in any combat, and this is still combat. I mean that we are still engaged in a war of sorts over there, and it is not just a peaceful operation. That is, in combat you try to keep the other fellow off-balance, and after you deliver a good right jab, the idea is to deliver a left jab before he has completely recovered. We have no intention of allowing the Japanese to thoroughly absorb a Directive before they get another presented for their education.

「それが指令を発する目的であったわけです。指令を発する敏速さは、いわば、戦争中の戦略にも例えられようかと思います、現在なお、いくさなのです。日本では、一種の戦闘状態にあると私は言いたいのです、平時の作戦ではないのです。と申しますのは、戦闘中は相手のバランスを崩そうとします。右のジャブをうまく出し、相手が立ち直るまえに左のジャブを出すということです、日本人の教育のために、一つの指令を日本人が十分理解してからさらに他の指令を出すという意志は私どもにはありません」

『第4回極東委員会：GHQダイク代将が報告した「日本人洗脳」に関する指令』（昭和21〈1946〉年3月20日）

日本人洗脳政策は第4回極東委員会にダイク代将が報告していた

ＧＨＱ占領下に日本弱体化政策として実施されたＷＧＩＰ（ウォー・ギルト・インフォメーション・プログラム）の具体的な実例が、日本人洗脳政策だったのです。

その最終目的は「二度とアメリカに刃向かうことのない日本人改造政策」だったのです。

その政策の責任者だったダイク代将は、第４回極東委員会に於いて、報告したことが現在の状況を暗示しています。米国は「主権回復」した１９５２年４月28日までを「戦闘状態」と規定し、敗戦の混乱期に、日本人が普通に思考できないよう「矢継ぎ早」に洗脳政策を実施すると宣言していたのです。

その目玉の洗脳政策は、餓死者何名と連日新聞が報道していた１９４５年11月13日、ＧＨＱは「最低４００万台のラジオセットが国民に行き渡るように日本政府に指令」を出して、実施したのがＮＨＫ日本人洗脳ラジオ放送『眞相箱』だったのです。また、その究極の弱体化政策は、国体の真髄である「11宮家」の皇籍剝奪《はくだつ》だったことを認識するときが今きているのです。

第四章

「南京虐殺事件」問題に終止符を打つ“決定的”な証拠

（五）　二百九十号

南京便り　林田特派員

第五章　衛生の巻

大仕事は死體整理

悪疫の猖獗期をひかへて 防疫委員會も大活動

戰ひのあとの南京《ナンキン》でまづ整理しなければならないものは敵の遺棄死體であつた、濠を埋め、小川に山と重なつてゐる幾萬とも知れない死體、これを捨てておくことは衛生的にいつても人心安定の上からいつても害惡が多い

……◇……

そこで紅卍會と自治委員會と日本山妙法寺に屬するわが僧侶らが手を揃つて片づけはじめた、腐敗したのをお題目とともにトラックに乗せ一定の場所に埋葬するのであるが、相當の費用と人力がかゝる人の忌む惡臭をついて日一日の作業はつゞき最近までに城内で一千七百九十三體、城外で三萬三百十一體を片づけた、約一萬一千圓の入費となつてゐる、苦力も延べ五、六萬人は動いてゐる、しかしなほ城外の山のかげなどに相當數殘つてゐるので、さらに八千圓ほど金を出して眞夏に入るまでにはなんとか整理を終はる豫定である

……◇……

防疫方面についてわが現地當局者間に防疫委員會が生れ十月には大掃除を市内全部にわたつて行ふが支那側自治委員會でも苦心し、百人の[illegible]をはじめ、所々[illegible]い地區では大掃除を行つたり、大小便すべからずの立札を立てたり、ドブを埋めたり死體を收容したり、相當努力してをり、將來は「防疫病院」の設立、衛生事務所（衛生組合のやうなもの）の設置、種痘施行、その他を企劃してゐる

……◇……

町の半ば以上の廢墟の中には特に古鐵類が多かつたが、自治委員會が買ひ入れを[illegible]したので、[illegible]のない自由勞働者が拾ひ屋になつて集めまはり何百トとまとまりつゝあり、わが日軍が買下げることになつてゐる、これなどは民國らしい[illegible]の名[illegible]だ

……◇……

夏むきの惡疫流行期を控へて食物衛生は特に重要であるのでいよいよ近く市内四ケ所に市場が新設されることになつた、[illegible]が[illegible]してゐるはずだのにむし肉賣りが市内に氾濫してゐるといふ現象にあらはれてゐる通り、南京《ナンキン》は食料には[illegible]のある町であるが、今のやうに大道の砂埃の中で豚肉を賣つてゐたり野菜を並べてゐたりする風景を一掃、全部市場へ集めると同時に、江北方面から豚や新鮮な野菜をウンと集められるわけである、わが兵隊さんも野菜には不自由しないのだ

『大阪朝日新聞：北支版』（昭和13〈1938〉年4月16日付』

【解説】1987年3月7日に発行された田中正明著『南京事件の総括』（謙光社〈現在：小学館文庫〉）に〈「大阪朝日新聞」が十三年四月十六日付で「最近までに城内で一七九三体、城外で三万〇三一一体を片づけた」と報告している。〉と、記載があり、筆者は、その大阪朝日新聞を『大阪朝日新聞:南鮮版』（1938年4月17日付）として、『ひと目でわかる日韓・日中歴史の真実』に掲載しました。ところが、1987年1月20日発行の本多勝一著『南京への道』（朝日新聞社）に、「南鮮版」と同じ記事を掲載していた「北支版」、「1989年12月20日発行の本多勝一著『南京への道』（朝日文庫）に、この「南鮮版」と同じ記事を掲載していた「北支版」を使用していましたので、ここでは「北支版」を使います。

東京裁判における「南京虐殺事件」の積算根拠を崩した産経新聞の大スクープ記事

この産経新聞の記事は、阿羅健一氏の地道な研究を評価した石川水穂・元産経新聞論説委員の見識がなければ、現在も、朝日新聞の「南京大虐殺キャンペーン」の土台を揺るがすことは不可能だったでしょう。

現在までこのスクープ記事を評価した保守言論人は、『南京事件の総括』で大々的に取り上げていた田中正明氏だけなのです。

「南京大虐殺」に新史料！
「崇善堂」の埋葬活動はなかった
国立国会図書館で発掘
11万の数に疑問
検察側証拠くつがえす
南京大虐殺

『産経新聞』（昭和60〈1985〉年8月10日付）

東京裁判に埋葬団体として提出されていた2団体の1つ「崇善堂」の遺体整理数「11万2266体」が「ゼロ」と証明されたのです。

この度、「南京問題」を完結するためにあたり、阿羅健一氏からこのスクープ記事についてコメントをいただきました。

《「南京市政概況」は昭和十三年に発足した南京市政府が南京の復興状況をまとめたもの。中華民国二十七年というのは昭和十三年に当たる。

その中に慈善団体の活動状況がまとめられている。それによると、崇善堂は難民救済や赤ちゃんの保育などを行っているが、埋葬はやっていない。埋葬をやっている団体は「掩埋」と書いてある。また、活動は活発でなかった、とも記述されている。

「南京」は、南京陥落後、日本人が商売にやって来て、彼らによって日本人の商工会議所が作られた。その商工会議所が南京の復興状況や行政の様子などを昭和十六年にまとめたもの。

それによると、まず、戦前の慈善団体が説明されており、崇善堂はものを施したり、赤ちゃんを世話したりはしているが、埋葬は全く関係がなかったとわかる。次の記述では、戦争とともに慈善団体は活動を停止し、やがてそのうちいくつかが活動を始め、崇善堂も昭和十三年九月に活動を始めた、と記述されている。二十七年というのは中華民国暦で昭和十三年のこと。
これから昭和十三年前半に十万もの埋葬をしたことは全くでたらめとわかる。》

市政概況

南京市慈善團體調查表

(2)(1)

名稱	地點	主持人	主要工作	成立時間	現在情形
明德慈善堂	洪武路	陳家偉	施藥送診施材掩埋散米施衣設學校工廠	民國十五年	業務正在進行
衆志復善堂	瞻園路	戴潤甫等	施診施藥施材掩埋冬振施茶恤嫠恤燼	民國七年	全右
公善宥堂	中華門外雨花路	張旬侯等	掩埋恤嫠施藥停柩等	清光緒五年	停柩工作仍繼續辦理其餘停頓
廣豐備倉	螺絲轉灣	廿鉞等	積穀平糶冬振施粥	清道光年內	停頓
崇仁善堂	絨莊街	張斌等	掩埋施材恤嫠施藥	清同治十一年	
孝善賒材局	牛皮街	程荷生等	賒材施藥施茶惜字	清同治年內	
崇善堂	金沙井	周一漁等	恤嫠保嬰施材施診施藥惜字散米	清嘉慶二年成立	工作進行範圍狹小
紅卍分字會	小火瓦巷	謝冠能等	施粥施米施材施診施藥惜字振濟掩埋收容醫藥	民國十二年成立	工作進行
私立義倉	中華門外義倉巷	黃月軒等	積穀備荒冬振粥廠平糶	光緒三十二年	
興善堂	箍桶巷	陶永白等	恤嫠施材保嬰惜字設學校	清同治八年	
中華理教總會	龍王廟	喬鴻年等	勸戒煙酒敬惜字紙戒殺生	民國二年	
廣利慈善堂	綾莊巷	蔣汝正等	施藥冬振貸濟恤燼施材	民國八年	
同善堂	雨花路	黃月軒等	掩埋施藥停柩施材	光緒二年	
堉善堂	小門口	馮松軒等	施醫施材施藥恤嫠冬振	民國十四年	工作進行
德正恤燼會	牛皮街	周強庭等	掩埋撫恤濟貧施診施藥		

三四

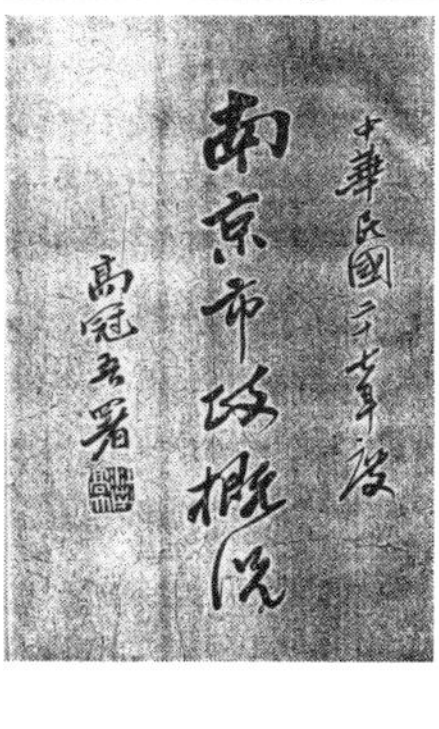

『南平市政概況：中華民国27年度』昭和14：民国28（1939）年、南京市政府

南京城内の死亡者数「1793体」で「南京虐殺事件」問題は終わった

過去、30年南京問題に関わってきて、筆者がタイトルに「南京」を入れるときは「完結」できる著書と決めていました。

これまで、自著や企画等「南京関連本」は、9冊ありますが、この著書が10冊目になり、これで「南京虐殺事件」問題を完結できるということで本書を上梓《じょうし》した次第です。

動物と人間の違いは、人が亡くなると「埋葬」

救濟院　前述の救濟院は事變後自治委員會設立當時興育堂と改名されたが、市政公署成立と共に再び市立救濟院と改名された。但し經費及交通の都合で該院所屬各所を全部復旧する事が出來ず民國二十七年度に於ては先づ養老所・殘廢所・婦女敎養所・孤兒所・印刷廠を復歸して難民を收容した。同年度中の收容人員男六四五名・女一二四一名・計一八八六名であつた。二十八年度には郊府山分所も復歸し別に臨時婦女收容所も設けたが、同年度末に於ける收容人員は一八三五名であつた。

臨時收容所　收容所は民國二十七年市內各地十ケ所に設立されたが、秩序安定交通恢復に伴ひ各地方から南京に逃避してゐた難民は漸次鄕里に歸り、又南京市籍の難民も夫々職業に就いたので收容所の難民も漸次減少した。因て民國二十八年九月には收容所を四所に減らし、內二所は專ら幼老廢殘者を收容糧食を給し他の二所は單に居住を許可するに止めた。民國二十八年度に於ける收容人員は一月に於ては二四八五名、十二月には一九一八名に減じ、給與食糧計一三二二五元であつた。

慈善團體　南京市にあつた民間各種慈善團體は事變の爲資金難に陷り一時停頓したが、振務委員會の補助を受け漸次復舊し民國二十八年度に於ける市政府調査に依れば左の如きものがある。

（團體名）（開設年月日）	崇仁善堂（同　上）	崇道善堂（廿七年十二月）
衆志復善堂（廿七年五月）	德正恤嫠會（同　右）	明德慈善堂（同　右）
廣利慈善堂（同年六月）	同善堂（同　右）	中國紅十字會南京分會辦事處（廿七年）
省心體善堂（同　右）	普善堂（同　右）	下關樂善堂（廿八年二月）
種芝積善堂（同年七月）	孝善賒材局（同　右）	長生慈善會（同　右）
南京佛教慈幼院（同　右）	興善堂（同　右）	明善堂（同　右）
南京慈善堂（同　右）	金陵承善堂（同年九月）	湘皖齊陝惜善堂（同年四月）
南京培善堂（同年八月）	崇善堂（同　右）	廣豐備倉（同年八月）
公善南堂（同　右）	合善堂（同年十月）	南京德育崇善會（同年十一月）

中國社會事業協會　民國三十年二月に成立、湖南路に在る政府社會部內に本據を置き、陳公博・周佛海・梅思平・陳羣・林柏生・岑德廣の諸氏を名譽理事長に、丁默邨氏を理事長として左記の如く廣

二三二

廣豐備倉	清光緒三二年	積穀
南京中華儉德會	民九年	水災救濟・將兵慰問
開國紀念貧兒第一教養院	民元年	教育・施料
代葬局	清光緒二九年	葬儀埋葬
金陵義渡總局	清光緒十六年	無料渡船
崇善堂	清嘉慶二年	施料・救恤・哺嬰
同善堂	清光緒二年	埋葬・施藥・施料
普善堂	清光緒十七年	哺嬰・教育・物品掛貸

甘仲琴	螺絲轉灣
金濟生	下關三馬路
黄宗漢	白下路
劉友伯	十廟口
張斌	李府巷
陸晉軒	金沙井
黄月軒	中華門外雨花路
周梓園	同左

『南京』①

するのが人類の歴史です。三内丸山遺跡で明らかになっていますが、縄文人は「男・女」に並べて「犬」も埋葬していました。

1997年12月、東京で開催された「南京大虐殺六十周年国際シンポジウム」で、現在、わが国の「南京大虐殺」派を代表する笠原十九司《とくし》氏が「ラーベは5〜6万と言っているが、彼の目の届かない郊外や、彼が去った後の犠牲者を足すと三十万人ぐらいになるはず」との見解を述べたところ、中国を代表して参加していた孫宅巍《そんたくぎ》氏は、「三十万人は南京城内だけの数字である。地域や時期を勝手に広げ

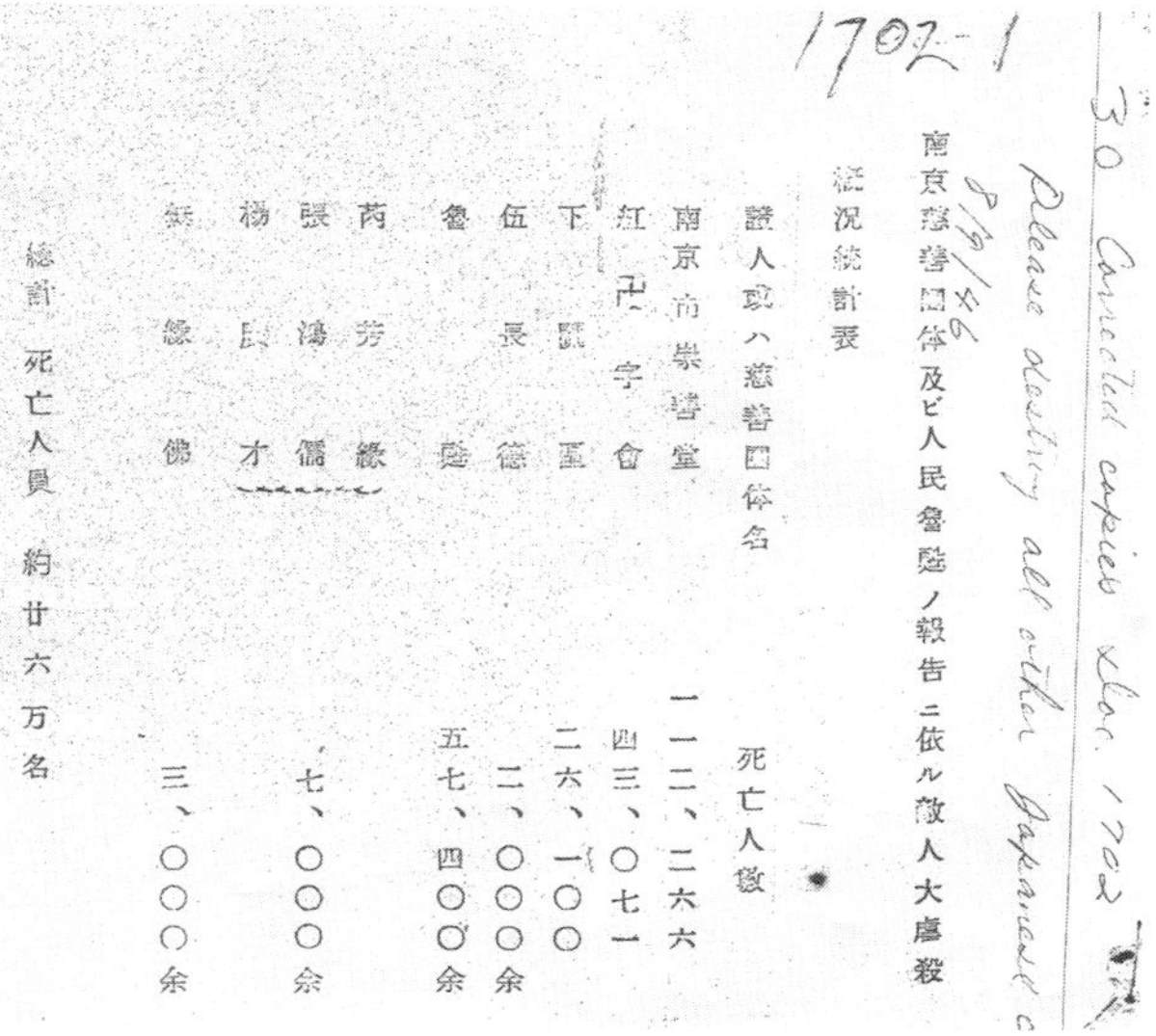

1702-1

30 Corrected copies ... 1702

Please destroy all other Japanese c...

8/19/46

南京慈善団体及ビ人民魯甦ノ報告ニ依ル敵人大虐殺

概況統計表

諸人或ハ慈善団体名	死亡人数
南京市崇善堂	一一二、二六六
紅卍字会	四三、〇七一
下関区	二六、一〇〇
伍長徳	二、〇〇〇余
魯甦	五七、四〇〇余
芮芳縁 張鴻儒 楊廣才	七、〇〇〇余
呉旋佛	三、〇〇〇余

総計 死亡人員 約廿六万名

『南京慈善団体及ビ人民魯甦ノ報告ニ依ル敵人大虐殺：概況統計表』（東京裁判検察側資料：1702-No.1）

【解説】 この統計表にある埋葬団体の「南京市崇善堂」は虚偽資料と確定しており、「紅卍字会」は、一部改竄が認められるが当時の朝日新聞と南京城内の埋葬数は1桁まで合致している。しかし、他の一方的な証言は、裏付ける客観的な一次資料は無いので、「法」に基づいた法廷では証拠採用されることは無い。

『SAPIO』の表紙（1998年12月23日号）

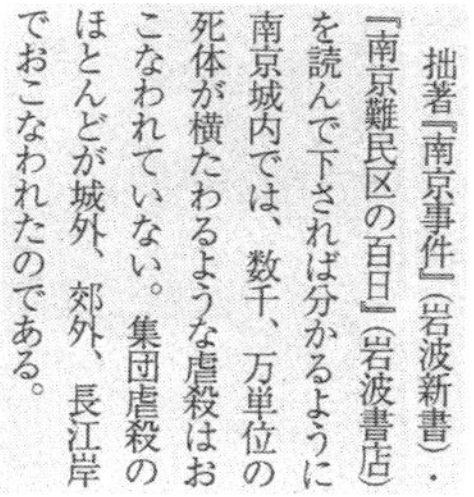

拙著『南京事件』（岩波新書）・『南京難民区の百日』（岩波書店）を読んで下されば分かるように南京城内では、数千、万単位の死体が横たわるような虐殺はおこなわれていない。集団虐殺のほとんどが城外、郊外、長江岸でおこなわれたのである。

SAPIOの本文から抜粋

てもらっては困る」と異議をとなえていたのです。

ちなみに、笠原氏は、1998年12月23日号『SAPIO』誌に「南京城内では、数千、万単位の死体が横たわるような虐殺はおこなわれていない」と寄稿していました。

この孫氏の見解が、現在も中国の「公式見解」と同じであり、〝CNN〟は、2017年1月25日「南京大虐殺では大量殺人や強姦、略奪が行われ、1週間で推定30万人が死亡したといわれている。……南京大虐殺を扱った文書は豊富にある。第2次世界大戦後の東京裁判でも議論され、2015年にはユネスコの世界記憶遺産に登録された」と、中国の見解と同じようなことを世界に配信していました。

南京城陥落当時「紅卍字会」以外埋葬活動はしていなかった

中国は、崇善堂の埋葬の数が「ゼロ」になり、紅卍字会の南京城内埋葬数「1793体」の確定を阻止するため、他にも埋葬団体はあったなどと言い訳できないように、145頁の『南京市政概況』と146頁の『南京』を精査し、南京市の埋葬団体を調べてみました。

その結果『南京市政概況』に記載されている**【掩埋】**（埋

葬）と記載され中華民国27（昭和13）年に活動をしていた団体は、紅卍字会以外に「明徳慈善堂」「衆志復善堂」「公善南堂」「崇仁堂」「同善堂」「徳正恤爐會」の六団体がありました。

そこで146頁の『南京』を精査して活動状況を調べると、「衆志復善堂」は、活動を再開したのが民国27年（1938年）5月から、「公善南堂」「崇仁堂」「同善堂」「徳正恤爐會」が、活動を再開したのが民国27年（1938

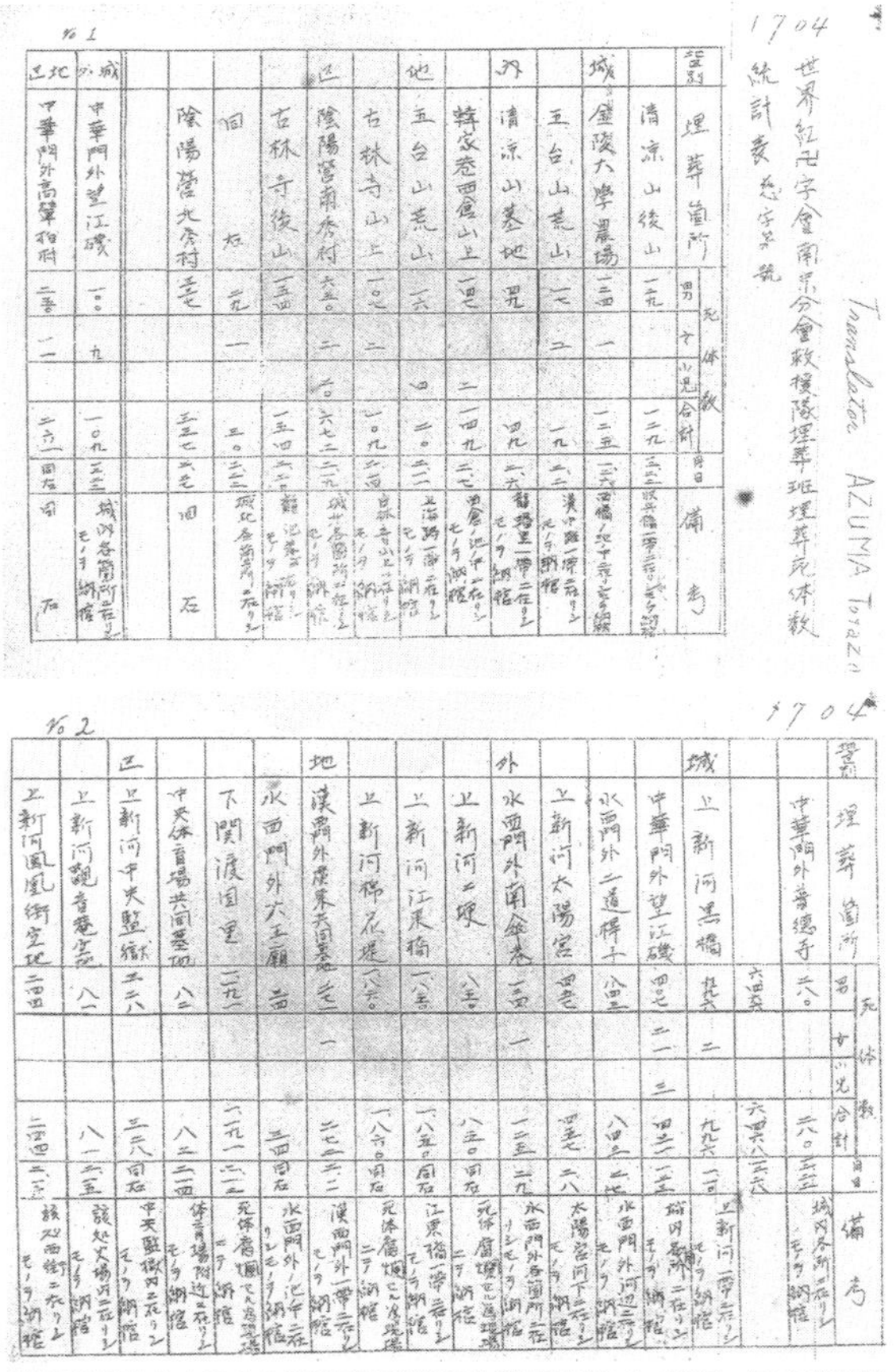

『世界紅卍字会南京分会救援隊埋葬班死体数統計表』（一覧表）〈東京裁判検察側資料〉上（1704-No.1）下（1704-No.2）

年）8月であり、南京城外の埋葬もほとんど終わっていました。

また「明徳慈善堂」は民国27年（1938年）12月まで活動してませんでした。

要するに、南京攻略戦の遺体整理は、紅卍字会が行ったことが確定したのです。仮に中国が主張する「南京大虐殺30万人」となると、紅卍字会だけで30万人埋葬したことになります。

東京裁判検察側資料は近代法治主義を無視していた

東京裁判は、日本を「断罪」できるなら、どのような出鱈目な資料や「伝聞」など、なんでもありで、近代法治国家の裁判ではあり得ない、「偽証罪」もなかった裁判だったのです。

150頁の「安全区の人口に関する資料一覧表」で分

かるとおり、１９３７年12月13日から１９３８年1月中旬までに、20万人から25万人に増えています。

その統計表を裏付けることを、東京日日新聞が報道していました。それは、１３１頁と１３２頁の記事です。

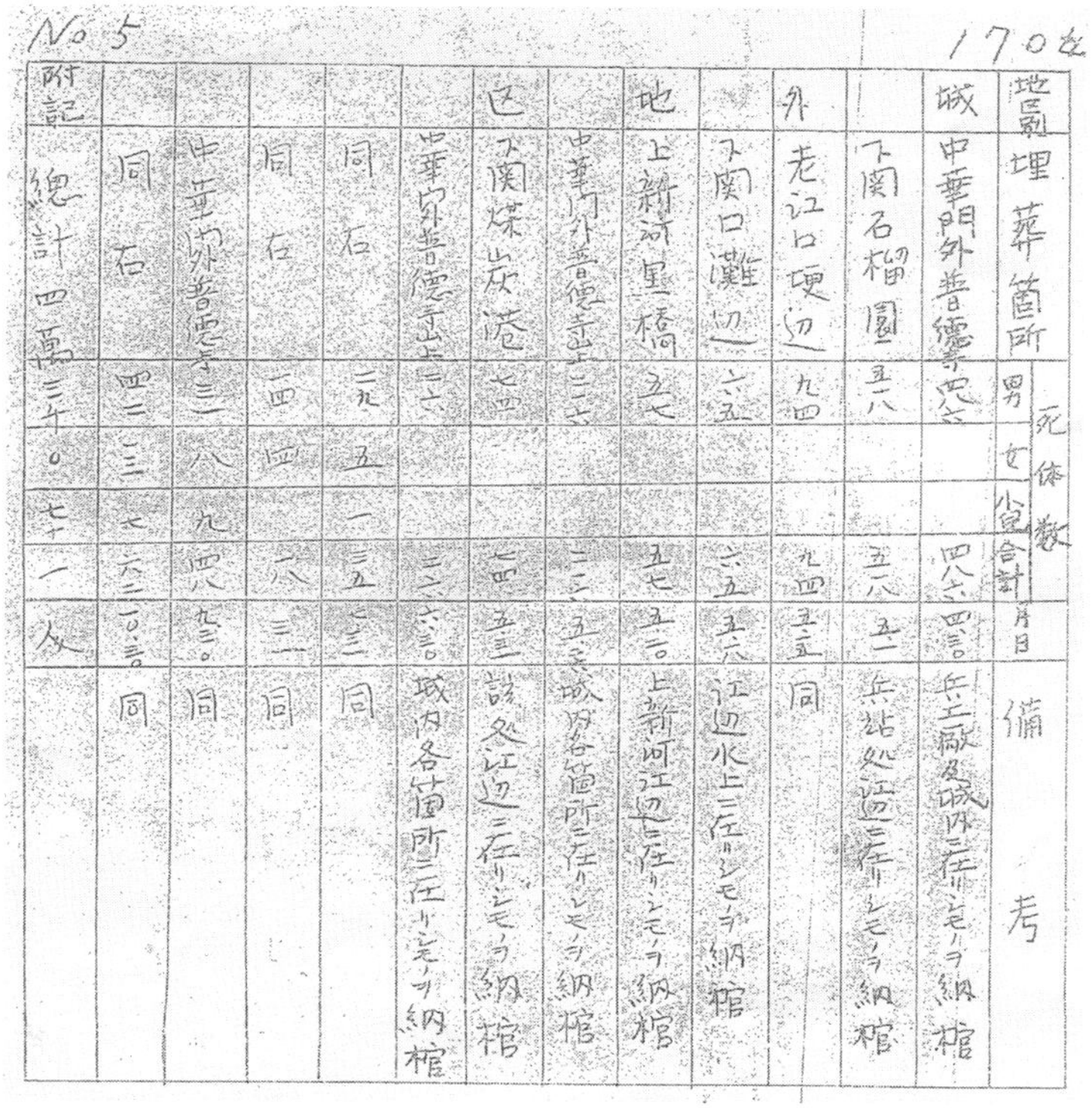
No. 5　1704

埋葬箇所	死体数 男	女	小童	合計	月日	備考
城 中華門外普徳寺	四八六			四八六	四三	兵工廠及城内ニ在リシモノヲ納棺
下関石榴園	五八			五八	五一	兵站処辺ニ在リシモノヲ納棺
外 老江口埂辺	九四			九四	五五	同
下関口灘辺	六五			六五	五六	江辺水上ニ在リシモノヲ納棺
地 上新河黒橋	五七			五七	五二〇	上新河江辺ニ在リシモノヲ納棺
中華門外普徳寺山上	二二六			二二六	五二六	城内各箇所ニ在リシモノヲ納棺
区 下関煤炭港	七四			七四	五三	該処江辺ニ在リシモノヲ納棺
中華門外普徳寺山上	二二六			二二六	六三	城内各箇所ニ在リシモノヲ納棺
同右	一二九	五	一	一三五	七三	同
同右	一四	四		一八	三一	同
中華門外普徳寺	三一	八	九	四八	九三〇	同
同右	四二	三	七	六二	一〇三	同
附記 総計四萬三千〇七十一人						

『世界紅卍字会南京分会救援隊埋葬班死体数統計表』（一覧表）〈東京裁判検察側資料〉（1704-No.5）

『南京陥落1ヶ月：皇軍の光に浴して既に〝大地〟は甦《よみがえ》った：嬉《うれ》しや愛妻を車に載せて帰る農民』（１９３８年1月14日付）《【南京にて十三日井上特派員発】十三日は南京陥落後丁度一ヶ月目に当たる。入城当時屍臭《ししゅう》の充満していた南京も皇軍の手で清掃され、わが軍を苦しめた紫金山要塞《ようさい》も今はなごやかにほゝ笑んでいる。避難民区の避難民も安心し切って皇軍の温情に感激し早朝から破損家屋の修理、食糧、燃料、調度品の運搬等に努め陥落一ヶ月目の南京は完全に平和を取り戻した、外国関係では米国領事館が開かれ、またハーケンクロイツの旗を立てた自動車も日の丸の林を縫って頻繁に往来している》とあり、避難民が続々戻り活況を呈している情景がよく解ります。

また『〝新生南京〟の夜明け：支那娘も大道を闊歩《かっぽ》 大手を振る〝圓〟の威力 僅《わず》か一ヶ月にこの活気』（南京にて十七日　本社特派員 金子義男発：１９３８年1月18日付）《街を歩くとまづ驚かされるのは支那婦人の多くなったことだ、陥落当時は老人のほか絶えて姿を見せなかったのに、いまは支

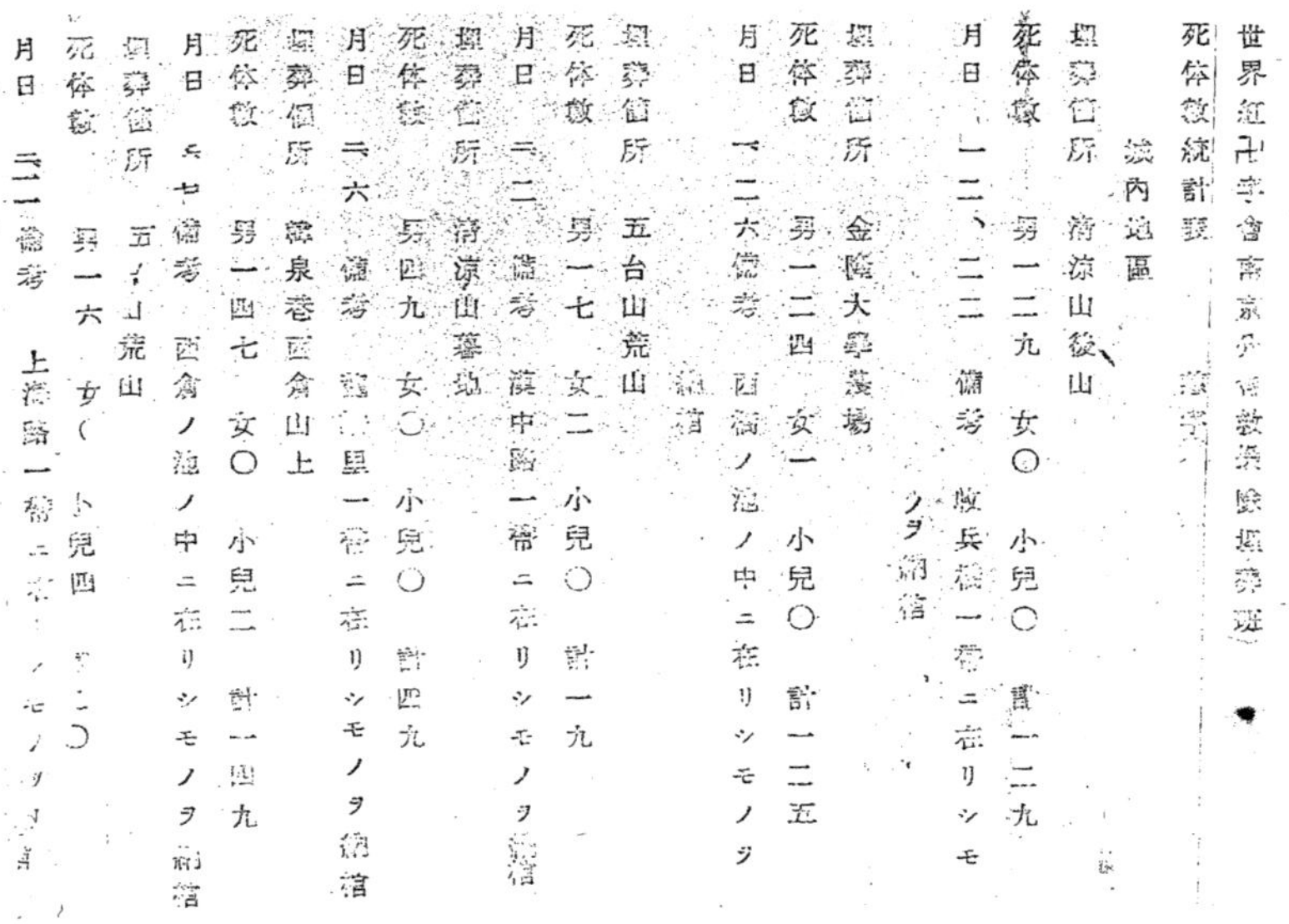

世界紅卍字會南京分會救援隊埋葬班
死体数統計表
城内地區
埋葬箇所 清涼山後山
死体数 男一二九 女〇 小児〇 計一二九
月日 一二、二二 備考 敗兵[illegible]一帯ニ在リシモノヲ納棺
埋葬箇所 金陵大學農場
死体数 男一二四 女一 小児〇 計一二五
月日 [illegible]二六 備考 西倉ノ池ノ中ニ在リシモノヲ納棺
埋葬箇所 五台山荒山
死体数 男一七 女二 小児〇 計一九
月日 [illegible] 備考 漢中路一帯ニ在リシモノヲ納棺
埋葬箇所 清涼山墓地
死体数 男四九 女〇 小児〇 計四九
月日 [illegible]六 備考 [illegible]里一帯ニ在リシモノヲ納棺
埋葬箇所 龍泉巷西倉山上
死体数 男一四七 女〇 小児二 計一四九
月日 [illegible] 備考 西倉ノ池ノ中ニ在リシモノヲ納棺
埋葬箇所 五台山荒山
死体数 男一六 女[illegible] 小児四 計二〇
月日 [illegible] 備考 上海路一帯ニ[illegible]シモノヲ[illegible]

『世界紅卍字会南京分会救援隊埋葬班死体数統計表：城内地区』（個別箇条書資料）〈東京裁判検察側資料〉（1702-7）

分類	資料		昭和年・月・日	人数（万人）	備考
国際委員会公式文書	T 6 号		12. 12. 17	20	T：テインパーリー「戦争とは何か」・（外国人の見た日本軍の暴行） J：徐淑希「南京安全区檔案」
	T 9 号	J 20 号	12. 12. 21	20	
	T 14 号	J 26 号	12. 12. 27	20	
	T1 9 号	J 41 号	13. 1. 14	25 ～ 30	
	T 22 号	J 43 号	13. 1. 17	25	
		J 46 号	13. 1. 18	25	
	T 24 号	J 47 号	13. 1. 19	25	
		J 49 号	13. 1. 22	25	
	T 26 号	J 54 号	13. 1. 28	25	
		J 68 号	13. 2. 10	25	
統計	国際救済委員会調査 南京地区における戦争被害		12. 12. ） 13. 3.	人 221, 150	スミス博士と助手による推計
報告	アメリカ大使館報告		13. 1.	20 ～ 25	エスピー報告
	ドイツ 〃 〃		13. 1.	20	ラーベ報告
証言	許伝音		21. 7. 26	20 ～ 30	極東国際軍事裁判検察側証人
	M・S・ベイツ		21. 7. 29	221, 000人	
参考	R・O・ウイルソン		21. 7. 25	戦前 100 12月初め 50	同上 鼓楼病院医師

注　洞富雄編「日中戦争史資料第８・９巻（南京事件Ⅰ・Ⅱ）」（河出書房新社）に基づいて板倉由明氏が作成したもの

安全区統計表

那の婦人殊に娘が大道狭しと闊歩している、勿論《もちろん》上流家庭の娘でないことは一見してもわかるが、それでも中には若いかれ氏と打ち興じながら歩くかの女もあった、治安が維持されている大きなひとつの証左でなくて何であらう、中山路の広場をはじめ悒江門付近一帯も今は屍臭なく秩序が回復されている》とあり、両記事も一日平均約６００人が安全区３・８平方キロ内で「虐殺」されていたと証する南京城内の情景です。

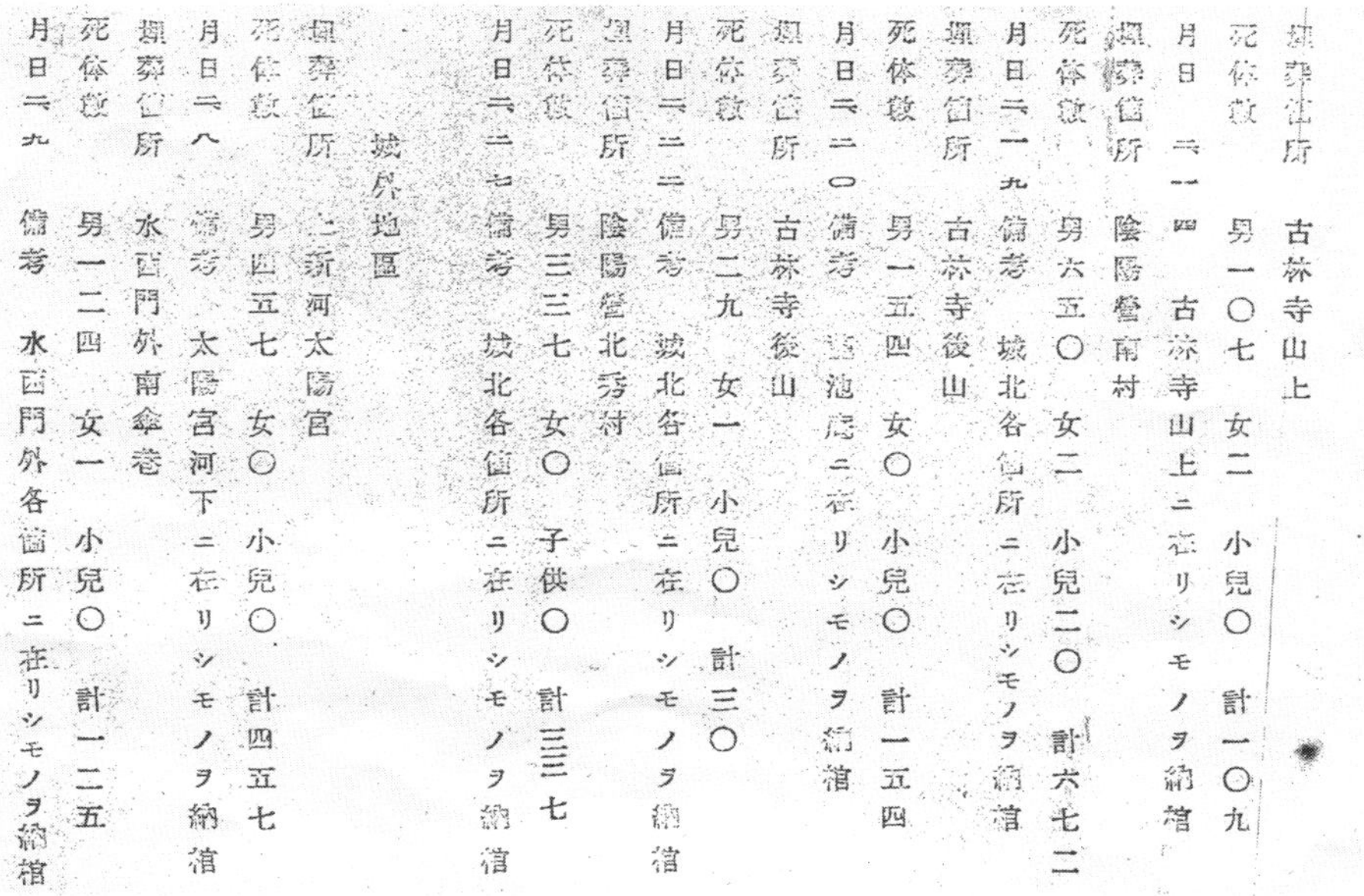

埋葬箇所　古林寺山上
死体数　男一〇七　女二　小児〇　計一〇九
月日　十二一四　古林寺山上ニ在リシモノヲ納棺
埋葬箇所　陰陽營南村
死体数　男六五〇　女二　小児二〇　計六七二
月日十二一九　備考　城北各箇所ニ在リシモノヲ納棺
埋葬箇所　古林寺後山
死体数　男一五四　女〇　小児〇　計一五四
月日十二二〇　備考　[illegible]池處ニ在リシモノヲ納棺
埋葬箇所　古林寺後山
死体数　男二九　女一　小児〇　計三〇
月日十二二二　備考　城北各箇所ニ在リシモノヲ納棺
埋葬箇所　陰陽營北秀村
死体数　男三三七　女〇　子供〇　計三三七
月日十二二七　備考　城北各箇所ニ在リシモノヲ納棺
城外地區
埋葬箇所　上新河太陽宮
死体数　男四五七　女〇　小児〇　計四五七
月日十二二八　備考　太陽宮河下ニ在リシモノヲ納棺
埋葬箇所　水西門外南傘巷
死体数　男一二四　女一　小児〇　計一二五
月日十二二九　備考　水西門外各箇所ニ在リシモノヲ納棺

『世界紅卍字会南京分会救援隊埋葬班死体数統計表：城内地区』東京裁判検察側資料（1702-8）

東京裁判に提出していた2種類の紅卍字会死体数統計表

東京裁判に提出していた「紅卍字会：埋葬死体数統計表」は、検察に証拠として2種類受理されていました。その1つは、一般的に知られている「図表型統計表」（以下：図表）、そしてこのたび明らかにしたのが、図表を作成するために時系列に書かれた「個別箇条書統計表」（以下：個別）です。

１９８０年代、１４８頁下No.2の「図表」に「地区・埋葬箇所・備考」欄が空白にかかわらず、「12月28日：（男）６４６６人：（合計）６４６８人」（合計で2人プラスされている）と、統計表最大の「埋葬数」の記載があり、これは後から「書き込んだか否か」を板倉由明氏と洞富雄氏が論争をしていました。しかし、昭和天皇や重光葵《しげみつまもる》駐華公使に対する「爆弾テロ」を指示していた金九《きんきゅう》を匿っていた反日宣教師フィッツの日記に、12月28日「雪」と記されていた他、南京にいた連隊兵士の日誌に「大雪」と記載されていたことが明らかになると、「大虐殺派」は沈黙してしまったのです。

これまでも述べてきましたが、言論を検閲するだけでなく、「歴史は政治」として、いちいち問題にしてくる

埋葬個所　上新河二埂
死体数　男八五〇　女〇　小児〇　計八五〇
月日一二、二九　備考　死体腐爛セルタメ現場ニテ納棺
埋葬個所　上新河江東橋
死体数　男一八五〇　女〇　小児〇　計一八五〇
月日一二、二九　備考　江東橋一帯ニ在リシモノヲ納棺
埋葬個所　上新河棉花堤
死体数　男一八六〇　女〇　小児〇　計一八六〇
月日一二、二九　備考　死体腐爛セシタメ現場ニテ納棺
埋葬個所　漢西門外漢京共同墓地
死体数　男二七一　女一　小児〇　計二七二
月日一二、三一　備考　漢西門一帯ニ在リシモノヲ納棺
埋葬個所　水西門外大王廟
死体数　男三四　女〇　小児〇　計三四
月日一二、三一　備考　水西門外ノ池ノ中ニ在リシモノヲ納棺
埋葬個所　下関渡固里
死体数　男一一九一　女〇　子供〇　計一一九一
月日一、一二　備考　死体腐爛セル為現場ニテ納棺
埋葬個所　中央体育場共同墓地
死体数　男八二　女〇　子供〇　計八二
月日一、一四　備考　体育場附近ニ在リシモノヲ納棺
埋葬個所　上新河中央監獄

『同前』（1702-9）

中国の主張に対して、筆者は反証する興味は一切ありません。

ズバリ急所をつく「証拠」を明らかにできるか否か、明らかにできたから本書を上梓した次第です。

筆者は、中国人でも尊敬できる善良な個人の存在は認めますが、中国共産党の政府・団体・党員の「南京虐殺事件の主張」には、99％相手にする必要はないと判断しています。

それではその証拠を開示します。南京研究者で、紅卍字会の統計表の「図表」を知らない者はおりません。ところが、その「図表」を作成するための「個別」統計表を計算した者はいませんでした。それは、両資料最後の総埋葬数が「43071体」と、同数になっていたからだと思われます。

この「個別」統計表がスクープとして蘇るきっかけになった143頁の『大阪朝日新聞：北支版』（1938年4月16日付）の内容から明らかにします。【南京便り・林田特派員：第五章・衛生の巻：大仕事は死体整理】《戦いのあとに南京でまず整理しなければならないものは敵の遺棄死体であった。壕を埋め、小川に山と重なってゐる幾万とも知れない死体、これを捨ておくことは、衛生的にいつても人心安定の上からいつても害悪が多い。…

『南京への道』（単行本）
昭和62〈1987〉年1月20日

川に山と重なつてゐる幾万とも知れない死体、これを捨ておくことは、衛生的にいつても人心安定の上からいつても害悪が多い。（中略）そこで紅卍会と自治委員会と日本山妙法寺に属するわが僧侶らが手を握つて片づけはじめた。腐敗したのをお題目とともにトラックに乗せ一定の場所に埋葬するのであるが、相当の費用と人力がかかる。人の忌む悪臭をついて日一日の作業はつづき、最近までに城内で一千七百九十三体、城外で三万三百十一体を片づけた。約一万一千円の入費となつてゐる。苦力も延五、六万人は動いてゐる。しかしなほ城外の山のかげなどに相当数残つてゐるので、さらに八千円ほど金を出して真夏に入るまでにはなんとか処置を終はる予定である。

このころの新聞を見ると、南京についてはたとえば次のような記事が見られる。（『朝日新聞』一九三八年四月八日付朝刊）

「242頁」

『南京への道』（文庫本）
昭和64〈1989〉年12月20日

南京市の『
が大きく掲

どに相当数残つてゐるので、さらに八千円ほど金を出して真夏に入るまでにはなんとか処置を終はる予定である。

「347頁」

死体処理には紅卍会が活躍するが、春先になってからは崇善堂が主力になって片付け作業をしている。それに加わった一人が、さきに「皇軍一斉南京城に殺到」の章で「ありふれた強姦事件」の体験を語った崔金貴さん（二〇三ページ）である。崔さんの体験のつづきはつぎのとおりであった。

「348頁」

…そこで紅卍会と自治委員会と日本山妙法寺に属するわが僧侶らが手を握つて片付づけはじめた。腐敗したのをお題目とともにトラックに乗せ一定の場所に埋葬するのであるが、相当の費用と人力がかかる。人の忌む悪臭をついて日一日の作業はつづき、最近までに城内で一千七百九十三体、城外で三万三百十一体を片づけた。約一万一千円の入費となつてゐる。苦力も延五、六万人は動いてゐる。しかしなほ城外の山のかげなどに相当数残ってゐるので、さらに八千円ほど金を出して真夏に入るまでにはなんとか処置を終はる予定である。防疫方面についてわが現地當局者間に防疫委員会が生れ十月には大掃除を市内全部（以下略）》とあります。

本多勝一氏は南京城内死体数「1793体」を決定的な証拠と気づいていた〝動かぬ証拠〟

本多勝一氏もこの「1793体」が「決定的な証拠」と判断していたと分かったのは、単行本を文庫化するにあたって、「（単行本に）ごく一部書き加えたものです」と、文庫版あとがきにあり、そのごく一部が、言論人であれば決してやってはいけない「資料の改竄《かいざん》」と疑われる姑息なことを行った証拠を発見したからです。

それは、153頁単行本『南京への道』では「……八千円ほど金を出して真夏に入るまでにはなんとか処置を終はる予定である。」と、「北支版」からの引用の終わりが分かるように「二行」空けてあります。ところが、文庫版『南京への道』では、同じ「北支版」の記事を「347頁」に引用して、その記事を続けて読めるかたちで「348頁」冒頭から「死体処理には紅卍会が活躍するが、春先になってからは崇善堂が主力になって片付け作業をしている。…」と、前頁の「……なんとか処置を終わる予定である。」に繋《つな》げて読めるようにしているのです。

実際の記事は、「……なんとか処置を終わる予定である。防疫方面についてわが現地当局者間に……」となっており、本多氏は目的をもって加筆した以外に考えられないのです（143頁参照）。

死体数　男三二八　女〇　子供〇　計三二八
月日　二一四　備考　中央監獄ニ在リシモノヲ納棺
埋葬箇所　上新河観音庵空地
死体数　男八一　女〇　子供〇　計八一
月日　二一五　備考　鼓楼火場内ニ在リシモノヲ納棺
埋葬箇所　上新河鳳凰街空地
死体数　男二四四　女〇　小児〇　計二四四
月日　二一六　備考　鼓楼西街ニ在リシモノヲ納棺
埋葬箇所　漢中門外ニ道禅子
死体数　男一一二三　女〇　小児〇　計一一二三
月日　二一八　備考　鼓楼河辺ニ在リシモノヲ納棺
埋葬箇所　上新河北河口空地
死体数　男三八〇　女〇　小児〇　計三八〇
月日　二一八　備考　北河口一帯ニ在リシモノヲ納棺
埋葬箇所　下関九家圩
死体数　男四八〇　女〇　小児〇　計四八〇
月日　二一八　備考　下関沿江辺ニ在リシモノヲ納棺
埋葬箇所　下関魚雷営旁
死体数　男五二四　女〇　小児〇　計五二四
月日　二一九　備考　死体腐爛セシタメ現場ニテ納棺
埋葬箇所　下関草鞋閘空地
死体数　男一九七　女〇　小児〇　計一九七
月日　二二〇　備考　魚雷営碼頭ニ在リシモノヲ納棺

『同前』（1702-10）

埋葬箇所　下関草鞋閘空地
死体数　男二二六　女〇　小児〇　計二二六
月日　二二一　備考　魚雷営碼頭ニ在リシモノヲ納棺
埋葬箇所　下関魚雷営碼頭
死体数　男弐〇〇〇　女〇　小児〇　計弐〇〇〇
月日　二二一　備考　死体腐爛セシタメ現場ニテ納棺
埋葬箇所　下関石榴園
死体数　男一四七　女〇　小児〇　計一四七
月日　二二一　備考　幕府山旁ニ在リシモノヲ納棺
埋葬箇所　幕府山下
死体数　男一一五　女〇　小児〇　計一一五
月日　二二一　備考　草鞋閘後方ニ在リシモノヲ納棺
埋葬箇所　上新河王廟村
死体数　男二一七　女〇　小児〇　計二一七
月日　二二一　備考　王廟村霞台等ニ在リシモノヲ納棺
埋葬箇所　下関草鞋閘空地
死体数　男一五一　女〇　小児〇　計一五一
月日　二二二　備考　魚雷営碼頭ニ在リシモノヲ納棺
埋葬箇所　下関魚雷営碼頭
死体数　男三〇〇　女〇　小児〇　計三〇〇
月日　二二二　備考　死体腐爛セルタメ現場ニテ納棺
埋葬箇所　中華門外普徳寺貧民墓地
死体数　男一〇六　女〇　小児〇　計一〇六

『同前』（1702-11）

それは、紅卍字会の「1793体」だけなら「南京城内30万人虐殺」と辻褄《つじつま》が合わなくなるため、当時の新聞記事を「改竄」したと、読者に批判されても反論できないでしょう。

本多氏は同文庫版の中では、何処から何処まで、新聞や証言等からの引用か、分かるように執筆しているのですが、「同北支版記事」

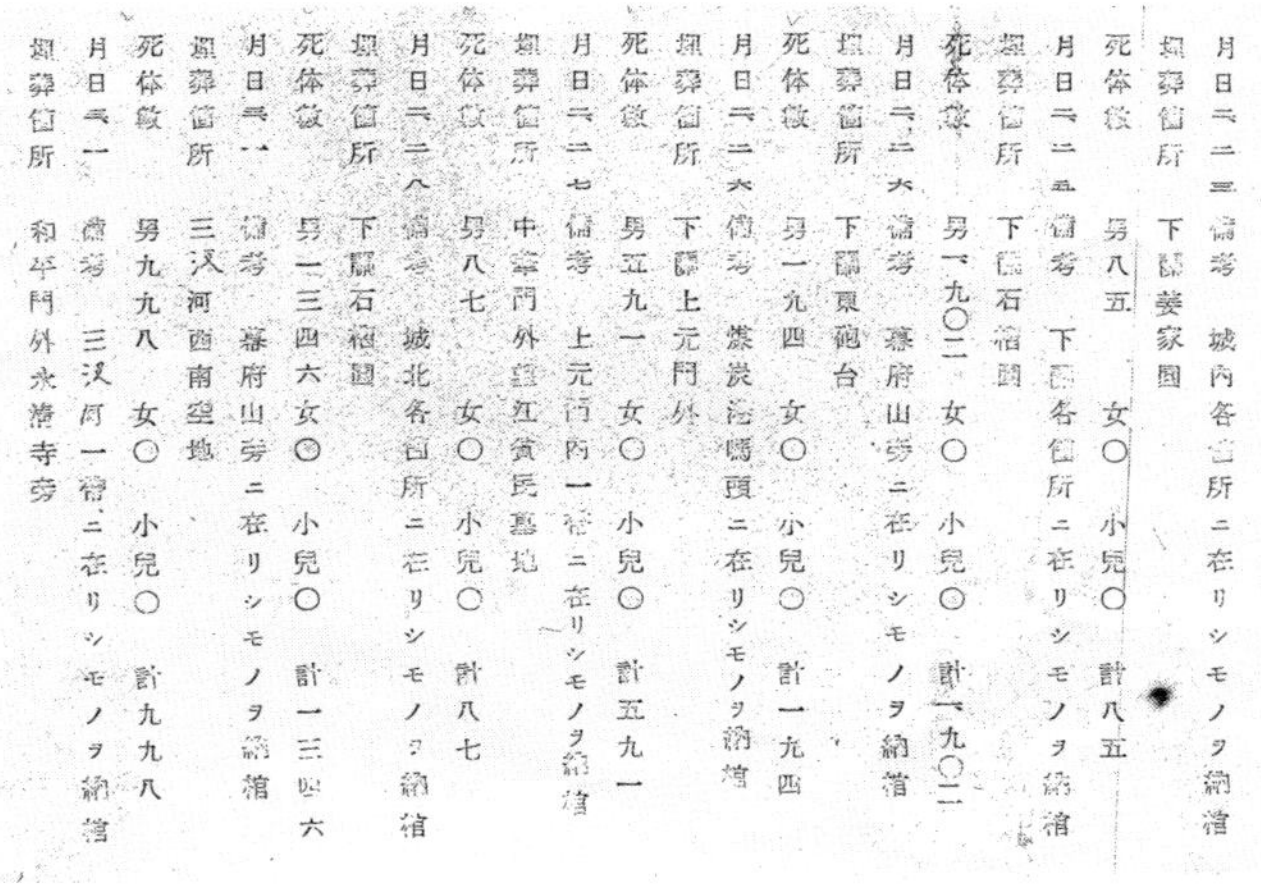
月日 二二三 備考 城内各個所ニ在リシモノヲ納棺
埋葬個所 下関姜家圃
死体数 男八五 女〇 小児〇 計八五
月日 二二五 備考 下関各個所ニ在リシモノヲ納棺
埋葬個所 下関石榴園
死体数 男一九〇二 女〇 小児〇 計一九〇二
月日 二二六 備考 幕府山旁ニ在リシモノヲ納棺
埋葬個所 下関東砲台
死体数 男一九四 女〇 小児〇 計一九四
月日 二二六 備考 煤炭港碼頭ニ在リシモノヲ納棺
埋葬個所 下関上元門外
死体数 男五九一 女〇 小児〇 計五九一
月日 二二七 備考 上元門内一帯ニ在リシモノヲ納棺
埋葬個所 中華門外望江磯貧民墓地
死体数 男八七 女〇 小児〇 計八七
月日 二二八 備考 城北各個所ニ在リシモノヲ納棺
埋葬個所 下関石榴園
死体数 男一三四六 女〇 小児〇 計一三四六
月日 三一 備考 幕府山旁ニ在リシモノヲ納棺
埋葬個所 三汊河西南空地
死体数 男九九八 女〇 小児〇 計九九八
月日 三一 備考 三汊河一帯ニ在リシモノヲ納棺
埋葬個所 和平門外永清寺旁

『同前』（1702-12）

だけ分からなくなっており、読者が誤誘導されるように加筆されていることは悪質です。

同北支版記事の前部で「紅卍会」と表記されていますが、本多氏が加筆した文も「紅卍会」と記載することで、同記事と一体の文書と誤解してしまいます。

それは、当時の資料等は「紅卍字会」を一般的に使用

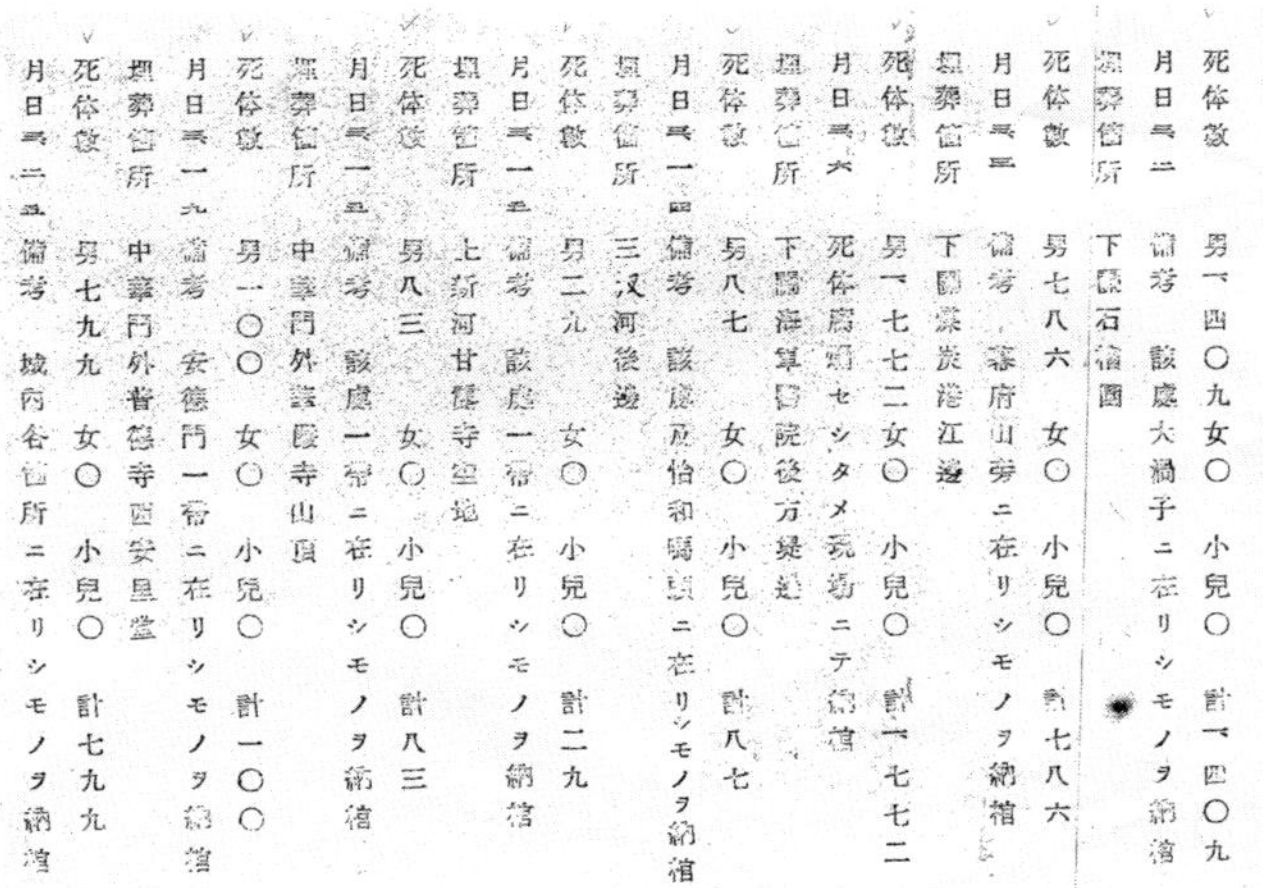
死体数 男一四〇九 女〇 小児〇 計一四〇九
月日 三二 備考 該處大涌子ニ在リシモノヲ納棺
埋葬個所 下関石榴園
死体数 男七八六 女〇 小児〇 計七八六
月日 三三 備考 幕府山旁ニ在リシモノヲ納棺
埋葬個所 下関煤炭港江邊
死体数 男一七七二 女〇 小児〇 計一七七二
月日 三六 備考 死体腐爛セシタメ現場ニテ納棺
埋葬個所 下関海軍醫院後方堤邊
死体数 男八七 女〇 小児〇 計八七
月日 三一四 備考 該處及怡和碼頭ニ在リシモノヲ納棺
埋葬個所 三汊河後邊
死体数 男二九 女〇 小児〇 計二九
月日 三一五 備考 該處一帯ニ在リシモノヲ納棺
埋葬個所 上新河甘露寺空地
死体数 男八三 女〇 小児〇 計八三
月日 三一五 備考 該處一帯ニ在リシモノヲ納棺
埋葬個所 中華門外護國寺山頂
死体数 男一〇〇 女〇 小児〇 計一〇〇
月日 三一九 備考 安徳門一帯ニ在リシモノヲ納棺
埋葬個所 中華門外普徳寺西安星堂
死体数 男七九九 女〇 小児〇 計七九九
月日 三二五 備考 城内各個所ニ在リシモノヲ納棺

『同前』（1702-13）

しており、本多氏の同文庫版『南京の道』の341頁、342頁でも「紅卍字会」を使っているので、3文字の「紅卍会」をつかったのは、同「北支版」記事との一体化を狡猾《こうかつ》に策していたように思われます。

そして、同書が発行されたとき、すでに産経新聞のスクープで、「崇善堂」が埋葬活動を行ってなかったことは、報道されていましたが、それを無視しなければ「埋葬死体数」から「南京虐殺事件の噓」が崩れることを認識していたと思われます。

南京城内の民間人と特定できる死者は「30万人」ではなく〝34人〟だった

それでは本書の核心を解説します。紅卍字会個別死体

数統計表は、１５０頁から１５７頁に掲載したものです。

城内と城外は別々に記載されています。

まず、前述した12月28日の「(合計) ６４６８体」は、南京城内外の統計に記載されていません。それは「個別箇条書統計表」に、加筆する隙間がないからできなかったと解釈できます。

この「個別」統計資料の城内の埋葬記録を計算すると、「男：１７５９体」「女：８体」「小児：26体」で合計「１７９３体」になり、『朝日新聞：北支版』の《城内で一千七百九十三体》と、１桁《けた》まで一致したのです。

埋葬箇所　太平門外城壁後
死体数　男五〇〇　女〇　小兒〇　計五〇〇
月日　三二七　備考　死体腐爛セルタメ現場ニテ納棺
埋葬箇所　上新河甘露寺空地
死体数　男三五四　女〇　小兒〇　計三五四
月日　三二三　備考　該處一帯ニ在リシモノヲ納棺
埋葬箇所　中華門外安德里西山上
死体数　男一三三　女〇　小兒〇　計一三三
月日　三二四　備考　上新河附近ニ在リシモノヲ納棺
埋葬箇所　中華門外普德寺貧民墓地
死体数　男一一七七　女〇　小兒〇　計一一七七
月日　四一四　備考　城南北各所ニ在リシモノヲ納棺
埋葬箇所　上新河賈家墳園空地
死体数　男七〇〇　女〇　小兒〇　計七〇〇
月日　四一六　備考　上新河各所ニ在リシモノヲ納棺
埋葬箇所　三汊河空地
死体数　男二八二　女〇　小兒〇　計二八二
月日　四一九　備考　三汊河口一帯ニ在リシモノヲ納棺
埋葬箇所　下關煤炭港空地
死体数　男三八五　女〇　小兒〇　計三八五
月日　四二七　備考　江邊水上ニ在リシモノヲ納棺
埋葬箇所　下關兵站處江邊
死体数　男一〇二　女〇　小兒〇　計一〇二

『同前』(1702-14)

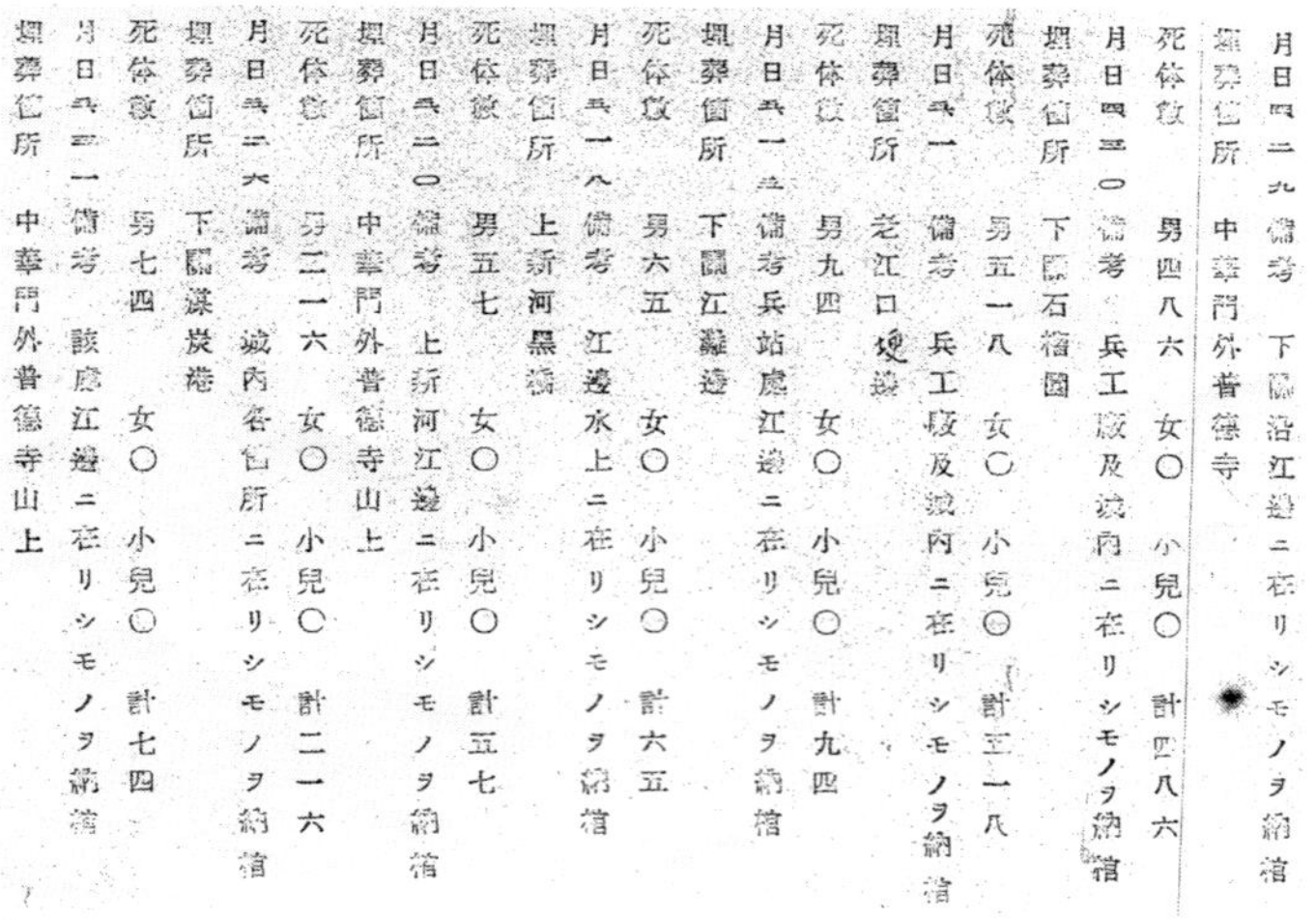
月日　四二九　備考　下關沿江邊ニ在リシモノヲ納棺
埋葬箇所　中華門外普德寺
死体数　男四八六　女〇　小兒〇　計四八六
月日　四三〇　備考　兵工廠及城内ニ在リシモノヲ納棺
埋葬箇所　下關石榴園
死体数　男五一八　女〇　小兒〇　計五一八
月日　五一　備考　兵工廠及城内ニ在リシモノヲ納棺
埋葬箇所　老江口塘邊
死体数　男九四　女〇　小兒〇　計九四
月日　五一二　備考　兵站處江邊ニ在リシモノヲ納棺
埋葬箇所　下關江邊
死体数　男六五　女〇　小兒〇　計六五
月日　五一八　備考　江邊水上ニ在リシモノヲ納棺
埋葬箇所　上新河黒橋
死体数　男五七　女〇　小兒〇　計五七
月日　五二〇　備考　上新河江邊ニ在リシモノヲ納棺
埋葬箇所　中華門外普德寺山上
死体数　男二一六　女〇　小兒〇　計二一六
月日　五二六　備考　城内各所ニ在リシモノヲ納棺
埋葬箇所　下關煤炭港
死体数　男七四　女〇　小兒〇　計七四
月日　五三一　備考　該處江邊ニ在リシモノヲ納棺
埋葬箇所　中華門外普德寺山上

『同前』(1702-15)

中国が喧伝している南京城内の民間人と特定できる死者数は「30万人」ではなく〝34人〟だったのです。

この南京城内の死体数「１７９３体」は、１１７頁の１９３８年１月９日付ニューヨーク・タイムズが参考になります。

そこには《……病院はおびただしい数の傷病兵をとうていさばききれず、……メインストリートでは

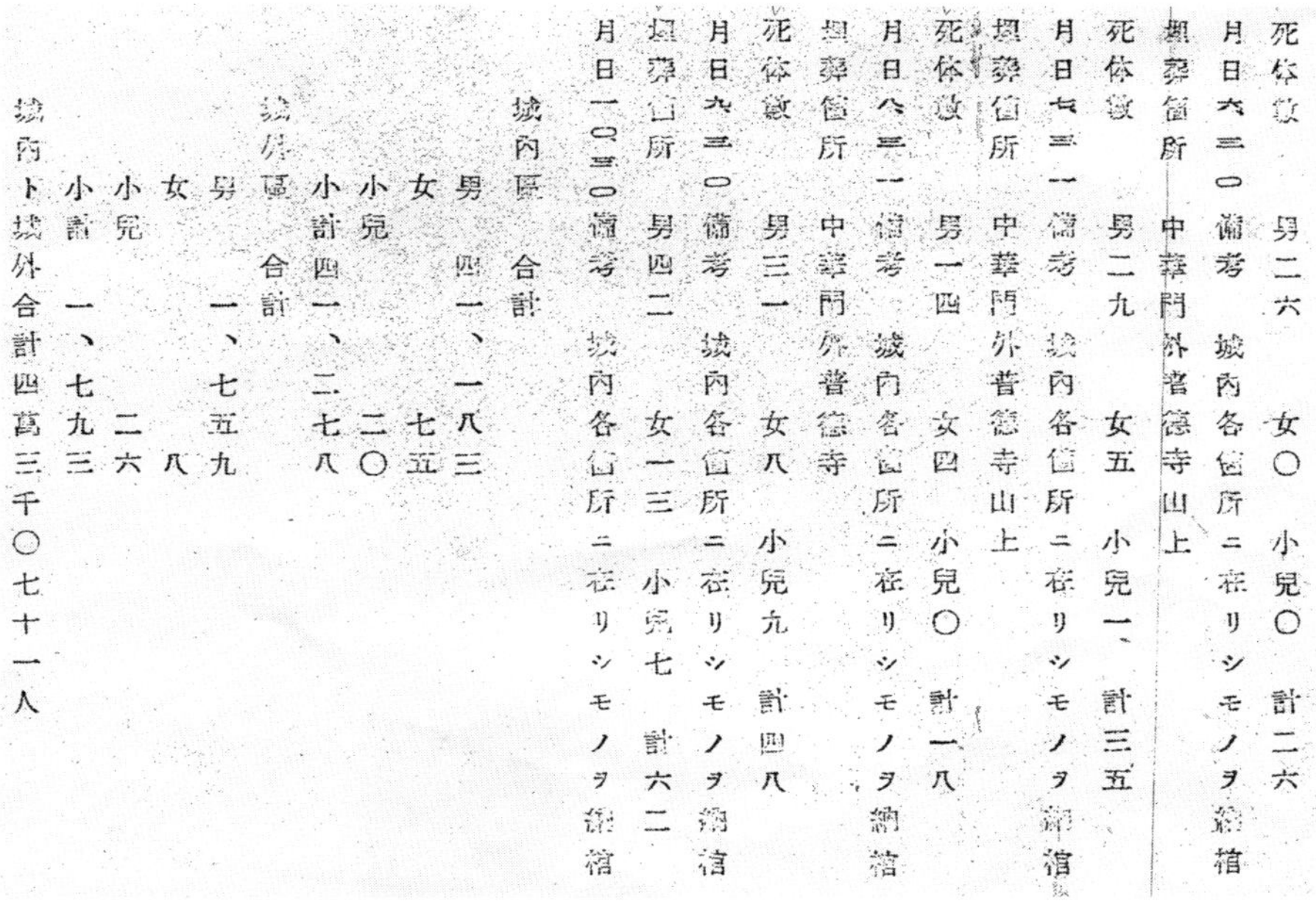
死体数　男二六　女〇　小児〇　計二六
月日六三〇備考　城内各個所ニ在リシモノヲ納棺
埋葬個所　中華門外普徳寺山上
死体数　男二九　女五　小児一、　計三五
月日七三一備考　城内各個所ニ在リシモノヲ納棺
埋葬個所　中華門外普徳寺山上
死体数　男一四　女四　小児〇　計一八
月日八三一備考　城内各個所ニ在リシモノヲ納棺
埋葬個所　中華門外普徳寺
死体数　男三一　女八　小児九　計四八
月日九三〇備考　城内各個所ニ在リシモノヲ納棺
埋葬個所　男四二　女一三　小児七　計六二
月日一〇三〇備考　城内各個所ニ在リシモノヲ納棺
城内区　合計
男　四一、一八三
女　七五
小児　二〇
小計　四一、二七八
城外区　合計
男　一、七五九
女　八
小児　二六
小計　一、七九三
城内ト城外合計四萬三千〇七十一人

世界紅卍字会南京分会救援隊埋葬班死体数統計表：城内地区』東京裁判検察側資料（1702-16）

何百人となく死んでいった。……入院中であった五〇〇人》と、報道していましたので、ほとんどは傷病兵だったと判断できるでしょう。1937年12月18日付ロンドンタイムズの「通りには死体が散在したが女性の死体はなかった」と、合致します。

紅卍字会の城内の死体整理作業は、1937年12月22日～1938年2月27日までに終了していました。また城外は、1938年2月8日～1938年10月30日までに終了していたのです。

城外の「個別」統計資料を計算すると「男：31891体」「女：32体」「小児：17体」で合計「31940体」となり、この計算結果は、同「北支版」の「城外で30311体」より、「1629体」プラスになっているのは、同記事から約半年後の集計ですので合理的な「数」と判断できるのです。

157頁の「個別」統計資料の小計・合計をご覧ください。

まず『城内区』と『城外区』の表記が逆になっています。数の少ない城内区「小計：1793」は箇条書資料の計算と一致しました。ところが城外区「小計：41278」は、個別統計資料を計算すると「31940」だったのです。

この結果、城内［１７９３体］と城外［３１９４０体］の正確な合計は、［４３０７１体］ではなく［３３７３３体］になります。

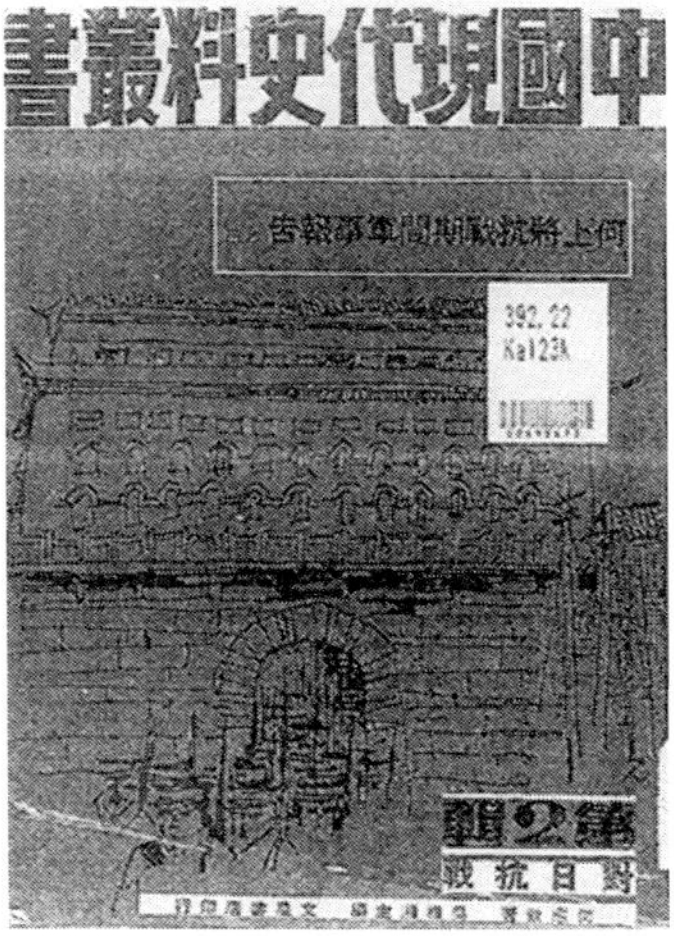

『何上将抗戦期間軍事報告書』（上冊、文星書店、台湾、中華民国51年（昭和37〈1962〉年）表紙

（南京攻略戦）

附表（三〇）

國軍抗戰官兵傷亡統計表　軍政部軍務司製 二十九年六月

年度	區分		第一戰區	第二戰區	第四戰區	第四戰區
第一年度	官佐	負傷	2.520	1.362	3.288	
		陣亡	1.242	702	1.638	
		合計	3.762	2.064	4.926	
	士兵	負傷	47.094	23 198	62.052	
		陣亡	24.144	12.750	31.362	
		合計	71.238	35.928	93.414	
	官兵傷亡總數		75.000	37.992	98.340	
第二年度	官佐	負傷	5.055	2.728	6.579	
		陣亡	2.505	1.404	3.287	
		合計	7.560	4.132	9.866	
	士兵	負傷	94.200	46.373	124.120	
		陣亡	48.300	25.501	62.734	
		合計	142.500	71.874	186.854	
	官兵傷亡總數		150.060	76.006	196.720	
第三年度	官佐	負傷	397	1.480	1.031	165
		陣亡	165	1.037	500	39
		合計	562	2.517	1.531	204
	士兵	負傷	6.889	19.246	17.329	1.030
		陣亡	5.614	24.527	7.468	819
		合計	12.503	43.773	24.797	1.849
	官兵傷亡總數		13.065	46.290	26.328	2.053
第四年度	官佐	負傷	153	566	757	1.659
		陣亡	73	388	308	1.262
		合計	208	954	1.065	2.921
	士兵	負傷	2.647	12.293	15.218	41.243
		陣亡	1.973	11.398	9.338	63.075
		合計	4.620	23.691	24.556	104.318
	官兵傷亡總數		4.828	246.45	25.621	107.239
總計			242.953	184.933	347.009	109.292

『何上将抗戦期間軍事報告書』付録［國軍抗戦官兵傷亡統計表：軍政部軍務司製二十九年（1940年）六月］

この結果、これまで認識されていた紅卍字会埋葬死体数統計表の［４３０７１体］は間違いで、［９３３８体］も水増しされていたのであり、実際は［３３７３３体］が正しい「数」だったのです。

この結果から導き出される最終結果は、日本軍と戦ったのは中国共産党ではなく、中華民国だったのであり、中華民国51年（１９６２年）に［中華民国］が出版した『何上将抗戦期間軍事報告書』の「國軍抗戦官兵傷亡統計表：軍政部軍務司製二十九年六月」は、南京陥落から3年後の１９４０年に作成された公式記録であり第1級の「一次資料」として価値があります。

この統計表の南京攻略戦部分は、第1年度の「第四戦區」に記載されています。そこには［官佐：陣亡（死亡）１６３８］［士兵：陣亡（死亡）３１３６２］とあり、将兵の死亡合計は［３３０００体］となり、ほとんど紅卍字会埋葬死体処理数［３３７３３体］と合致するのです。両統計の誤差は、戦争に巻き込まれた戦災被害者と、南京特務機関長大西一大尉の部下で、紅卍字会に死体整理費用を直接支払っていた丸山進特務機関員が「急いで疫病の蔓延《まんえん》を防ぐため、少し水増しを認め支払っていた」（『謎解き「南京事件」東京裁判の証言を検証する』阿羅健一著、ＰＨＰ研究所）と、証言していたのです。

「歴史裁判」で完勝した「南京郵便袋虐殺事件裁判」とは

「南京郵便袋虐殺事件裁判」とは、1993年4月14日に訴状を東京地裁に提出し、2000年1月21日に最高裁は2審判決を支持し上告棄却、原告・橋本光治・第16師団歩兵第20連隊第1大隊第3中隊小隊長の完全勝利で終結した裁判です。

この裁判は、橋本小隊長の部下・東史郎上等兵が、自著で「南京城内で郵便袋に中国人の大人を入れて、手榴弾を縛り着けガソリンで火をつけ沼に放り投げて殺した」と、表現した前後の内容から、その実行者が橋本光治氏と特定されることで、橋本氏が訴えた裁判だったのです。

「南京虐殺本」判決

中国外務省が「不当」

「歴史の事実を顧みない」

【北京25日=古森義久】南京事件に関する本の虚構の記述で名誉を傷つけられたとする旧日本軍兵士の訴えを認めた東京高裁の判決に対し中国は二十五日、さらに非難を広げ、外務省スポークスマンが公式に同判決を不当だと批判した。日本側では谷野作太郎駐中国大使が同日、中国側が同判決を南京事件自体の否定とみるのは間違いだとする「説明」を伝えた。中国側はこの問題への非難を外交問題化させる兆しをもみせており、かつて日中関係を後退させた光華寮事件の再現を懸念する向きもある。

『産経新聞』(平成10〈1998〉年12月26日付)

この裁判は、中国も強い関心を示して、中国国内では「南京大虐殺の証拠」などとメディアが大騒ぎしていました。

日本国内では、1994年5月27日、地裁公判中にTBSの『筑紫哲也ニュース23』が、被告人東史郎氏を出演させて、《「ガソリンぶっかけて、ガソリンというのをね、たった1リッターかけても、ブワッと広がるんです。ぼーッと飛び上がりおった。飛び上がって、転げるわけね」ナレーション(8秒)「〈おい、そんなに熱ければ、冷たくしてやろうか〉と言うと、手りゅう弾を二発、袋の紐《ひも》に結びつけて沼の中へほうりこんだ」……》と、裁判に予断を与えるようなことを一方的に語らせたのです。

その過程で筆者は、高裁に提出する「実証実験」写真報告書を製作しました。そのとき作成した郵便袋は、原告側が地裁で「国内郵便袋」とし、高裁では「国際用郵便袋」と変えてきましたが、両郵便袋を「縦横各5㎝」大きくつくり、中国から当時と同じような「綿いり」の上着を取り寄せ、靖国神社の社務所の二階会議室を借りて撮ったのが160頁の写真です。

実験の結果、地裁の「郵便袋」には片足、高裁の「郵便袋」には腰までしか入りませんでした。

1998年12月22日、東京高裁判決の「物理的に不可

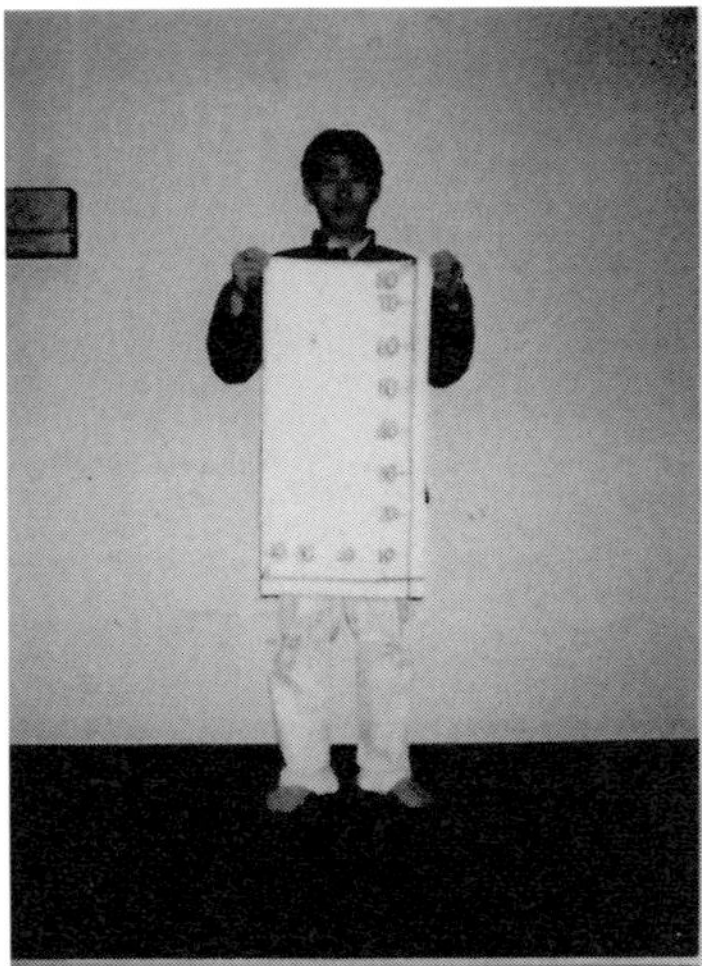
寫眞五
竝行嚢の大を示してゐる（甲第十八號證の一）

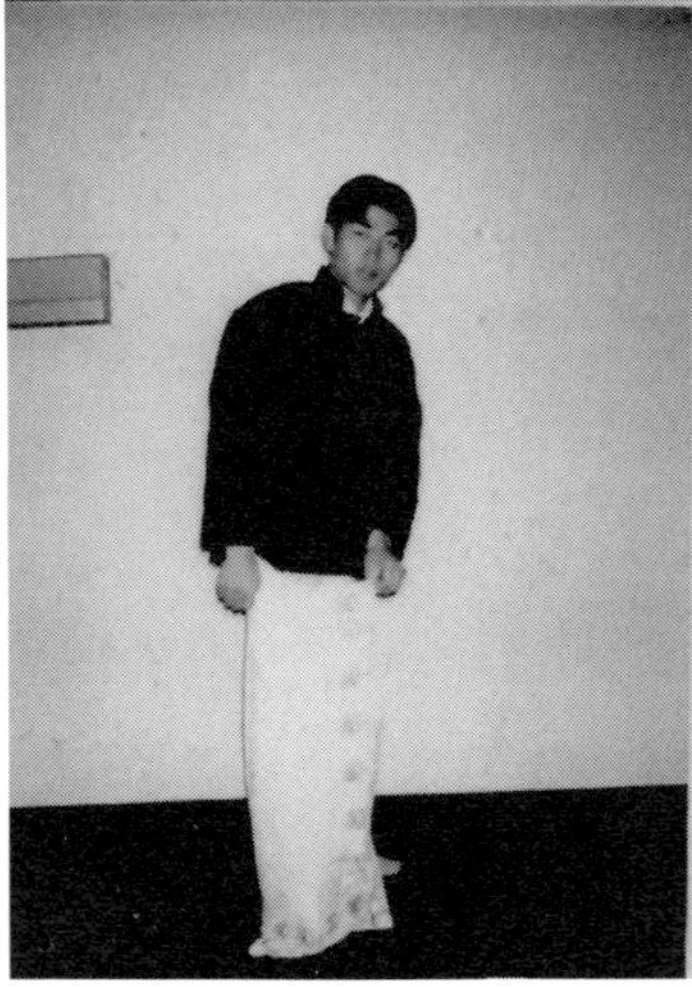
寫眞六　右行嚢を足から入れたもの
股下しか入らない

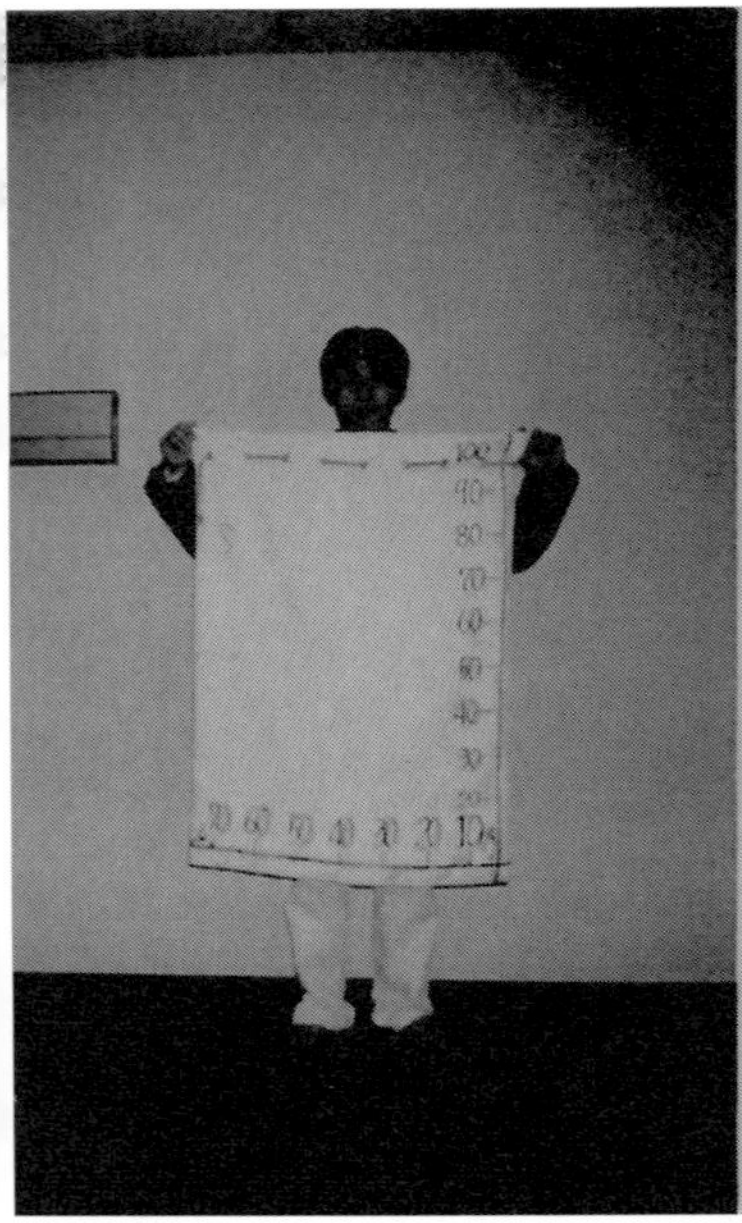
寫眞八　外國郵便用の行嚢
一センチ大めに作成した

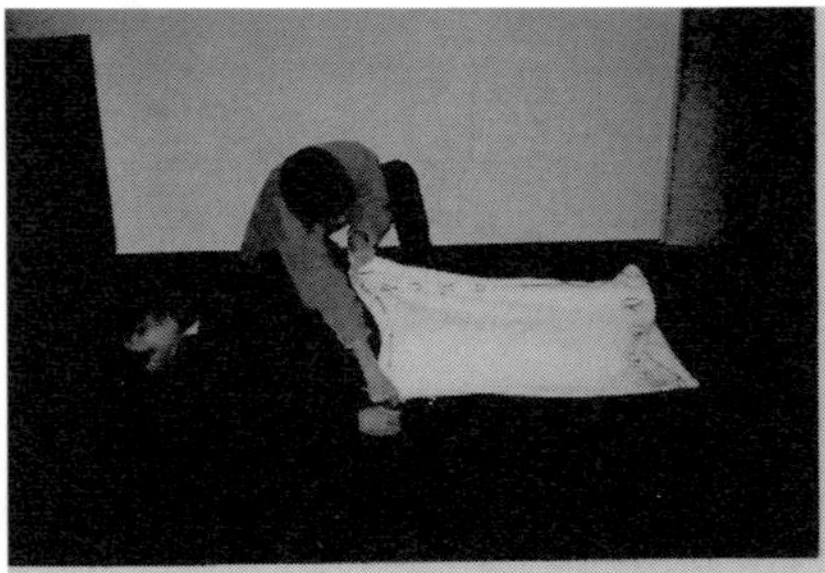
寫眞九　右行嚢に足から入れたもの
腰のあたりまでしか入らない

『東京高等裁判所提出［写真報告書（甲第105号）1998年5月12日］靖国神社社務所にて、水間政憲撮影

能である」の一文は、この「写真報告書」が決定的な「証拠」となり導きだした判決だったのです。

２０１６年12月、朱成山《しゅせいざん》・南京大虐殺記念館名誉館長が来日し、東京で「南京大虐殺七十九カ年東京証言集会」が開催され、その会場で「東史郎氏は正しい」と、参加者が裁判の内容を知らないことを見越して発言していました。

中国は、いまだに「南京郵便袋虐殺物語」を根拠にしていることで、なにも証拠がないことをさらけ出しています。

この高裁公判中、小林よしのり氏を法廷に案内し、そこで田中正明著『南京事件の総括』等、南京関係資料を提供したことがきっかけになり、『戦争論』（Ⅰ）で南京問題が取り上げられ、南京論争の「土俵」が全国区になったのです。

「百人斬り裁判」に提出されなかった内閣府賞勲局の「決定的証拠」

「百人斬《ざ》り裁判」とは、東京日日新聞が南京攻略戦の〝戦意高揚記事〟「百人斬り競争」(4回)を証拠として、1948年1月28日、南京雨花台で向井敏明少尉、野田毅少尉がたった1回の公判で死刑にされた遺族の方が、2003年4月28日に東京地裁に毎日新聞と朝日新聞らを提訴した裁判です。

[特集] 南京大虐殺「100人斬り訴訟」が暴いた
大新聞の「歴史的ウソ」

「ホラ話を書いた」

さらに、向井少尉は南京で裁判を受ける前に、東京でも取調べを受けているが、この時には釈放されている。

南京事件に詳しい評論家の小堀桂一郎氏はいう。

「南京戦は近代戦で、銃撃戦ですから刀を振るって100人も斬るなんてことはありえない。戦後まもなくB、C級戦犯を裁く目的で、2人は米軍によって取調べを受けていますが、米軍だって近代戦とわかっているから、事情を聞いてすぐ釈放したのです」

今回の裁判では、新たな証拠が提出される予定である。裁判を支援しているジャーナリストの水間政憲氏はいう。

「南京攻略では、武勲のあった兵士に金鵄勲章が授与されました。仮に戦闘行為で100人斬ったことが事実なら、最高の武勲として記録されているはずです。しかし実際には、記録を調べてみても2人とも受章していません。つまりそもそも100人斬りなどなかったということになるのです」

被告側は非を認めていない。毎日新聞は裁判の中で、

「適正に取材し、かつ正確に記録したもので記事は真実である。他者が誤って引用したとしても、それは今の毎日の責任ではない」

と主張している。だが、当の毎日新聞自身が、平成元年に発行した「昭和史全記録」の中の南京関連の項目で、「100人斬りは事実無根だった」とはっきり記述しているのだから、その矛盾をどう説明するのか。

また、朝日新聞も後に単行本となった本多勝一氏の連載について、

「60数年も前の新聞記事の記載を歴史上のものとして紹介したものであり、また、当該行為を当時の戦場でありがちだったものであると論評したものである。したがって、同記述によって両少尉の子や兄弟が社会的に非難されることになるとは、通常考えられない」(準備書面)

と主張するのである。

報道被害を訴える大新聞が、自社の「歴史的ウソ」には頬被りするつもりか。

『週刊新潮』(2004年7月22日号)

朝日新聞は、戦後、グレーゾーンにとどまっていた「百人斬り競争」を、1971年8月に連載を開始した「中国の旅」の中で、リメイクして取り上げたことで被告になっていました。

筆者は、この裁判の原告側訴訟委員として、参加していましたが「郵便袋虐殺事件裁判」のときと違い、スムーズに裁判に集中できる環境ではありませんでした。

地裁公判が佳境に入り、被告側の主張の矛盾点が明らかになり、その「急所」は日本政府が明らかにできると判断しました。

それは、上の記事にコメントがでていますが、毎日新聞は戦場を取材し事実を報道したと一貫して主張していましたので、「仮に戦闘行為で100人斬ったことが事実なら、最高の武勲として記録されている…

…」と、その武勲に対して国は、向井・野田両少尉に「金鵄《きんし》勲章」を授与しているはずですので、内閣府賞勲局に確認を求めていたのです。

その回答が、２００４年7月8日に届きましたので、同7月12日、佐藤振壽氏が地裁第１０３号法廷に原告側証人として出廷するために宿泊していたホテルで、筆者が弁護人に渡した「証拠」が左に掲載したものです。『週刊新潮』の記者もその場にいましたので記事になっているのです。

その内閣府賞勲局の回答は、上《お問い合わせのありました野田毅氏の金鵄勲章受章の件ですが、当局で調査した結果、発令の記録はございませんでした。》と下《ご依頼のありました向井敏明氏の叙勲の記録を送付いたします。①が旭6、瑞5の発令の記録。②が戦没者叙勲（旭4）の発令の記録です。（戦没者叙勲は発令回数毎に記録してあるため、発令日が記録されておりませんので、発令日がわかるように発令回数と発令日の対照表を一緒に送付します）》と、両少尉には「金鵄勲章」を授与してないことを国が証明してくれたのです。しかし、地裁・高裁・最高裁に、その「証拠」は提出されませんでした。

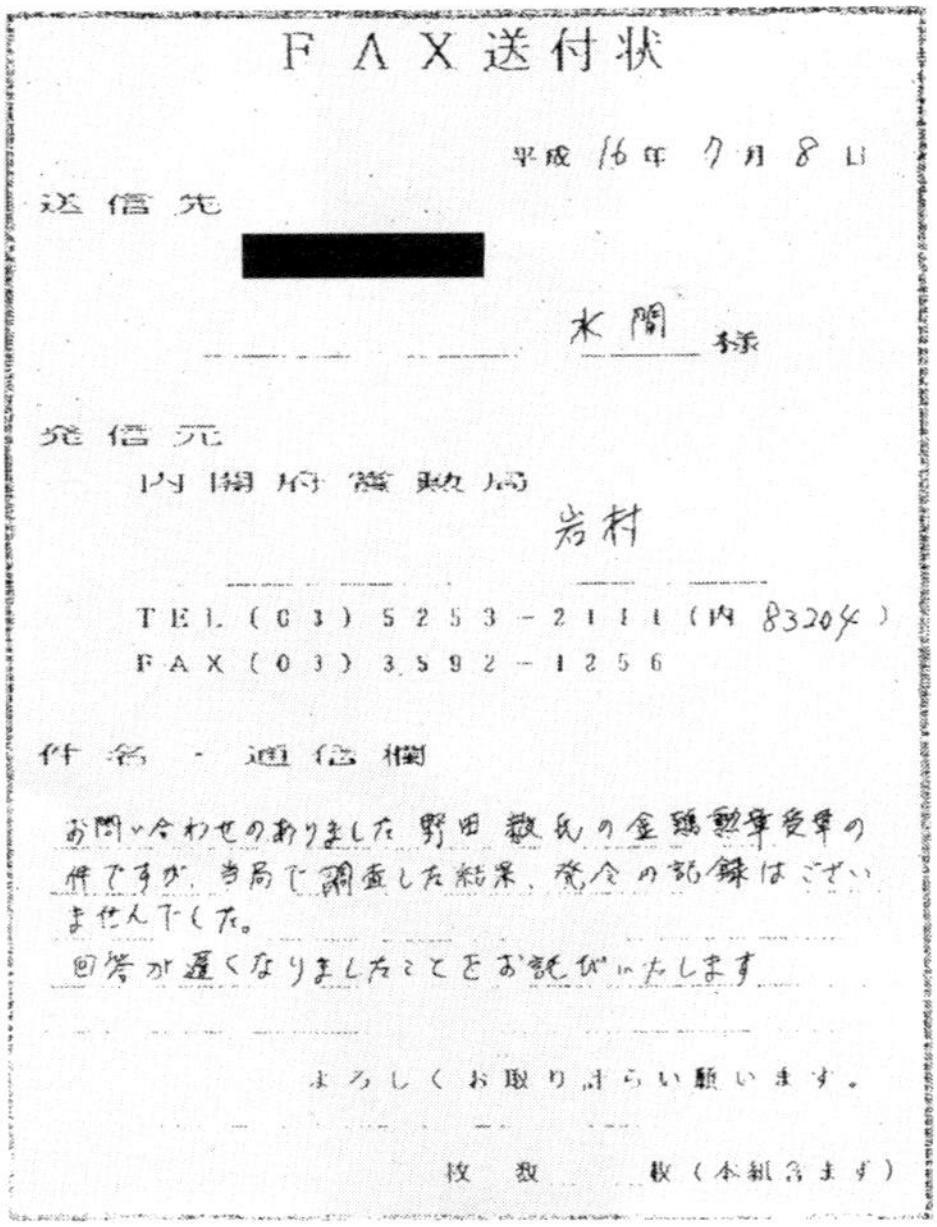
FAX送付状
平成16年7月8日
送信先
[redacted]
水間　様
発信元
内閣府賞勲局
岩村
TEL（03）5253－2111（内83204）
FAX（03）3592－1256
件名・通信欄
お問い合わせのありました野田毅氏の金鵄勲章受章の件ですが、当局で調査した結果、発令の記録はございませんでした。
回答が遅くなりましたことをお詫びいたします
よろしくお取り計らい願います。
枚数　枚（本紙含まず）

『野田毅「金鵄勲章」受章に関する内閣府賞勲局の回答」（2004年7月8日）

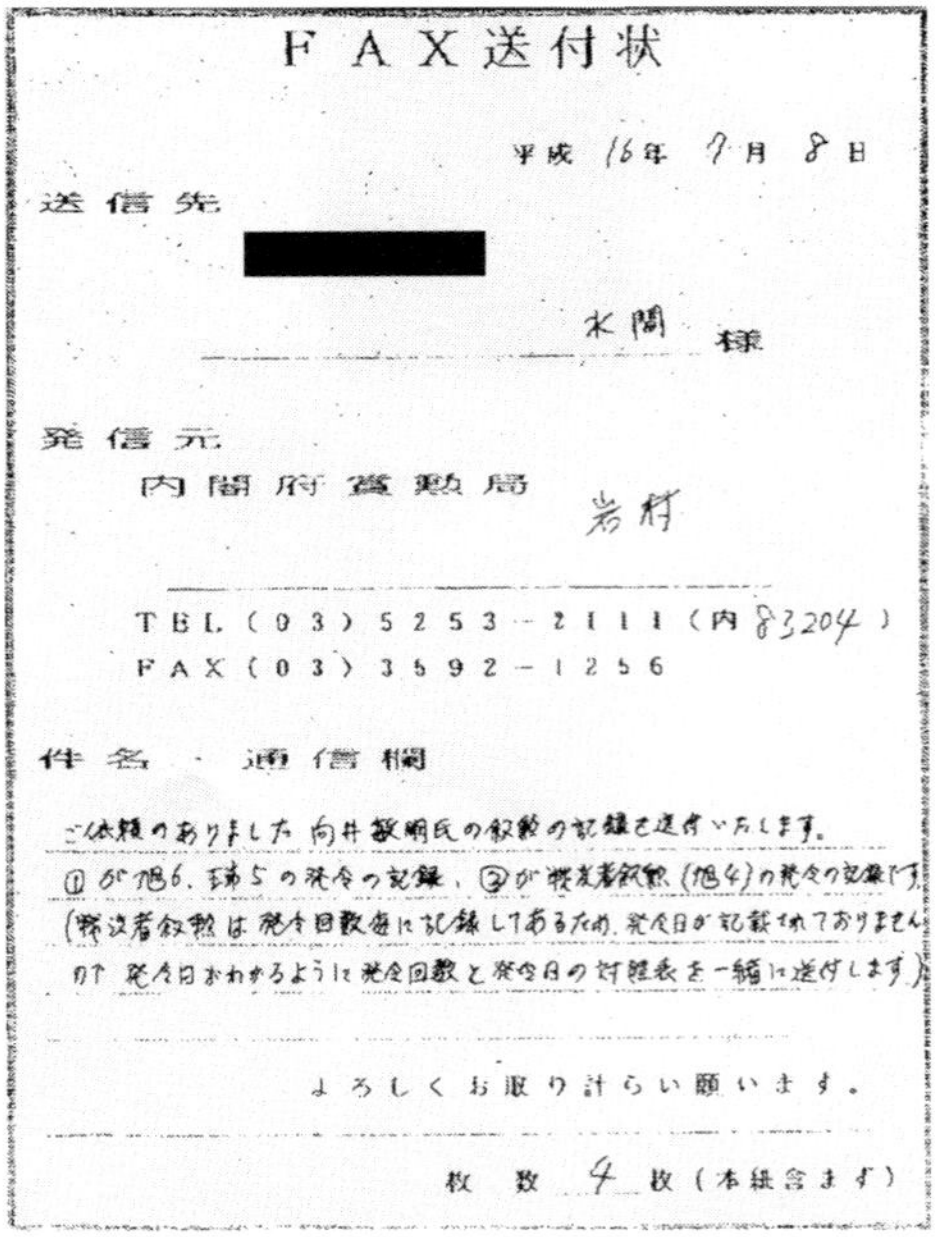
FAX送付状
平成16年7月8日
送信先
[redacted]
水間　様
発信元
内閣府賞勲局
岩村
TEL（03）5253－2111（内83204）
FAX（03）3592－1256
件名・通信欄
ご依頼のありました向井敏明氏の叙勲の記録を送付いたします。
①が旭6、瑞5の発令の記録、②が戦没者叙勲（旭4）の発令の記録です。
（戦没者叙勲は発令回数毎に記録してあるため、発令日が記録されておりませんので、発令日がわかるように発令回数と発令日の対照表を一緒に送付します）
よろしくお取り計らい願います。
枚数　4　枚（本紙含まず）

『向井敏明「金鵄勲章」受章に関する内閣府賞勲局の回答」（2004年7月8日）

①『陸軍刑法、陸軍懲罰令』昭和6（1931）年版

支那兵廿名西瓜斬り　上海陣の〝宮本武蔵〟

【上海にて高橋特派員二十一日發】

④『朝日新聞』昭和12（1937）年8月22日付

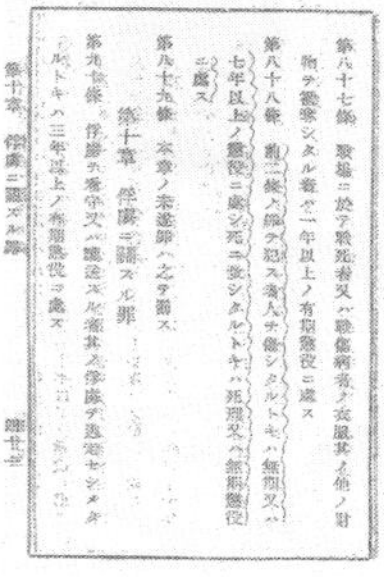

第八十七條　戰場ニ於テ戰死者又ハ戰傷病者ノ衣服其ノ他ノ財物ヲ褫奪シタル者ハ一年以上ノ有期懲役ニ處ス
第八十八條　前二條ノ罪ヲ犯ス者人ヲ傷シタルトキハ無期又ハ七年以上ノ懲役ニ處シ死ニ致シタルトキハ死刑又ハ無期懲役ニ處ス
第八十九條　本章ノ未遂罪ハ之ヲ罰ス
第十章　俘虜ニ關スル罪
第九十條　俘虜ヲ看守又ハ護送スル者其ノ俘虜ヲ逃走セシメタルトキハ一年以上ノ有期懲役ニ處ス

第十章　俘虜ニ關スル罪

②『同前』

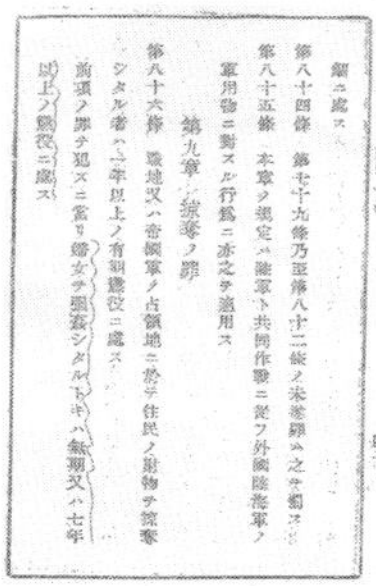

第九章　掠奪ノ罪

錮ニ處ス
第八十四條　第七十九條乃至第八十二條ノ未遂罪ハ之ヲ罰ス
第八十五條　本章ノ規定ハ陸軍ト共同作戰ニ從フ外國陸海軍ノ軍用物ニ對スル行爲ニ亦之ヲ適用ス
第九章　掠奪ノ罪
第八十六條　戰地又ハ帝國軍ノ占領地ニ於テ住民ノ財物ヲ掠奪シタル者ハ一年以上ノ有期懲役ニ處ス
前項ノ罪ヲ犯スニ當リ婦女ヲ強姦シタルトキハ無期又ハ七年以上ノ懲役ニ處ス

③『同前』

遺族の思いが国会議事録に記載された

「百人斬り裁判」は、２００５年8月23日、東京地裁が「原告請求全面棄却」。そして２００６年12月22日、最高裁も「上告棄却」で敗訴が確定しました。

わが国の裁判所はなにを畏《おそ》れていたのか、「百人斬り裁判」は新聞の「表現の自由」や「検閲の禁止」等も争点になっていたのであり、国民の関心が高い裁判でした。そのような裁判の審議や判決は、公開法廷で行うことが憲法で保障されていますが、佐藤振壽氏が法廷で証言した以降、非公開になったことは不可解なことでした。

東京日日新聞の「百人斬り競争」記事は、朝日新聞の「支那兵廿名西瓜《すいか》斬り　上海陣の〝宮本武蔵〟」④（１９３７年8月22日）の記事に触発された創作であり、その目的は現在も変わらない新聞販売競争だったのです。

そもそも、軍人は、ポケットサイズの「陸軍刑法、陸軍懲罰令」①を常に携行していました。そこには、②「第八十八条：前二条ノ罪（筆者注：強姦・略奪など）ヲ犯ス者人ヲ傷シタルトキハ無期又ハ七年以上ノ懲役ニ処シ死ニ到シタルトキハ死刑又ハ無期懲役ニ処ス」③「第九十二条：俘虜ヲ奪取シタル者ハ二年以上ノ有期懲役ニ処ス」とあり、戦後喧伝された軍人のイメージと実態はかけ離れているのです。

同裁判公判中、原告の向井千恵子さんは、筆者と親しいことが知れると「嫌がる人たちがいますので」とおっしゃり、電話で連絡をとっていたのですが、賞勲局の資料請求は向井千恵子さんの了解がなければできなかったのです。

向井さんから、敗訴が確定した後「あの賞勲局の資料どうして使ってもらえなかったのでしょう」と、連絡があり、筆者が「裁判所で敗訴になっても国権の最高機関の国会でお父上の名誉を回復することもできます」と伝え、自民党歴史議連南京問題小委員長・戸井田徹衆議院議員に相談したところ、快諾していただき、向井少尉の名誉は国会で回復してあります。

ざいます。
○戸井田委員　私の手元に、中国の南京軍事法廷で、通称百人切り競争の実行犯として、たった一回の公判で死刑になった向井敏明少尉に叙賜されたことを証明する文書があります。昭和四十五年の六月二十七日、政府は向井少尉に勲四等旭日章を叙賜したことになっています。そして、毎日新聞なんかでは、現在でも大武勲の事実報道をしていたとしていますが、当時、大武勲があれば必ずや逆に授与されたはずの金鵄勲章が、向井、野田両少尉には叙賜されていません。この事実は、日本政府が毎日新聞の記事が創作だったと判断していることになるわけでありますけれども。
現在、南京大虐殺記念館などに展示されていて、毎日新聞に掲載された両少尉の写真を撮った、元東京日日新聞カメラマンの佐藤振寿さんは、九十歳を過ぎていますが、まだお元気なんです。佐藤さんは、平成十六年の東京地裁に百人切り競争の裁判の証人として出廷したのでありますが、そのとき供述書で、百人切りはうそである、浅海はうそを書いたと同僚だった記者を批判して、百人切りはうそと断言しているのであります。それもこれも、当時の軍隊がどれだけ軍紀に厳しかったか知らないからこんなことになるんだというふうに思うんですね。
お手元に、軍事刑罰令の一部をコピーしたものがありますから、見ていただきたいと思います。強姦、捕虜を死亡させたら、七年とか死刑とかなんですよね。これは原本を見てもらったらわかるんですけれども、これは靖国神社からお借りしてきたんですね。こういうポケットタイプのものをみんな軍服のポケットに入れているわけです。僕もこれは初めて見ましたよ、こういう小型の。軍人手帳というのはよく恩給なんかのあれでもって罪者でないと認定したことになると思うんですけれども、福下さん、間違いないでしょうか。
○福下政府参考人　お答えいたします。
賞勲局の保管している資料には、向井敏明さんに金鵄勲章が授与されたという記録はございません。一方、昭和四十五年六月二十七日に、戦没者叙勲といたしまして勲四等旭日小綬章が授与されておられます。
ただ、賞勲局といたしまして、その向井敏明さんが犯罪者であったかどうかということをお答えする立場にはございませんので、答弁は差し控えさせていただきたいと思います。
○戸井田委員　やはりそういうあいまいなことなんですね。明確に発信されていない、これが日本の、日本人の性質なのかなというふうに思うんですけれども。
もう時間も参りましたけれども、私は、このたびのこういう従軍慰安婦問題、同時に南京問題も含めて、中国という国は映画一つつくろうと思っても検閲の入る国であります。先ほどいろいろ言っていました言論の自由、出版の自由、そんなものもない国なんですね。その国がやりたいようにやってくる。
同時に、日本というのはやはり自由の国であり、民主主義の国である。国会に携わる、政治に携わっていく人間は、自由と民主主義というものをやはり大切にしていかなきゃならないということは、だれもが肝に銘じていることだと思うんです。しかし、そのことを守っていく、そのことを言うべきときに主張することは主張していく、そういうことをしていかない限り、この自由と民主主義というものは守り切れないと私は思うんです。なあなあでやっていて本当にそれが守っていけるんだろうか。

『第166国会:衆議院内閣委員会議事録2号（抜粋）』（平成19（2007）年2月21日）

その議事録が上に掲載したものです。

《○戸井田委員：（百人斬り競争について）毎日新聞なんかでは、現在でも大武勲の事実報道をしていたとしていますが、当時、大武勲があれば必ずや逆に授与されたはずの金鵄勲章が、向井、野田両少尉には叙賜されていません。この事実は、日本政府が毎日新聞の記事が創作だったと判断していることになる……○福下政府参考人：賞勲局の保管している資料には、向井敏明さんに金鵄勲章が授与されたという記録はございません。……賞勲局といたしまして、その向井敏明さんが犯罪者であったかどうかということをお答えする立場にはございません……》とあるが、「金鵄勲章」を授与していないと政府が答弁したことは、毎日新聞の記事は「創作」と認めたことになり、向井敏明氏の名誉は回復されたのです。また犯罪者に授与されない戦没者叙勲の勲章を受章していたことも、議事録に記載されたことを、向井千恵子さんに報告したところ、大変喜んでおられました。

【麻生太郎外務大臣に「南京問題検証記者会見」資料の説明】（平成19〈2007〉年4月18日、写真左側から麻生太郎外務大臣、戸井田徹衆議院議員、水間政憲。外務大臣室にて）

「歴史議連：南京問題の検証」記者会見は国内外のメディアを沈黙させた

休眠状態だった自民党の『日本の前途と歴史教育を考える議員の会』は、創設者の中川昭一政調会長の意向で、２００７年２月に中山成彬《なりあき》会長、西川京子事務局長、戸井田徹南京問題小委員長の布陣で再開しました。

同会が「南京問題」を検証するというニュースに、いち早く反応したのは海外メディアでした。

実際、南京問題は、マスコミに「ひっかけ」られると議員生命に関わる可能性もあり、戸井田徹南京問題小委員長と相談して、メディアの取材・質問はすべて「文書」で受け付けることになりました。

さっそくロイター通信から、２００７年２月23日、下記の文書が送られてきました。

①「歴史を考える会」の目的は何でしょうか。
②なぜ、「南京大虐殺の史実を検証する小委員会を設立しましたか？　どういう研究をなさっていますか？　どういう結果を、いつごろまとめるでしょうか？
③南京事件をどう見ていらっしゃるでしょうか。
④１９９３年の河野談話はどうして見直しが必要でしょうか？　いつごろそれについて提案なさるでしょう。

【南京問題検証記者会見場の検証委員会メンバー】（写真左側から、中山成彬会長、西川京子事務局長、戸井田徹南京問題小委員長、同時通訳者、阿羅健一氏、水間政憲。憲政記念館にて、平成19〈2007〉年6月19日）

⑤米国議会の慰安婦に関する決議案について、どう思われますか？

麻生外務大臣は事実無根だとのご意見ですが、同じでしょうか？

⑥その決議案が採決されたら、日米関係に対する悪影響を与えるでしょうか。

これらの質問に対する回答は、現国会議員にも参考になると思われます。

［①②回答］

《南京問題小委員会は、民主主義国家の責任として「自由と民主主義」を守るために設立した委員会です。ご承知のように、現在の中国では「自由と民主主義」が保障されておらず映画制作は許可制になっています。この会は、中国のように「歴史認識」を政治の道具にすることなく、歴史の真相を「一次資料」に基づいて検証することを目的としています。

たとえば、「大虐殺」の根拠とされている『戦争とは何か』の著者マンチェスター・ガーディアン記者のティンパーリーが、中国国民党の当時の極秘資料で〝国民党の工作員〟と証明されていますので、その公文書の収集もします。それだけでも『戦争とは何か』は政治宣伝工作本との実体が明らかになります。（中略）「ロンドン・タイムズ」のマクドナルド記者はまさに「大虐殺」が実行されていたと言われている12月15日南京にいたにもかかわらず、「ロンドン・タイムズ」に12月〜翌1月までの間、南京で虐殺があったなどとの記事は一切ないのです。「ニューヨーク・タイムズ」の12月8日付には、中国が日本軍の仕業といいつのる「三光作戦」（焼・殺・奪）が、実際には、中国軍がやったと記事にしているのです。このような、当時の一次資料に基づいて是々非々で調査する会です。（中略）また、「南京問題小委員会」が、あった、なかったとの結果をだすことはいたしません。ただ、当時の一次資料を中心にまとめたものを数ヶ月後に発表する予定です。》と、ロイター通信の記者にも、勉強になるような事実を踏まえて回答したのです。

【③④⑥は省略】（『南京の実相』参照）

［⑤回答］

《私も強制連行の事実はなかったとの外務大臣の判断は間違っていないと思っています。政府が慰安所設置に関与したとするなら、それはGHQ占領下に米軍などのための資料はございます。（以下略）》と、このように「一次資料」に基づいて回答すると、外国メディアの記者は沈黙します。このロイター通信の記者は、憲政記念館の「検証記者会見」に来ませんでした。また、戦前から反日色の強いタイム誌にも、同じように回答しましたが、同じく記者会見場に来ませんでした。海外メディアは、「一次資料」が嫌いなようで「沈黙」したのです。

１６５頁の写真は、麻生太郎外務大臣に、国内外のメディアからつまらない質問をされても対処できるよう、事前に「南京問題検証記者会見」の内容を説明しているところです。

実際、本書を含めて南京問題関係の１次資料に精通している政治家は、現在、麻生太郎財務大臣兼副総理の右にでる国会議員はおりません。

１６６頁と１６７頁の写真は、憲政記念館で開催した「南京問題検証記者会見」の模様ですが、同委員会が《**一次資料を中心にした検証の結果、南京攻略戦が通常の戦場以上でも以下でもないとの判断をするに至った。**》と、締めくくったにもかかわらず、同会見場に香港フェニックステレビやAP、UPI通信など海外メディアや朝日新聞、読売新聞、産経新聞など、国内外から取材にきていましたが、産経新聞以外ほとんど沈黙したのです。

【南京問題検証記者会見場の記者席】（憲政記念館にて、平成19〈2007〉年6月19日）

※「南京大虐殺」を喧伝《けんでん》している組織や個人は、南京攻略戦を戦った将兵がまとめた『南京戦史』（偕行社編）で、捕虜の殺害を認めていると資料価値を強調しています。しかし、その実態は、《参戦した委員と日本軍の罪業を暴こうとする戦争を知らない委員が対立したため編集は折衷方針になっているので、留意する必要がある》と、鵜飼敏定《うかいとしさだ》・南京戦史編集委員が『ゼンボウ』（１９９１年９月号）で証言していました。

また、国際法の権威、佐藤和男博士は、『南京戦史』（偕行社編）に記載されている捕虜の処断を「戦時国際法違反」ではないと断定し、当時、中国は戦時国際法違反と国際連盟に提訴していない」（『南京の実相』自民党歴史議連監修）と、明確に述べていました。

※南京安全区国際委員会の「日軍犯罪統計」とは、伝聞・噂話や憶測を記録した「61通」の文書です。その文書に関して同国際委員会書記長スミス博士は、「ここに記された事件（日本軍非行425件）は検証したものではない」と証言しています。

その捏造証言がどのように作成されていたのか。当時、南京日本領事館で国際委員会を担当していた福田篤泰《ふくだとくやす》・外交官補は《当時ぼくは役目から毎日のように、外人が組織した国際委員会の事務所へ出かけた。出かけてみると、中国の青年が次から次へと駆け込んでくる。『いまどこどこで日本の兵士が十五、六の女の子を

『週刊新潮』（2007年7月5日号）

ず、南京城内には入城できていなかった。現物のコピー配布が初めてのことです」

その他、様々な一次資料を検証した結果、

「南京での日本軍による大虐殺などは存在せず、当時行われたのは、通常の戦闘以上でも以下でもなかった。つまり、中国側が主張してきた30万人の死者とは完全な虚構であるという結論を得たのです」（中山会長）

この会見について、産経、読売などは翌日に記事にし、共同通信も配信したが、朝日新聞はまったく黙殺したのである。

論調が破綻するから

「会見には海外メディアも含め30人以上の記者が集まり、もちろん、朝日の記者も2名来ていましたよ」

と言うのは、南京問題に詳しいジャーナリストの水間政憲氏である。

「しかし、質疑応答でも、朝日の記者は〝慰安婦問題はどうなるのでしょうか〟なんて的外れの質問をしたのみ。あとはただひたすら下を向いてじっと資料を睨みつけているだけでした」

ほとんどが各社1名だった中、朝日は2名も取材に来ておきながら、何故紙面では黙殺したのか。

「予想はしてました。何しろ、今回公表された資料の中には、当時の朝日新聞の記事も大量に含まれており、それらの記事も、虐殺が虚構であることを充分に証明しているんですから」

例えば、配布された文書にはこんな記述がある。

〈世田谷よりも狭いところに、朝日新聞一社だけでも約八十名の取材班が出入りしていたとなると、電信柱一～二本倒れても気が付く取材精度を維持していた〉

要は、現在の世田谷区より狭かった南京に、世界中のメディアで最大規模の取材陣を投入していた朝日が、もし虐殺があればその事実を知らなかったはずはない、というわけである。実際、件《くだん》の資料によれば、南京陥落から4日後の紙面で、朝日は従軍記者9名の紙上座談会を掲載。さらに続けて数回にわたり、南京の現地写真特集も掲載しているが、いずれにも、虐殺を窺わせる記述は欠片《かけら》もないのだ。

『真相箱』の件でも、制作に加担した邦字紙は朝日新聞だけだったということも指摘しています。つまり、当時の自分たちの取材では虐殺がなかったことを証明していながら、その実、GHQによる自虐史観洗脳に加担していた。そんな、朝日にとっては都合の悪い事実の数々を会見で明らかにされたからこそ、取材記者も下を向くしかなく、紙面でも完全に黙殺するしかな

会見では貴重な資料が公開されたのに……

輪姦している』、あるいは『太平路何号で日本軍が集団でおし入り物をかっぱらっている』等々。その訴えをマギー神父とかフィッチ（牧師）など三、四人が、ぼくの目の前で、どんどんタイプしているのだ。『ちょっと待ってくれ。君たちは検証もせずにそれをタイプして抗議されてもこまる』といくども注意した。時に私は彼らをつれて強姦や掠奪の現場にかけつて見ると、何もない。住んでいる者もいない。そんな形跡もない。…ある朝、アメリカの副領事から私に抗議があった。『下関にある米国所有の木材を、日本軍がトラックで盗み出しているという情報が入った。何とかしてくれ』という。…司令部に電話して、本郷（忠夫）参謀にも同行をお願いし、副領事と三人で、雪の降る中を下関へ駆けつけた。朝の九時ごろである。現場について見ると、人の子一人もおらず、倉庫は鍵がかかっており、盗難の形跡もない。……とにかく、こんな訴えが、連日山のように来た》（『「南京事件」の総括』田中正明著、小学館文庫）と、いまも変わらない中国の実態を証言していました。

※南京攻略戦当時、言論検閲されていたと「南京大虐殺派」は喧伝していますが、南京城陥落後、朝日新聞取材陣80余名を指揮していた橋本登美三郎・朝日新聞上海支局次長は、阿羅健一氏の「当時の報道規制をどう感じましたか」にたいして「何も不自由は感じていない。思ったこと、見たことはしゃべれたし、書いてたよ」（『「南京事件」日本人48人の証言』阿羅健一著、小学館文庫）と、明確に応えていました。

アメリカの国会議員が沈黙した『南京の実相』

『南京の実相』は、「南京問題検証記者会見」から、一年間様子を見て、中国も朝日新聞も沈黙しているのを見極めてから、2008年11月1日に発行しました。

その中に朝日新聞と毎日新聞両社に、筆者が「南京事件」の虐殺数を特定しているか否か、との趣旨で質問した回答を掲載してあります。

毎日新聞は「特定しておりません」、そして朝日新聞

【『南京の実相』に掲載された中川昭一衆議院議員の「推薦のことば」(掲載時:財務大臣)】(2008年11月1日発行『南京の実相』から転載)

推薦の言葉

衆議院議員 中川昭一

この度、「日本の前途と歴史教育を考える議員の会」が、南京問題を総括して一冊の本として出版されることになりました。大変意義深いことである。御尽力された関係者一同に深甚の謝意を表します。

この総括は、一次資料を沈着冷静に検証されたことで、南京攻略戦当時の状況がよく理解できました。

南京攻略戦の歴史認識問題は、戦後、日中国交正常化を前にした一九七一年に、朝日新聞の連載記事「中国の旅」から始まったと記憶しています。

そして、日中友好と声高に報道されればされるほどに「南京虐殺」から「南京大虐殺」へとエスカレートする状況だった。また、日本側の報道が過熱した一九八〇年代になると、それまで掲載されてなかった中国の教科書にまで掲載されるようになりました。

これまでの経緯は、歴史認識問題と言うより、「政治宣伝」の意味合いを強く感じられます。

それは、中国へのＯＤＡの交渉が始まる前になると不思議に「南京問題」などの歴史認識問題がくり返し報道されて来たことによります。

「歴史議連」の総括で注目したのは、一九三八年二月、国際連盟理事会で顧維鈞中国代表が「南京で二万人の虐殺と数千の女性への暴行」があったと演説しても、理事会が無視していたことです。

その議事録全文が、今回始めて翻訳され掲載されたことで、今後の南京歴史認識問題は、公文書などの一次資料を中心とした歴史研究に移行されることを望みます。

は「南京大虐殺数は特定しておりません」と、「特定できなければ、今後「あった」との前提で報道しないと回答したことになります。中川昭一氏の「推薦の言葉」は、同書が発行されたとき、現職の財務大臣だったのですが、国内外のメディアは沈黙しました。**《これまでの経緯は、歴史認識問題と言うより、「政治宣伝」の意味合いを強く感じられます。それは、中国へのＯＤＡの交渉が始まる前になると不思議に「南京問題」などの歴史認識問題がくり返し報道されて来たことによります。……》**と、ズバリ本質を衝いたコメントがすべて英文に翻訳された同書は、２００９年６月、西川京子事務局長の決断により、米国両院議員全員に届けられました。

その後、米国議会に精通している現地の方から、同書は議員に届いたことは確認しているが、議員たちは「沈黙」しているとの連絡がありました。

※「情報戦」（歴史戦）に「勝利」するとは〝沈黙〟させることなのです。

あとがき

松井石根大将は、見方を変えると原爆の犠牲者だったと捉《とら》えることができます。

松井大将は、南京から帰還後の1940年に「死んだら敵も味方もない一緒にまつろうではないか」と、日中両将兵が多数戦死した上海近郊や南京から「土」を取り寄せ、興亜観音を建立して、山裾《やますそ》に庵《いおり》を結び毎日朝夕の読経と参拝の日々を送られていました。

そして、巣鴨《すがも》プリズンに召喚される前に、覚悟を「願わくば興亜の礎、人柱として逝きたい」と、親しくしていた方々に述べられていました。

付表

罪の種類	第1類 平和に対する罪								第3類 通例の戦争犯罪及び人道に対する罪	
訴因	1	27	29	31	32	33	35	36	54	55
内容	一九二八年～四五年における侵略戦争に対する共同謀議	満州事変以後の対中華民国戦争遂行	米国に対する「大東亜戦争」の遂行	英国に対する「大東亜戦争」の遂行	オランダに対する「大東亜戦争」の遂行	北部仏印進駐以後における対仏戦争遂行	ソビエトに対する「張鼓峰事件」の遂行	ソビエト及び蒙古に対する「ノモンハン事件」の遂行	一九四一・一二・七～一九四五・九・二における違反行為遂行の命令・授権・許可による戦争法規違反	一九四一・一二・七～一九四五・九・二における俘虜及び一般人に対する条約遵守の責任無視による戦争法規違反
被告										
荒木　貞夫	●	●	○	○	○	○	○	○	○	○
土肥原賢二	●	●	●	●	●	○	●	●	●	△
橋本欣五郎	●	●	○	○	○				○	○
畑　俊六	●	●	●	●	●		○	○	○	●
平沼騏一郎	●	●	●	●	●	○	○	●	○	○
広田　弘毅	●	●	○	○	○	○	○		○	●
星野　直樹	●	●	●	●	●	○	○		○	○
板垣征四郎	●	●	●	●	●	○	●	●	●	△
賀屋　興宣	●	●	●	●	●				○	○
木戸　幸一	●	●	●	●	●	○	○	○	○	○
木村兵太郎	●	●	●	●	●				●	●
小磯　国昭	●	●	●	●	●			○	○	●
松井　石根	○	○	○	○	○		○	○	○	●
南　次郎	●	●	○	○	○				○	○
武藤　章	●	●	●	●	●	○		○	●	●
岡　敬純	●	●	●	●	●				○	○
大島　浩	●	○	○	○	○				○	○
佐藤　賢了	●	●	●	●	●				○	○
重光　葵	○	●	●	●	●	○	○		○	●
嶋田繁太郎	●	●	●	●	●				○	○
白鳥　敏夫	●	○	○	○	○					
鈴木　貞一	●	●	●	●	●		○	○	○	○
東郷　茂徳	●	●	●	●	●			○	○	○
東条　英機	●	●	●	●	●	●		○	●	△
梅津美治郎	●	●	●	●	●			○	○	○

●＝有罪　○＝無罪　△＝判定なし

いわゆる「A級戦犯」訴因55項目の有罪・無罪一覧表

【「A級戦犯」訴因五十五項目：有罪無罪確定表】

松井大将（南京攻略戦総司令官）は、この頁の図表で明らかなように「平和に対する罪（A級戦犯の訴因）」「人道に対する罪」の訴因、すべて無罪だったにもかかわらず、刑場の露と消えられたのです。

この判決確定表から、南京において「平和に対する罪」にあたる「南京大虐殺」は、行われていなかったことを、計らずも東京裁判が証明していることになります。

大東亜戦争を「日本の自衛」のためと認識していたマッカーサーGHQ総司令官は、東京裁判を自由にコントロールできる権限を、極東委員会から与えられていましたので、「聖将」と認識されていた松井石根大将を、同じ軍人として「A級戦犯」としては裁けなかったのでしょう。

1990年代初頭、「南京問題」が将来にわたって「日中友好の棘《とげ》」にならないように考え、南京攻略戦当時、上海・南京・抗州地区司令官で、また通信連絡司令官であった洪懋祥《ホウモウジャ》中将（南京戦当時：台湾では国防大臣を歴任していた）に連絡できる中国の友人がおり、筆者の手紙を中国語に翻訳していただき米国ヒューストンに住んでいた洪氏に出していただきました。

その内容は、「日中間の歴史問題が二十一世紀の日中友好の最大の妨げになると思われます。北京政府は南京

【興亜観音例祭の日】（写真左側から田中正明氏、水間政憲、一人おいて阿羅健一氏。1996年5月18日、興亜観音の前にて）

で三十万人が虐殺されたなどと問題にしていますので、是非、真相を教えていただきたい……」に対して、友人に連絡してきた洪懋祥氏の回答は「米国もケネディー暗殺の真相を明らかにしていない。南京大虐殺の真相を明らかにすると漢民族の利益にならない」とのことでした。

そこで、それから20数年間、中国人の証言を必要としない国際的に通用する「一次資料」の収集に時間を費やし、この度、纏《まと》めたのが本書です。

最後に、本書を担当していただいた佐藤春生氏には、原稿が遅れたにもかかわらず、また猛暑の中で編集していただき、深甚の謝意を表する次第です。

平成二十九年七月十五日

靖国神社「みたま祭り」の日に靖国の杜にて記す

近現代史研究家　水間政憲

[著者紹介]

水間政憲（みずま　まさのり）

近現代史研究家兼ジャーナリスト
1950年、北海道生まれ。慶應義塾大学法学部政治学科中退。近現代史（GHQ占領下の政治・文化）の捏造史観に焦点を絞り、一次資料を発掘し調査研究を行っている。2004年11月10日号と2008年8月6日号の『SAPIO』誌に中国と台湾国防院が発行した「尖閣」と日本固有の領土を示す地図をスクープ。2015年2月号『Voice』に中国の「国土地理院」が1969年に発行した地図にも「尖閣」と日本固有の領土を示していることをスクープ。これらの地図は、外務省のホームページで、尖閣諸島が「日本固有の領土」を示す決定的な証拠として掲載されている。

『正論』（2006年6月号）に「スクープ“遺棄化学兵器”は中国に引き渡されていた」（第1弾）を発表。その後、「スクープ第10弾」まで寄稿し、その間、戸井田徹衆議院議員（当時）と連携し、国会において中国や外務省の矛盾点を明らかにして、中国が要求していた最大60兆円を阻止。

『正論』（2006年11月号）「スクープ！実際にあった『北海道占領計画書』」は、人類史上まれに見る凶悪なソ連（ロシア）による「国家犯罪計画」を暴いた。

韓国の捏造史観にたいして、『SAPIO』誌に2009年から連載した『朝日新聞〈朝鮮版〉の研究』は『朝日新聞が報道した「日韓併合」の真実』（徳間書店）として上梓し、「創氏改名」等、さまざまな「強制」の嘘を暴いた。

後世に遺す図書としての企画は『パール判事の日本無罪論』（田中正明著）『「南京事件」の総括』（同）、『「南京事件」日本人48人の証言』（阿羅健一著）いずれも小学館文庫。

編著に『南京の実相』（自民党歴史議連監修）がある。

現在、『ひと目でわかるシリーズ』は、『ひと目でわかる「GHQの日本人洗脳計画」の真実』に続き第10弾『ひと目でわかる「戦前の昭和天皇」の真実』は、同書に掲載されている天皇家の家系図から、皇太子殿下より天皇の血が濃い男子の従兄弟が3名いることを明らかにして、「女性宮家」推進派を沈黙させ話題になった。

完結「南京事件」

2017年9月1日　　第1刷発行
2020年6月10日　　第3刷発行

著　者　水間政憲
発行者　唐津 隆
発行所　株式会社ビジネス社
〒162-0805　東京都新宿区矢来町114番地 神楽坂高橋ビル5F
電話　03(5227)1602　FAX　03(5227)1603
http://www.business-sha.co.jp

〈カバーデザイン〉大谷昌稔
〈デザイン〉エムアンドケイ　茂呂田剛
〈印刷・製本〉シナノ パブリッシング プレス
〈編集担当〉佐藤春生 〈営業担当〉山口健志

ISBN978-4-8284-1968-8